생활 속의 고사성어
生活 故事成語

생활 속의 고사성어

1판 1쇄 발행 | 2019. 3. 11

엮은이 | 생활한자교육회
펴낸이 | 윤옥임
펴낸곳 | 브라운힐

서울시 마포구 신수동 219번지
대표전화 (02)713-6523, 팩스 (02)3272-9702
등록 제 10-2428호
ⓒ 2014 by Brown Hill Publishing Co. 2014, Printed in Korea

ISBN 979-11-5825-066-9
값 18,000원

일상에서 많이 쓰이는 500여 개 고사성어 엄선!

생활 속의 고사성어
生 活　　　故 事 成 語

생활한자교육회 엮음

브라운 힐
BrownHillPub

• 일러두기

① 이 책에 실린 고사성어(故事成語)는 시중에 나와 있는 중·고 한문 교과서 20여 종에 게재된 성어들, 그리고 일상에서 널리 회자되는 성어들을 선정해 재구성한 것임을 밝혀둡니다.

② 각 고사성어를 설명한 표의 구성은 아래와 같습니다.

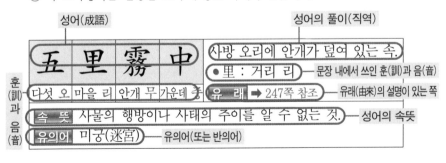

□ 책머리에

"그는 아무에게도 도움을 받지 못하는 외롭고 곤란한 지경에 처했다."라고 하는 대신 "그는 사면초가에 빠졌다."라고 말해 보자. 당장 간결한 맛이 살아나면서 빛나지 않는가.

"여러 가지 재앙과 근심, 걱정이 오히려 복이 되었다."를 "전화위복이 되었다."로 표현하는 것도 마찬가지다.

여기서 '사면초가'나 '전화위복'을 고사성어(故事成語)라고 일컫는다. 신화, 전설, 역사, 고전, 문학 작품 같은 옛 이야기에서 유래하는 일이나 그것을 표현한 어구(語句)로, 그 뜻이 이미 굳어진 한자 성어(漢字 成語)가 고사성어로 자리 잡게 된다.

위의 예처럼 네 글재[四字]로 이루어진 것들이 대부분이어서 사자성어(四字成語)라고 부르기도 하지만, '모순(矛盾)' '사족(蛇足)' '천리안(千里眼)' '좌우명(座右銘)' '가정맹어호(苛政猛於虎)' 등과 같이 2자나 3자, 5자도 있으며, 아예 8자, 9자로 된 긴 성어도 있다.

우리에게 한자는 단순히 다른 나라, 즉 중국의 문자가 아니다. 한글이 창제(創製)되어 널리 쓰이기 이전까지 우리의 생각과 말을 표현해 온 수단이었기에 우리 문화유산의 중요한 일부로 쳐야 마땅하다. 사실 우리말의 70퍼센트 이상은 한자어로 이루어져 있다.

한자는 뜻글재[표의문자(表意文字)]여서 단지 음(音)만 알아서는 그 뜻을 완전히 이해하고 사용할 수 없다. 일례로 동음이의어(同音異

義語)인 전문(全文, 문장의 전체), 전문(前文, 앞에 기록한 문서), 전문(專門, 한 가지 일을 오로지 함), 전문(電文, 전보의 글귀) 같은 경우 한자의 훈(訓)을 꼭 따져야 한다. 우리말을 아끼고 발전시키려는 노력과 더불어 한자에 대한 공부도 병행되어야 하는 까닭이다.

이 책을 엮은 뜻, 달리 말해 이 책의 특징은 다음과 같다.

• 시중의 중·고 한문 교과서 20여 종에 실린 성어들, 또한 일상에서 회자(膾炙)되는 성어들 500여 개를 수록.
• 성어의 깊은 뜻을 알 수 있도록 해석을 직역과 속뜻으로 구별.
• 대표적인 훈음(訓音)을 성어의 아래쪽에 달고, 문맥에 따라 다르게 쓰인 경우는 표의 오른쪽에 별도의 훈과 음을 제시.
• 성어의 유래(由來)가 되는 고사(故事)와 출전(出典)은 ㄱ, ㄴ, ㄷ… 각 항의 뒤에 첨부해서 정리.
• 보다 폭넓은 이해와 학습이 되도록 '유의어', '반의어' 그리고 '참고'를 보충 정리.

고사성어에는 옛사람의 생활 체험이나 삶의 지혜가 한껏 함축되어 담겨져 있기에 익혀두게 되면 우리의 대화나 문장을 윤택하게 해줄 뿐만 아니라 사고의 지평도 한층 넓어지게 된다. 이 책을 통하여 독자들이 풍부한 한자 지식을 넓히는 동시에 새삼 인문학적 감성을 깨닫는 기쁨을 만끽하길 소망한다.

2019년 2월
엮은이

차 례

ㄱ

차 례

ㅁ

ㅂ

차 례

ㅅ

ㅇ

차 례

ㅈ

ㅊ

家	家	戶	戶	한 집 한 집. ●戶 : 집 호
집 가	집 가	지게 호	지게 호	

속 뜻 집집마다.

街	談	巷	說	항간에 떠도는 근거 없는 소문.
거리 가	말씀 담	거리 항	말씀 설	

속 뜻 근거 없이 떠도는 뜬소문.

苛	斂	誅	求	가혹하게 세금을 거두거나 백성들 의 재물을 억지로 빼앗음.
가혹할 가	거둘 렴	벨 주	구할 구	

유의어 가정맹어호(苛政猛於虎) : 가혹한 정치는 호랑이보다 더
무섭다.

佳	人	薄	命	아름다운 여자는 수명이 짧음.
아름다울 가	사람 인	엷을 박	목숨 명	유 래 ➡ 34쪽 참조

속 뜻 아름다운 여승의 파란만장한 삶을 그린 소식의 시(詩)에서 유래.
유의어 홍안박명(紅顔薄命), 미인박명(美人薄命)

苛	政	猛	於	虎	가혹한 정치는 호랑이보다 무섭다.
가혹할 가	정사 정	사나울 맹	어조사 어	범 호	유 래 ➡ 35쪽 참조

속 뜻 혹독한 정치의 해악은 호랑이에게 잡혀 먹히는 고통보다 더 크고 무섭다.

유의어 학정(虐政) **반의어** 관정(寬政)

刻	舟	求	劍	배에 새겨 칼을 구하다.
새길 각	배 주	구할 구	칼 검	유 래 ➡ 36쪽 참조

속 뜻 융통성 없이 현실에 맞지 않는 낡은 생각을 고집하는 어리석음.

肝	腦	塗	地	간과 뇌가 땅에 떨어져 으깨어짐.
간 간	뇌 뇌	진흙 도	땅 지	유 래 ➡ 36쪽 참조

속 뜻 나랏일을 위해서는 목숨을 돌보지 않고 힘을 다함.

肝	膽	相	照	간과 쓸개를 서로 꺼내 보임.
간 간	쓸개 담	서로 상	비출 조	유 래 ➡ 37쪽 참조

속 뜻 서로 속마음을 터놓고 가까이 사귐.

유의어 피간담(披肝膽)

間	於	齊	楚	제(齊)나라와 초(楚)나라 사이.
사이 간	어조사 어	가지런할 제	초나라 초	유 래 ➡ 38쪽 참조

속 뜻 약한 자가 강한 자들 사이에 끼여 괴로움을 당하는 것을 이르는 말.

看	雲	步	月	(객지에서 낮에는) 구름을 바라보고 (밤에는) 달빛 아래로 거닌다.
볼 간	구름 운	걸음 보	달 월	

속 뜻 객지에서 고향을 생각함.

渴	而	穿	井	목이 말라서야 우물을 판다.
목마를 갈	말이을 이	뚫을 천	우물 정	

속 뜻 일이 임박해 급히 하면 그때는 이미 늦어서 되지 않는다는 뜻.

竭	澤	而	漁	연못의 물을 모두 퍼내 고기를 잡는다.
다할 갈	못 택	말이을 이	고기잡을 어	**유 래** ➡ 39쪽 참조

속 뜻 눈앞의 이익만을 추구하여 먼 장래를 생각하지 않음을 뜻함.
유의어 갈택분수(竭澤焚藪)

甘	言	利	說	달콤한 말과 이로운 조건.
달 감	말씀 언	이로울 리(이)	말씀 설	

속 뜻 남의 비위를 맞추기 위해 달콤한 말과 이로운 조건만 들어 그럴듯하게 설득함.

甲	男	乙	女	甲(갑)이라는 남자와 乙(을)이라는 여자.
갑옷 갑	사내 남	새 을	계집 녀	**유 래** ➡ 40쪽 참조

속 뜻 신분이나 이름이 알려지지 않은 평범한 사람들.
유의어 필부필부(匹夫匹婦), 장삼이사(張三李四)

康	衢	煙	月	번화한 거리에 달빛이 은은하게 비치는 모습.
편안할 강	네거리 구	연기 연	달 월	

속 뜻 태평(太平)한 세상(世上)의 평화(平和)로운 풍경(風景).

改	過	遷	善	잘못을 고쳐 착하게 됨.
고칠 개	허물 과	옮길 천	착할 선	**유 래** ➡ 41쪽 참조

속 뜻 지나간 허물을 뉘우치고 새롭게 착한 사람이 된다.
유의어 개사귀정(改邪歸正), 개과자선(改過自善)

開	卷	有	益	책을 열면 유익함이 있다.
열 개	책 권	있을 유	더할 익	

속 뜻 독서를 권장하는 말.

蓋	世	之	才	세상을 덮을 만큼 뛰어난 재주.
덮을 개	세상 세	어조사 지	재주 재	

속 뜻 재주가 뛰어난 인물.

居	安	思	危	편안하게 살면서도 항상 위태할 때를 생각함.
살 거	편안 안	생각 사	위태할 위	

속 뜻 미리 위험을 생각하여 준비해 두면 대비할 수 있다.

車	載	斗	量	수레에 싣고서 말로 잰다.
수레 거	실을 재	말 두	헤아릴 량	

속 뜻 물건이나 인재 따위가 아주 흔함을 가리킴.

乾	坤	一	色	하늘과 땅이 한가지 빛임.
하늘 건	땅 곤	한 일	빛 색	

속 뜻 (눈이 내려) 천지가 온통 같은 빛깔임.

乾	坤	一	擲	하늘과 땅을 향해 한 번에 내던진다.
하늘 건	땅 곤	한 일	던질 척	**유래** ➡ 43쪽 참조

속 뜻 성공이냐 실패냐 등 사생결단하는 최후의 한판 승부를 일컬음.
유의어 재차일거(在此一擧)

建	陽	多	慶	새해가 시작됨에 경사스런 일이 많 기를 바란다.
세울 건	볕 양	많을 다	경사 경	

속 뜻 입춘 날 좋은 복이 가득하기를 기원.

乞	骸	骨	해골을 빌다.
빌 걸	뼈 해	뼈 골	**유래** ➡ 45쪽 참조

속 뜻 재상이 나이가 들어 조정에 나오지 못하게 되었을 때 관직에 서 물러나기를 주청 드리는 말.

隔	世	之	感	세상을 거른 것 같은 느낌.
막힐 격	세상 세	어조사 지	느낄 감	●隔 : 사이가 뜰 격

속 뜻 아주 바뀌어 딴 세상(세대) 같은 느낌이 듦.

隔	靴	搔	痒	신발 신고 가려운 곳을 긁는다.
사이뜰 격	가죽신 화	긁을 소	가려울 양	

속 뜻 어떤 일의 핵심을 찌르지 못하고 겉돌기만 하여 매우 안타까운 상태, 또는 답답하여 안타까움.

見	利	思	義	이로운 것을 보면 (그것을 취함이) 옳은지를 생각한다.
볼 견	이로울 리	생각 사	옳을 의	

속 뜻 눈앞의 이득보다 바른 도리를 먼저 생각한다.

犬	馬	之	誠	개와 말의 (주인을 위한) 충성.
개 견	말 마	어조사 지	정성 성	

속 뜻 임금이나 나라에 바치는 자신의 충성과 노력을 낮추어 표현.
유의어 犬馬之勞(견마지로) : 개와 말의 (주인을 위한) 수고.

見	蚊	拔	劍	모기를 보고 칼을 빼다.
볼 견	모기 문	뽑을 발	칼 검	

속 뜻 하찮은 일에 성을 내어 덤빔.

見	善	從	之	선한 것을 보면 그것을 좇음(따름).
볼 견	착할 선	좇을 종	어조사 지	●之 : 그것 지

속 뜻 착한 일을 보거든 이를 본받아 따르다.

犬	兔	之	爭	개와 토끼의 다툼.
개 견	토끼 토	어조사 지	다툴 쟁	●之 : ~의 유래 ➡ 47쪽 참조

속 뜻 쓸데없는 다툼. 양자(兩者)의 싸움에서 제삼자가 이익을 봄.
유의어 어부지리(漁夫之利), 방휼지쟁(蚌鷸之爭)

結	者	解	之	맺은 사람이 그것을 풀어야 한다.
맺을 결	놈 자	풀 해	어조사 지	●之 : 그것 지

속 뜻 일을 저지른 사람이 그 일을 해결해야 한다.

結	草	報	恩	풀을 맺어서 은혜를 갚음.
맺을 결	풀 초	갚을 보	은혜 은	유래 ➡ 48쪽 참조

속 뜻 죽어서도 은혜를 잊지 않고 갚음.
유의어 각골난망(刻骨難忘)

傾	國	之	色	나라를 위태롭게 할 정도의 미색.
기울 경	나라 국	어조사 지	빛 색	●色 : 여색 색 유래 , 유의어 , 반의어 ➡ 49쪽 참조

속 뜻 아름다운 여자.

耕	山	釣	水	산에서 밭을 갈고 물에서 낚시를 함.
밭갈 경	메 산	낚시 조	물 수	

속 뜻 복잡한 세상을 떠나 자연 속에서 생활함.

鯨	戰	蝦	死	고래 싸움에 새우 등이 터진다.
고래 경	싸움 전	새우 하	죽을 사	**유 래** ➡ 50쪽 참조

속 뜻 강한 자들 사이의 싸움에 약한 자가 끼여 피해를 입음.

鷄	口	牛	後	닭의 부리가 될지언정 소의 꼬리는 되지 마라.
닭 계	입 구	소 우	뒤 후	**유 래** ➡ 51쪽 참조

속 뜻 작아도 남의 윗자리에 앉아 있을 일이지, 크다 하여 남의 밑에 있지 말라는 뜻.

鷄	卵	有	骨	계란 속에도 뼈가 있다.
닭 계	알 란	있을 유	뼈 골	**유 래** ➡ 52쪽 참조

속 뜻 운이 나쁜 사람은 모처럼 기회가 와도 뜻대로 되는 일이 없음.
유의어 설상가상(雪上加霜)

鷄	肋	닭의 갈빗대.
닭 계	갈빗대 륵	**유 래** ➡ 52쪽 참조

속 뜻 큰 쓸모나 이익은 없으나 버리기는 아까운 것을 비유.
유의어 양수집병(兩手執餠) : 양손에 든 떡. 갖기도 버리기도 아깝다.

鷄	鳴	狗	盜	닭의 울음소리를 잘 내는 사람과
닭 계	울 명	개 구	도적 도	개의 흉내를 잘 내는 좀도둑.

닭 계 | 울 명 | 개 구 | 도적 도 [유 래] ➡ 54쪽 참조

[속 뜻] 천한 재주를 가진 이도 때로는 요긴하게 쓸모가 있음을 뜻하는 말.
[유의어] 함곡계명(函谷鷄鳴) : 함곡관의 닭 울음소리라는 뜻.

股	肱	之	臣	다리와 팔뚝에 비길 만한 신하.
다리 고	팔 굉	어조사 지	신하 신	[유 래] ➡ 56쪽 참조

[속 뜻] 임금이 가장 가까이하여 신임하는 중신.
[유의어] 고굉(股肱), 고장지신(股掌之臣)

膏	粱	子	弟	고량진미(膏粱珍味)만 먹고 귀여움
기름 고	기장 량	아들 자	아우 제	을 받으며 자란 자제.

[속 뜻] 부잣집에서 자라서 고생을 모르는 사람.
●膏粱珍味(고량진미) : 기름진 고기와 곡식으로 만든 맛있는 음식.

孤	立	無	依	고립되어 의지할 데가 없음.
외로울 고	설 립	없을 무	기댈 의	

[속 뜻] 외롭게 생활하고 의지할 데가 없음.

鼓	腹	擊	壤	배를 두드려 박자를 맞추며 격양
북 고	배 복	칠 격	흙덩이 양	놀이를 한다.

북 고 | 배 복 | 칠 격 | 흙덩이 양 [유 래] . [유의어] ➡ 56쪽 참조

[속 뜻] 백성들이 태평하고 시절이 평화스럽다.

孤	雲	野	鶴	외로운 구름과 들에 있는 학.
외로울 고	구름 운	들 야	학 학	

속 뜻 속세를 떠나 숨어 사는 사람을 말함.

苦	盡	甘	來	괴로움이 다하면 즐거움이 온다.
괴로울 고	다할 진	달 감	올 래	

속 뜻 고생 끝에 낙이 온다. (인내하고 노력하는 자세에 대한 교훈)
유의어 興盡悲來(흥진비래) : 흥이 다하면 슬픔이 온다.

高	枕	安	眠	베개를 높이 하여 편히 잔다.
높을 고	베개 침	편안할 안	잘 면	

속 뜻 근심 없이 편히 잘 수 있을 만큼 안심할 수 있는 상태.

古	稀	예로부터 드물다.
예 고	드물 희	**유 래** ➡ 58쪽 참조

속 뜻 70세를 가리킴.

曲	學	阿	世	그릇된 학문으로 세상에 아첨함.
				●阿 : 아첨할 아
굽을 곡	배울 학	언덕 아	인간 세	**유 래** ➡ 58쪽 참조

속 뜻 평소에 자기 소신을 굽혀 세상에 아첨함을 말함.
반의어 청렴결백(淸廉潔白) : 마음이 맑고 깨끗하며 재물(財物) 욕심이 없음.

孔	子	穿	珠	공자가 구슬을 꿴다.
구멍 공	아들 자	꿸 천	구슬 주	유래 ➡ 59쪽 참조

속 뜻 자기보다 못한 사람에게 모르는 것을 묻는 것이 부끄러운 일이 아님을 일깨우는 말

空	中	樓	閣	공중에 떠 있는 누각.
빌 공	가운데 중	다락 루(누)	집 각	

속 뜻 현실성이 없는 일이나 근본이 없는 이야기.

公	平	無	私	공평하여 사사로움이 없음.
공평할 공	평평할 평	없을 무	사사 사	

속 뜻 어느 한쪽에 치우치지 않고 사사로움이 없음.

過	猶	不	及	지나침은 미치지 못함과 같다. ●過 : 지나칠 과
허물 과	같을 유	아닐 불	미칠 급	유래 ➡ 60쪽 참조

속 뜻 '中庸(중용)'을 가리킴.
유의어 과불급(過不及)

管	鮑	之	交	중국의 管仲(관중)과 鮑叔牙(포숙아)의 우정.
대롱 관	생선 포	어조사 지	사귈 교	유래 , 유의어 ➡ 61쪽 참조

속 뜻 아주 친한 친구 사이.

刮	目	相	對	눈을 비비고 다시 주의하여 본다.
비빌 괄	눈 목	서로 상	대할 대	**유 래** ➡ 62쪽 참조
속 뜻 학식이나 재주가 놀랄 정도로 향상된 경우.				

矯	角	殺	牛	뿔을 바로 잡으려다 소 죽이기.
바로잡을 교	뿔 각	죽일 살	소 우	
속 뜻 어떤 일을 잘하려고 하다 오히려 일을 그르치는 경우.				
유의어 小貪大失(소탐대실)				

巧	言	令	色	꾸미는 말과 알랑거리는 태도.
공교 교	말씀 언	하여금령(영)	빛 색	●令 : 꾸밀 령
속 뜻 말을 그럴듯하게 꾸미거나 남의 비위를 잘 맞추는 태도.				

交	友	以	信	벗을 믿음으로써 사귀어야 한다.
사귈 교	벗 우	써 이	믿을 신	
속 뜻 세속오계(世俗五戒)의 하나.				

膠	漆	之	心	아교와 옻처럼 끈끈한 사귐.
아교 교	옻 칠	어조사 지	마음 심	**유 래** ➡ 63쪽 참조
속 뜻 아주 친밀하여 떨어질 수 없는 교분을 이르는 말.				
유의어 교칠지교(膠漆之交)				

教	學	相	長	가르치고 배우면서 서로 성장한다.
가르칠 교	배울 학	서로 상	긴 장	●長 : 자랄 장

속 뜻 선생님은 가르침으로써 성장하고, 학생들은 배우면서 진보한다는 뜻.

九	曲	肝	腸	굽이굽이 사무친 마음속.
아홉 구	굽을 곡	간 간	창자 장	

속 뜻 깊은 시름이 쌓인 마음속.

句	句	節	節	모든 구절(구절구절마다).
글귀 구	글귀 구	마디 절	마디 절	

속 뜻 말이나 글 따위의 전부.

求	同	存	異	다른 점이 있어도 같음을 추구한다.
구할 구	같을 동	있을 존	다를 이	

속 뜻 같은 것을 구하고 다른 것은 그대로 놔둔다는 뜻이다.(상대방의 다른 점을 인정한다.)

口	蜜	腹	劍	입으로는 꿀 같은 말을 하지만 뱃속에는 무서운 칼이 있다.
입 구	꿀 밀	배 복	칼 검	

속 뜻 말로는 친한 척하나 속으로는 해칠 생각을 가짐.

九	死	一	生	아홉 번 죽을 뻔하다가 겨우 살아남.
아홉 구	죽을 사	한 일	날 생	●生 : 살 생

속 뜻 죽을 고비를 여러 차례 겪고 겨우 살아남.
유의어 百死一生(백사일생), 十生九死(십생구사)

口	尚	乳	臭	입에서 젖 냄새가 난다.
입 구	오히려 상	젖 유	냄새 취	

속 뜻 행동이 유치함을 말함.

九	牛	一	毛	아홉 마리의 소 가운데서 뽑은 한 개의 털.
아홉 구	소 우	한 일	털 모	**유 래** ➡ 64쪽 참조

속 뜻 대단히 많은 것 중의 극히 적은 것
유의어 대해일적(大海一滴), 창해일속(滄海一粟)

九	折	羊	腸	아홉 번 꺾어진 양의 창자.
아홉 구	꺾을 절	양 양	창자 장	

속 뜻 산길이 꼬불꼬불하고 험한 모양.

群	鷄	一	鶴	닭 무리 속에 있는 한 마리 학.
무리 군	닭 계	한 일	학 학	**유 래** , **유의어** , **반의어** ➡ 66쪽 참조

속 뜻 많은 사람들 속에서 실력이 두드러진 사람.

群	盲	撫	象	여러 맹인(盲人)이 코끼리를 더듬는다.
무리 군	소경 맹	어루만질 무	코끼리 상	유 래 ➡ 68쪽 참조

속 뜻 자기(自己)의 좁은 소견(所見)과 주관(主觀)으로 사물을 그릇 판단하거나 그 일부밖에 파악하지 못함의 비유.

君	臣	有	義	임금과 신하 사이에는 의리가 있어야 한다.
임금 군	신하 신	있을 유	옳을 의	●義 : 의리 의, 의로울 의

속 뜻 오륜(五倫)의 하나.

君	爲	臣	綱	임금은 신하의 벼리(중심)다. (신하는 임금을 섬기는 것이 근본이다.)
임금 군	할 위	신하 신	벼리 강	●爲 : 되다, ~이다 위

속 뜻 삼강(三綱)의 하나. 三綱은 유교 도덕의 기본이 되는 세 가지 큰 줄기로서 君爲臣綱, 父爲子綱, 夫爲婦綱.

君	子	三	樂	군자의 세 가지 즐거움.
임금 군	아들 자	석 삼	즐길 락	유 래 ➡ 69쪽 참조

속 뜻 부모 형제가 무고하고, 부끄러운 일이 없으며, 영재를 얻어 가르침.
유의어 익자삼요(益者三樂) 반의어 손자삼요(損者三樂)

窮	餘	之	策	궁한 끝에 나는 꾀.
궁할 궁	남을 여	어조사 지	책략 책	

속 뜻 막다른 처지에서 생각다 못해 내는 계책.

勸	善	懲	惡	착한 것을 권하고 악을 응징함.
권할 권	착할 선	응징할 징	악할 악	

속 뜻 선을 권장하고 악을 응징함.

捲	土	重	來	땅을 말아 올리는 세력으로 다시 돌아온다.
				●重 : 거듭할 중
말 권	흙 토	무거울 중	올 래	**유 래**, **유의어** ➡ 71쪽 참조

속 뜻 어떤 일에 실패한 뒤, 힘을 가다듬어 다시 시작함.

克	己	復	禮	나를 이기고 예로 돌아간다.
이길 극	몸 기	돌아올 복	예도 례	

속 뜻 과도한 욕망을 누르고 예절을 좇음.

金	蘭	之	契	쇠와 난초와 같은 사귐.
쇠 금	난초 란	어조사 지	맺을 계	**유 래** ➡ 72쪽 참조

속 뜻 다정한 친구 사이의 정이 깊음.
유의어 금란지교(金蘭之交)

金	蘭	之	交	금처럼 견고하고 난초처럼 향기로운 사귐.
쇠 금	난초 란	어조사 지	사귈 교	

속 뜻 굳게 맺은 우정.

錦	上	添	花	비단옷을 입은 데다 꽃을 가진다.
비단 금	윗 상	더할 첨	꽃 화	

속 뜻 좋은 일에 또 좋은 일이 더해진다.

今	昔	之	感	지금과 옛날의 감정(크게 달라짐).
이제 금	옛 석	어조사 지	느낄 감	

속 뜻 지금을 예전과 비교하여 생각할 때 변한 정도가 심하게 느껴지는 감정.

金	石	之	交	쇠나 돌의 사귐.
쇠 금	돌 석	어조사 지	사귈 교	

속 뜻 쇠나 돌과 같이 항상 변함없이 굳건한 친구 사이.

琴	瑟	之	樂	거문고와 비파가 어울리는 즐거움.
거문고 금	비파 슬	어조사 지	즐거울 락	● 琴瑟 : 부부(夫婦) 사이의 정을 뜻함.

유 래 ➡ 73쪽 참조

속 뜻 부부 사이의 화목함을 즐거워하는 것.

유의어 금슬상화(琴瑟相和), 여고금슬(如鼓琴瑟), 원앙지계(鴛鴦之契)

錦	衣	夜	行	비단옷을 입고 밤길을 간다.
비단 금	옷 의	밤 야	다닐 행	유 래 , 유의어 ➡ 74쪽 참조

속 뜻 아무리 출세해도 남이 인정해 주지 않음.

錦	衣	還	鄉	비단옷 입고 고향으로 돌아옴.
비단 금	옷 의	돌아올 환	시골 향	**유 래** ➡ 75쪽 참조

속 뜻 다른 고장에 가서 성공하여 고귀(高貴)한 신분이 되어 (출세하여) 고향으로 돌아온다.

金	枝	玉	葉	금으로 된 나뭇가지와 옥으로 된 잎사귀.
쇠 금	가지 지	구슬 옥	잎사귀 엽	

속 뜻 임금의 가족이나 귀한 자식.

起	死	回	生	거의 죽을 지경에서 일어나 도로 살아남.
일어날 기	죽을 사	돌아올 회	날 생	

속 뜻 위기에 처한 상황에서 구원하여 사태를 호전시키다.

杞	人	之	憂	기나라 사람의 걱정(근심).
나라이름 기	사람 인	어조사 지	근심 우	**유 래** ➡ 76쪽 참조

속 뜻 쓸데없는 걱정과 근심.
유의어 기우(杞憂), 기인우천(杞人憂天)

騎	虎	之	勢	호랑이를 타고 달리는 기세(氣勢).
말탈 기	범 호	어조사 지	세력 세	

속 뜻 범을 타고 달리는 사람이 도중(途中)에서 내릴 수 없는 것처럼, 무슨 일을 하다가 중도(中途)에서 그만두거나 물러설 수 없는 형세(形勢)를 이르는 말.

奇 貨 可 居	기이한 재물이니 차지할 만하다.
기이할 기 / 재화 화 / 옳을 가 / 살 거	● 可 : 할 만할 가 ● 居 : 차지할 거
속 뜻 진귀한 재물이니, 잡아두면 훗날 큰 이익을 얻을 만하다.	

故事成語 유래

佳人薄命(가인박명)

아래 시의 작자 소식(蘇軾, 1036~1101)이 항주, 양주 등에 유배되어 있을 때 우연히 절에서 나이 삼십이 이미 넘었다는 어여쁜 여승을 보고 그녀의 아리따웠을 소녀 시절을 생각해 보며 미인의 운명이 기박하였음을 시로 쓴 데서 전하여졌음.

두 볼은 굳은 젖 같고 머리는 옻칠 한 듯 새까만데, [雙頰凝 髮抹漆]
눈빛은 발에 들어와 구슬처럼 또렷하구나. [眼光入廉珠的皪]
본디 흰 비단으로 선녀의 옷을 지어도, [故將白練作仙衣]
붉은 연지로 타고난 바탕을 더럽히지 못하리. [不許紅膏汗天質]
오나라 사투리는 귀엽고 부드러워 아직 앳된데, [吳音嬌軟帶兒癡]
한없는 인간의 근심은 전혀 알지 못하는구나. [無限間愁總未知]
예로부터 아름다운 여인은 대부분 박명이라지만, [自古佳人多命薄]
문을 닫고 봄이 다하면 버들꽃도 지고 말겠지. [閉門春盡楊花落]

출 전 소식(蘇軾)의 시(詩)

苛政猛於虎(가정맹어호)

　춘추시대(春秋時代) 말엽, 공자(孔子, BC 551~479)의 고국인 노(魯)나라에서는 조정의 실세(實勢)인 대부(大夫) 계손자(季孫子)의 가렴주구(苛斂誅求)로 백성들이 몹시 시달리고 있었다.

　공자 역시 노나라의 혼란 상태에 환멸을 느끼고 어느 날 제자들과 함께 제나라로 길을 떠났다.

　제나라로 가던 도중 수레를 탄 공자와 제자 일행이 태산(泰山) 기슭을 지나가고 있을 때, 어디선가 여인의 애절한 울음소리가 들려와 일행의 발걸음을 붙잡았다.

　일행이 발길을 멈추고 살펴보니 길가의 풀숲에 무덤 셋이 보였고, 어떤 부인 한 명이 그 앞에서 울고 있는 광경이 눈에 들어왔다.

　자비심이 많은 공자는 제자인 자로(子路)에게 그 연유를 알아보라고 했다. 이에 자로가 부인에게 다가가서 물었다.

　"부인, 어인 일로 그렇듯 슬피 우십니까?"

　부인은 깜짝 놀라 고개를 들더니 이윽고 이렇게 대답했다.

　"여기는 아주 무서운 곳이랍니다. 수년 전에 저희 시아버님이 호환(虎患)을 당하시더니 작년에는 남편이, 그리고 이번에는 자식까지 호랑이한테 잡아먹혔답니다."

　"그러면 왜 이곳을 떠나지 않으십니까?"

　"하지만 여기서 살면 세금을 혹독하게 징수당하거나 못된 벼슬아치에게 재물을 빼앗기는 일은 없지요."

　자로에게 이 말을 전해들은 공자는 제자들에게 이렇게 말했다.

"잘들 기억해 두어라. '가혹한 정치는 호랑이보다 더 무섭다[가정 맹어호(苛政猛於虎)]'는 것을……."

출 전 <예기(禮記)> 단궁기(檀弓記)

刻舟求劍(각주구검)

전국시대(戰國時代), 초(楚)나라의 한 젊은이가 양자강(揚子江)을 건너기 위해 배를 탔다. 배가 강 한복판에 이르렀을 때, 그만 실수하여 손에 들고 있던 칼을 강물에 떨어뜨리고 말았다.

"아뿔사! 이를 어쩐다."

젊은이는 허둥지둥 허리춤에서 단검을 빼들어 칼을 떨어뜨린 그 뱃전에다 표시를 하였다.

이윽고 배가 건너편 나루터에 닿자, 그는 곧 옷을 벗어 던지고 표시를 한 그 뱃전 밑의 강물 속으로 뛰어들었다. 그러나 칼이 그 밑에 있을 리가 없었다.

출 전 <여씨춘추(呂氏春秋)>

肝腦塗地(간뇌도지)

조운(趙雲)이 사지(死地)에서 아두(阿頭)를 구해왔지만 유비(劉備)는 도리어 아두를 땅바닥에 집어던지며, "이 아이 하나 때문에 명장을 잃을 뻔했구나!" 하고 탄식했다.

이에 조운은 감복하여 말하였다.

"간과 뇌가 땅에 떨어져 으깨어져도 주공의 은공을 갚을 수 없습니다."

출 전 <사기(史記)> 유경열전(劉敬列傳)

肝膽相照(간담상조)

당송팔대가(唐宋八大家) 중 당대(唐代)의 두 명문대가(名門大家)에 한유(韓愈, 字는 退之)와 유종원(柳宗元, 字는 子厚)이 있었다.

이들은 함께 고문(古文) 부흥운동을 제창한 문우(文友)로서 세인으로부터 '한유(韓柳)'라 불릴 정도로 절친한 사이였다.

당나라 11대 황제인 헌종(憲宗, 805~820) 때 유주 자사(柳州刺史)로 좌천되었던 유종원이 죽자 한유는 그 묘지명(墓誌銘)을 썼다.

자신의 불우한 처지는 제쳐놓고 오히려 연로한 어머니를 두고 변경인 파주자사(播州刺史)로 좌천, 부임하는 친구 유몽득(劉夢得)을 크게 동정했던 유종원의 진정한 우정을 찬양하고 이어 경박한 사귐을 증오하며 이렇게 쓰고 있다.

'……사람이란 곤경에 처했을 때라야 비로소 절의(節義)가 나타나는 법이다.

평소 평온하게 살아갈 때는 서로 그리워하고 기뻐하며 때로는 놀이나 술자리를 마련하여 부르곤 한다. 어디 그뿐인가. '서로 간과 쓸개를 꺼내 보이며[간담상조(肝膽相照)]' 해를 가리켜 눈물짓고 살든 죽든 서로 배신하지 말자고 맹세한다.

말은 제법 그럴듯하지만 일단 털끝만큼이라도 이해관계가 생기는 날에는 눈을 부릅뜨고 언제 봤냐는 듯 안면을 바꾼다.

더욱이 함정에 빠져도 손을 뻗쳐 구해 주기는커녕 오히려 더 깊이 빠뜨리고 위에서 돌까지 던지는 인간이 이 세상 곳곳에 널려 있는 것이다.'

출 전 한유(韓愈)의 '유자후묘지명(柳子厚墓誌銘)'

間於齊楚 (간어제초)

고대 중국의 주(周)나라 말기에 제(齊)나라와 초(楚)나라 사이에 있던 등(滕)나라는 두 나라의 틈바구니에서 하루도 편할 날이 없었다. 언젠가 맹자(孟子)가 등나라에 머물게 되자 등나라 군주 문공(文公)이 맹자에게 물었다.

"우리나라는 약소국으로 제나라와 초나라 사이에서 고통을 받고 있습니다. 누구를 섬겨야 편안하겠습니까?"

그러자 맹자가 대답했다.

"이는 제가 해결할 수 있는 것이 아닙니다만 굳이 말한다면 오직 한 가지 방법이 있을 것입니다. 성을 높이 쌓은 후 그 밑에는 연못을 깊게 파고 백성과 더불어 죽기를 각오하고 지키십시오. 만일 그럴 수 없다면 하루라도 빨리 이곳을 뜨는 편이 나을 것입니다."

출 전 <맹자(孟子)>

竭澤而漁(갈택이어)

춘추시대 진(晉)나라 문공(文公)은 성복(城)이라는 곳에서 초(楚)나라와 일대 접전을 벌이게 되었다.

그러나 초나라 군사의 수가 진나라 군사보다 훨씬 많을 뿐만 아니라, 병력 또한 막강하였으므로 승리할 방법이 없었다. 그래서 방법이 없을까 궁리하다 호언(狐偃)에게 물었다.

"초나라의 병력은 많고 우리 병력은 적으니 이 싸움에서 승리할 방법이 없겠소."

호언은 이렇게 대답했다.

"저는 예절을 중시하는 자는 번거로움을 두려워하지 않고, 싸움에 능한 자는 속임수 쓰는 것을 싫어하지 않는다고 들었습니다. 속임수를 써 보십시오."

문공은 다시 이옹(李雍)의 생각을 물었다. 이옹은 호언의 속임수 작전에 동의하지 않았다. 그렇다고 해서 별다른 방법이 없었으므로 다만 이렇게 말했다.

"못의 물을 모두 퍼내어 물고기를 잡으면 잡지 못할 리 없지만, 그 훗날에는 잡을 물고기가 없게 될 것이고, 산의 나무를 모두 불태워서 짐승들을 잡으면 잡지 못할 리 없지만 뒷날에는 잡을 짐승이 없을 것입니다(竭澤而漁 豈不獲得 而明年無魚 焚藪而田 豈不獲得 而明年無獸).

지금 속임수를 써서 위기를 모면한다 해도 영원한 해결책이 아닌 이상 임시방편일 뿐입니다."

이옹의 비유는 눈앞의 이익만을 위하는 것은 화를 초래한다고
본 것이다.

출 전 <여씨춘추(呂氏春秋)>

甲男乙女 (갑남을녀)

갑이라는 남자와 을이라는 여자라는 뜻으로, 특별히 이름이나 신
분이 알려지지 않은 평범한 보통사람을 말한다. 대수롭지 않은 평범
한 남녀를 뜻하는 필부필부(匹夫匹婦), 장씨의 셋째 아들과 이씨의
넷째 아들이라는 뜻으로 보통의 평범한 사람을 가리키는 장삼이사
(張三李四)와 비슷한 말이다. 갑과 을이라는 글자는 천간(天干)에서
따온 말이다.

천간으로는 갑(甲)·을(乙)·병(丙)·정(丁)·무(戊)·기(己)·
경(庚)·신(辛)·임(壬)·계(癸)의 십간(十干)이 있는데 갑은 양(陽),
을은 음(陰)으로 음양의 순서대로 배열되어 있다. 성별(性別)을 나누
어 보면 양은 남자, 음은 여자로 구분되므로 갑남(甲男)은 불특정한
남자를 말하고 을녀(乙女)는 불특정한 여자를 가리킨다. 갑과 을은
불특정한 인물이나 사물을 가리키는 대명사로 쓰이기도 한다. 음양
오행(陰陽五行)의 갑·을에서 유래한 갑남을녀는 불특정한 남자와
여자를 의미한다.

改過遷善 (개과천선)

진 혜제 때 양흠 지방에 괴걸이 나타났는데 그의 이름을 주처라 불렀다.

주처의 아버지 주방이 동오, 파양 태수를 지낸 바 있어 따지고 보면 주처도 양반 세문의 자제였다. 그러나 불행히도 주처가 여남은 살 때 아버지가 세상을 떠났다.

주처는 아버지의 가르침과 보살핌을 잃은 뒤부터 점점 외곬으로 나아가 하루 종일 할 일 없이 방랑생활을 하며 온갖 나쁜 짓을 다 했다. 게다가 그는 어려서부터 남달리 몸이 강인하고 팔 힘은 보통 사람이 따르지 못할 정도로 강했다.

그래서 천하 패자 격으로 남을 두드려 패기 일쑤고 때와 장소를 가리지 않고 야만 행위를 자행하는 등 그야말로 불량소년인 그를 마을 사람들은 몹시 두려워했다.

주처가 차차 자람에 따라 마을 사람들은 더욱더 그를 미워했고 멀리했다. 상황이 이쯤 되자 주처도 철이 들어 자신의 과오를 깨달았음인지 지난 허물을 과감히 고치고 새로운 사람이 되겠다고 굳은 결심을 하기에 이르렀다.

하루는 주처가 마을 사람들에게 이렇게 말했다.

"지금 세상이 편안하여 모두들 의식 걱정 없이 잘 사는데, 왜 당신들은 나만 보면 낯을 찡그리십니까?"

이때 어느 대담한 마을 사람이 대답했다.

"우리들이 세 가지 해로움도 제거하지 못했는데 어찌 태평을 논할 수 있겠나?"

"세 가지 해로움이라니요?"

주처가 이상히 여기며 물었다.

"남산에 있는 사나운 호랑이, 장교 아래 있는 교룡, 그리고 바로 자네 주처, 이 세 가지 해로움을 말하는 걸세."

주처는 귀에 거슬리는 마을 사람의 말을 듣고는 더욱 새로운 사람이 되어야겠다고 각오를 굳게 다졌다. 그리고는 격한 어조로 다짐하듯이 말했다.

"제가 반드시 그 세 가지 해로움을 제거할 것입니다."

마을 사람들은 주처가 세 가지 해로움을 없애겠다는 말을 듣고 마음속으로 다행한 일이라고 여기며 경하해 마지않았다.

두 호랑이가 싸우면 반드시 하나가 상하게 되는, 말하자면 '양호상투(兩虎相鬪) 필유일상(必有一傷)'하게 되는 법이므로, 세 가지 해로움이 한꺼번에 제거되지는 못하더라도 그 과정을 통해 한두 가지의 해로움은 없어질 수 있는 것이기 때문에 모두들 이구동성으로 그를 격려하고 나섰다.

그리하여 주처는 칼을 차고 남산에 올라가 맹호를 잡아 죽였다. 그리고 바로 이어서 장교 아래 물로 뛰어들어 교룡과 싸움을 벌였는데 사흘 밤낮이 지나도 돌아올 줄을 몰랐다.

마을 사람들은 주처가 이미 교룡에게 잡아먹혔다고 생각하고 모두 손을 들어 환호하며 기뻐했다.

그러나 마을 사람들의 기대와는 달리 주처는 악전고투 끝에 교룡을 죽이고 살아 돌아왔다. 그런데 주처가 보기에 자신의 승전(勝戰)을 마을 사람들이 시큰둥하게 받아들이는 것처럼 여겨졌다.

주처는 자기에 대한 마을 사람들의 미움이 아직도 사라지지 않았음을 깨닫고, 더욱더 허물을 벗고 착한 사람이 되겠다고 각오를 굳게 다졌다.

주처는 정든 고향을 등지고 동오에 가서 대학자 육기와 육운 두 형제를 만났다. 그 자리에서 주처는 육운에게 솔직담백하게 자신의 심정을 털어놓았다.

"예전에 철이 들지 않았을 때 저는 나쁜 짓을 헤아릴 수 없이 많이 했습니다. 그러나 지금은 마음을 바꾸고 뜻을 세워 새롭게 착한 사람이 되려고 합니다. 그러나 나이가 들고 너무 늦은 감이 있는 것 같아 몹시 두렵습니다."

육운이 격려했다.

"자네는 아직 젊네! 자네가 굳은 의지를 지니고 지난 허물을 고치고서 새로이 착한 삶을 살아가게 된다면 자네의 앞길은 무한할 것일세."

이때부터 주처는 뜻을 세우고 동오에서 글을 배우기 시작했다. 그리고 10여 년 동안 꾸준히 덕행과 학문을 닦고 익혀 마침내 유명한 대학자가 되어 새로운 삶을 살게 되었다.

乾坤一擲(건곤일척)

이 말은, 당나라의 대문장가(大文章家)인 한유가 하남성(河南省) 내의 홍구(鴻溝)를 지나다가, 그 옛날(BC 203) 한왕(漢王) 유방(劉邦)

에게 '건곤일척(乾坤一擲)'을 촉구한 장량(張良) 진평(陳平)을 기리며 읊은 회고시 '과홍구(過鴻溝)'에 나오는 마지막 구절에 포함되어 있다.

> 용은 지치고 호랑이는 피곤하여 이 강을 가르니, [龍疲虎困割川原]
> 수많은 백성들이 목숨을 건졌도다. [億萬蒼生性命存]
> 누가 군왕에게 말머리를 돌리도록 권할 수 있을까? [誰勸君王回馬首]
> 진정으로 천하를 건 한 판 내기였겠구나. [眞成一擲賭乾坤]

역전(歷戰) 3년 만에 진(秦)나라를 멸하고(BC 206) 스스로 초패왕(楚霸王)이 된 항우는 팽성[彭城, 서주(徐州)]을 도읍으로 정하고 의제(義帝)를 초나라의 황제로 삼았다.

그리고 유방을 비롯해서 진나라 타도에 기여한 유공자들을 왕후(王侯)로 봉함에 따라 천하는 일단 진정되었다. 그러나 이듬해 의제가 시해되고, 논공행상에 불만을 품어온 제후들이 각지에서 반기를 들자 천하는 다시 혼란에 빠졌다.

항우가 제(齊), 조(趙), 양(梁) 땅을 전전하면서 전영(田榮), 진여(陳餘), 팽월(彭越) 등의 반군을 치는 사이에 유방은 관중(關中)을 합병하고 이듬해 의제 살해(殺害)에 대한 징벌을 구실로 56만 대군을 휘몰아 팽성(彭城)을 공략했다.

그러나 급보를 받고 달려온 항우가 반격하자, 유방은 아버지와 아내까지 적(敵)의 수중에 남겨둔 채 하남성의 형양(滎陽)으로 패주했다. 그 후 병력을 보충한 유방은 항우와 일진일퇴의 공방전을 계속하다가 홍구를 경계로 천하를 양분하고 싸움을 멈췄다.

항우는 유방의 아버지와 아내를 돌려보내고 팽성을 향해 철군 길에 올랐다. 이어 유방도 철군하려 하자 참모인 장량(張良)과 진평(陳平)이 유방에게 이렇게 진언했다.

　"한(漢)나라는 천하의 태반을 차지하고 제후들도 따르고 있사오나, 초(楚)나라는 군사들이 몹시 지쳐 있는데다가 군량마저 바닥이 났사옵니다. 이야말로 하늘이 초(楚)나라를 멸하려는 천의(天意)이오니 당장 쳐부숴야 하옵니다. 지금 치지 않으면 '호랑이를 길러 후환을 남기는 꼴[양호유환(養虎遺患)]'이 될 것이옵니다."

　여기서 마음을 굳힌 유방은 말머리를 돌려 항우를 추격하였다.

　이듬해 유방은 한신(韓信), 팽월 등의 군사와 더불어 안휘성(安徽城) 내의 해하(垓下)에서 초(楚)나라 군사를 포위하고, '사면초가(四面楚歌)' 작전을 폈다.

　참패한 항우는 안휘성 내의 오강(烏江)으로 패주하여 자결하고, 유방은 천하통일의 길로 들어섰다.

출　전 한유(韓愈)의 시(詩) '과홍구(過鴻溝)'

乞骸骨(걸해골)

　초패왕(楚覇王) 항우(項羽)에게 쫓긴 한왕(漢王) 유방(劉邦)이 고전하고 있을 때의 일이다.

　유방은 지난해(BC 203) 항우가 반란을 일으킨 팽월(彭越), 전영(田榮) 등을 치기 위해 출병한 사이에 초나라의 도읍인 팽성[彭

城, 서주(徐州)]을 공략했다가 항우의 반격을 받고 겨우 형양(滎陽)으로 도망쳤다.

그러나 수개월 후 군량(軍糧) 수송로까지 끊겨 더 이상 지탱하기 어렵자 항우에게 휴전을 제의했다. 항우는 응할 생각이었으나 아부(亞父, 아버지 다음으로 존경하는 사람이란 뜻) 범증(范增)이 반대하는 바람에 쉽게 이루어지지 않았다. 이 사실을 안 유방의 참모 진평(陳平)은 간첩을 풀어 초나라 진중(陣中)에 헛소문을 퍼뜨렸다. '범증이 항우 몰래 유방과 내통하고 있다.'고.

이에 화가 난 항우는 은밀히 유방에게 강화의 사신을 보냈다.

진평은 항우를 섬기다가 유방의 신하가 된 사람인만큼 누구보다도 항우를 잘 알았다. 그래서 성급하고도 단순한 항우의 성격을 겨냥한 이간책이 멋지게 맞아떨어진 것이다.

진평은 장량(張良) 등 여러 중신(重臣)과 함께 정중히 사신을 맞이하며 이렇게 물었다.

"아부(범증을 지칭)께서는 안녕하십니까?"

"나는 초패왕의 사신으로 온 사람이오."

사신은 불쾌한 말투로 대답했다.

"뭐, 초왕의 사신이라고? 난 아부의 사신인 줄 알았는데……."

진평은 짐짓 놀란 체하면서 잘 차린 음식을 소찬(素饌)으로 바꾸게 한 뒤 말없이 방을 나가버렸다. 사신이 돌아와서 그대로 보고하자 항우는 범증이 유방과 내통하고 있는 것으로 확신하고 그에게 주어진 모든 권리를 박탈했다. 그러자 범증이 크게 노했다.

"천하의 대세는 결정된 것과 같사오니, 전하가 처리하소서. 신은 이제 '해골을 빌어[걸해골(乞骸骨)]' 초야에 들어가겠나이다."

항우는 어리석게도 진평의 책략에 걸려 유일한 모신(謀臣)을 잃고
말았다. 범증은 팽성으로 돌아가던 도중에 등창이 터져 75세의 나이
로 죽었다고 한다.

출 전 <사기(史記)> 항우본기(項羽本記)

犬兎之爭(견토지쟁)

전국시대, 제(齊)나라 왕에게 중용(重用)된 순우곤(淳于髡)은 원래
해학(諧謔)과 변론이 뛰어난 세객(說客)이었다. 제나라 왕이 위(魏)
나라를 치려고 하자, 순우곤은 이렇게 진언했다.

"한자로(韓子盧)라는 매우 발 빠른 명견(名犬)이 동곽준(東郭逡)
이라는 재빠른 토끼를 뒤쫓았사옵니다. 그들은 수십 리에 이르는
산기슭을 세 바퀴나 돈 다음 가파른 산꼭대기까지 다섯 번이나 올라
갔다 내려왔사온데, 그러는 바람에 개도 토끼도 지쳐 쓰러져 죽고
말았나이다.

이때 그것을 발견한 '전부(田父, 농부)는 힘들이지 않고 횡재[田父
之功]'를 하였나이다.

지금 제나라와 위나라는 오랫동안 대치하는 바람에 군사도 백성도
지치고 쇠약하여 사기가 말이 아니온데, 서쪽의 진(秦)나라나 남쪽의
초(楚)나라가 이를 기회로 '전부지공'을 거두려 하지 않을는지 그게
걱정이옵니다."

이 말을 들은 왕은 위나라를 칠 생각을 깨끗이 버리고 오로지 부국강병(富國强兵)에만 힘썼다.

[참고]

세객 : 교묘하고 능란한 말솜씨로 각처를 유세(遊說)하고 다니는 사람. 제국(諸國)의 군주(君主)가 저마다 패자(覇者)를 지향하며 패도정치(覇道政治)를 펼쳤던 전국시대(戰國時代)에는 책사(策士), 모사(謀士) 또는 종횡가(縱橫家) 출신의 세객이 많았음.

출 전 <전국책(戰國策)> 제책편(齊策篇)

結草報恩(결초보은)

춘추시대 진(晉)나라의 위무자(魏武子)는 젊은 첩을 두고 있었다. 위무자가 병이 들자 본처의 아들 과(顆)를 불러 이렇게 유언했다.

"내가 죽거들랑 네 서모를 개가(改嫁)시키도록 하여라."

그러나 위무자는 자신의 병세가 점점 악화되어 위독한 지경에 이르게 되자, 아들을 다시 불러 이렇게 분부했다.

"내가 죽거들랑 네 서모는 반드시 순사(殉死)케 해라."

얼마 후, 위무자가 죽자 위과(魏顆)는 이렇게 생각했다.

"사람이 병이 위중하면 정신이 혼란해지기 마련이니 아버지께서 맑은 정신일 때 하신 말씀대로 따르리라."

그리하여 아버지의 처음 유언을 따라 서모를 개가시켜 드렸다.

그 후 진환공(秦桓公)이 진(晉)나라를 침략하여 군대를 보씨(輔氏)

에 주둔시켰다.

보씨의 싸움에서 위과는 진(晉)의 장수로 있었기 때문에 진(秦)의 대역사(大力士)인 두회(杜回)라는 장수와 결전을 벌이게 되었다. 하지만 위과는 역부족이었다.

그때 한 노인이 나타나 두회의 발 앞에 있는 풀을 엮어[결초(結草)] 그를 넘어지게 하여 위과로 하여금 두회를 사로잡게 하였다.

그날 밤 위과의 꿈에 그 노인이 나타나 이렇게 말했다.

"나는 당신 서모의 애비 되는 사람이오. 그대가 아버지의 유언을 옳은 방향으로 따랐기에 내 딸이 목숨을 유지하고 개가하여 잘 살고 있소. 나는 당신의 그 은혜에 보답[보은(報恩)]한 것이오."

출　전　<춘추좌씨전(春秋左氏傳)>

傾國之色 (경국지색)

한 무제를 모시던 사람 중 가수 이연년(李延年)이 있었다. 그는 음악적 재능이 있어 노래는 물론이고 편곡이나 작곡에도 뛰어났으며, 아울러 춤에도 탁월하여 무제의 총애를 듬뿍 받았다.

하루는 한 무제 앞에서 춤을 추며 이런 노래(詩)를 불렀다.

북방의 아름다운 여인 있어 둘도 없이 우뚝 섰네. [北方有佳人 絶世而獨立]
눈길 한 번에 성이 기울고 눈길 두 번에 나라가 기운다. [一顧傾人城 再顧傾人國]
성을 기울게 하고 나라를 기울게 함을 어찌 모르리. [寧不知傾城與傾國]

아름다운 여인은 다시 얻기 어렵구나. [佳人難再得]

한 무제는 이 노랫소리를 듣고, 과연 이러한 여인이 있는지 물었다. 곁에 앉아 있던 누이 평양공주가 이연년의 누이동생이 바로 그러한 미인이라고 귀엣말을 했다.

한 무제는 즉시 그녀를 불러들였는데, 이연년의 노래대로 매우 아름다웠으며 춤도 잘 추었다. 한 무제는 한눈에 그녀의 아름다움에 빠져들게 되었다.

출　전　<한서(漢書)> 이부인전(李夫人傳)

유의어　경성지색(傾城之色), 만고절색(萬古絶色),
　　　　절세미인(絶世美人), 절대가인(絶代佳人), 국향(國香),
　　　　침어낙안(沈魚落雁), 수화폐월(羞花閉月), 국색(國色)

반의어　박색(薄色) : 매우 못생긴 여자.

鯨戰蝦死(경전하사)

경전하사(鯨戰蝦死)와 비슷한 뜻으로 쓰이는 말로 간어제초(間於齊楚)가 있다.

주(周) 말엽에 등(藤)나라가 두 큰 나라인 제(齊)나라와 초(楚)나라 사이에서 어느 나라를 섬길지 고민하며 괴로움을 겪었다는 데서 유래하는 용어이다.

鷄口牛後(계구우후)

전국시대 중엽, 동주(東周)의 도읍 낙양(洛陽)에 소진(蘇秦, ?~BC 317)이란 종횡가(縱橫家, 모사)가 있었다.

그는 합종책(合縱策)으로 입신할 뜻을 품고, 당시 최강국인 진(秦)나라의 동진(東進) 정책에 전전긍긍(戰戰兢兢)하고 있는 한(韓), 위(魏), 조(趙), 연(燕), 제(齊), 초(楚)의 6국을 순방하던 중 한나라 선혜왕(宣惠王)을 알현하고 이렇게 말했다.

"전하, 한나라는 지세가 견고한데다 군사도 강병으로 알려져 있사옵니다. 그런데도 싸우지 아니하고 진나라를 섬긴다면 천하의 웃음거리가 될 것이옵니다. 게다가 진나라는 한 치의 땅도 남겨 놓지 않고 계속 국토의 할양을 요구할 것이옵니다.

하오니 전하! 차제에 6국이 남북, 즉 세로[종(縱)]로 손을 잡는 합종책으로 진나라의 동진책을 막고 국토를 보존하시오소서. '차라리 닭의 부리가 될지언정[영위계구(寧爲鷄口)] 쇠꼬리는 되지 마라[물위우후(勿爲牛後)].'는 옛말도 있지 않사옵니까."

선혜왕은 소진의 합종설에 전적으로 찬동했다. 이런 식으로 6국의 군왕을 설득하는 데 성공한 소진은 마침내 여섯 나라의 재상을 겸임하는 대정치가가 되었다.

계구우후(鷄口牛後)의 원말은 '영위계구 물위우후(寧爲鷄口勿爲牛後)'이다.

출 전 <사기(史記)> 소진열전(蘇秦列傳)

鷄卵有骨(계란유골)

세종 때 영의정(領議政)을 지낸 황희(黃喜)는 마음이 착하고 생활이 검소했다. 황 정승의 생활이 매우 빈한한 것을 긍휼히 여기신 상감(上監)께서는 잘살게 할 방도가 없을까 하고 생각하셨다.

그러던 중 한 묘안을 얻어 다음과 같은 명령을 내렸다.

"내일은 아침 일찍 남대문을 열 때부터 문을 닫을 때까지 이 문으로 들어오는 모든 물건을 황 정승에게 줄 것이오."

그러나 그날은 뜻밖에도 새벽부터 몰아치던 폭풍우가 종일토록 멎지 않아 문을 드나드는 장사치가 한 사람도 없었다.

그런데 다 어두워져서 집에 들어가려고 할 때, 무슨 까닭인지 시골 영감이 달걀 한 꾸러미를 들고 들어왔다. 왕은 약속대로 이것을 사서 황 정승에게 주었다.

집에 돌아온 황희가 이것을 삶아먹으려고 했으나 알이 모두 곯아서 한 알도 먹지 못하고 말았다 한다.

'곯다'의 어간은 음이 같은 한자의 '골(骨)'에서 유래된 듯하다.

출 전 ＜송남잡지(松南雜識)＞

鷄肋(계륵)

삼국정립시대가 나타나기 1년 전(219년)인 후한(後漢) 말이었다. 당시에 유비(劉備)가 익주(益州)를 점령하고 한중(漢中)을 평정한 후 위(魏)나라 조조(曹操)의 군대를 맞아 한중 쟁탈전을 벌이고 있었다.

싸움은 여러 달에 걸쳐 장기전 양상을 띠고 있었는데, 유비의 병참(兵站)은 제갈량(諸葛亮)의 용의주도한 확보로 넉넉한 데 반하여 조조는 병참(兵站)을 소홀히 하여 내부의 질서가 문란하고 거기에다 탈영병이 속출하여 공격도, 수비도 불가능한 상태에 있었다.

막료 한 사람이 현황을 보고하고 후퇴 여부를 묻자 닭고기를 뜯고 있던 조조는 닭갈비[계륵(鷄肋)]를 들었다 놓았다만 했다. 그 막료가 어리둥절한 마음으로 나오는데, 주부(主簿)인 양수(楊修)가 듣고 장안(長安)으로 귀환할 준비를 서두르기 시작했다.

다른 참모들이 놀라 그 까닭을 묻자 양수는 "닭의 갈비는 먹으려 하면 먹을 것이 없고, 그렇다고 내버리기도 아까운 것이오. 한중(漢中)을 여기에 비유한 것은 승상께서 군대를 철수하기로 작정하신 것이 아니겠소?"라고 답했다.

과연 양수의 예상대로 조조는 그 이튿날 철수 명령을 내렸다.

이때 조조는 이익이 없다고 하여 한중에서 후퇴하고, 그곳을 확보한 유비는 스스로 한중왕(漢中王)이 되었다. 그러나 이윽고 위(魏)나라는 촉한(蜀漢)과 오(吳)나라를 멸망시키고, 천하를 통일하기에 이른다.

출 전 <후한서(後漢書)> 양수전(楊修傳)

鷄鳴狗盜(계명구도)

전국시대 중엽, 제(齊)나라 맹상군(孟嘗君)은 왕족으로 재상을 지낸 정곽군(靖郭君)의 40여 자녀 중 서자로 태어났다. 그러나 정곽군(靖郭君)은 자질이 뛰어난 그를 후계자로 삼았다.

이윽고 설(薛) 땅의 영주가 된 맹상군은 선정을 베푸는 한편 널리 인재를 모음으로써 천하에 명성을 떨쳤다.

그 후 맹상군은 대국(大國)인 진(秦)나라 소양왕(昭襄王)으로부터 재상 취임 요청을 받았다(BC 298).

그는 내키지 않았으나 나라를 위해 수락했다.

그는 곧 3,000명의 식객(食客) 중에서 엄선한 몇 사람만 데리고 진나라의 도읍 함양(咸陽)에 도착하여 소양왕을 알현하고 값비싼 호백구(狐白裘, 여우 겨드랑이의 흰 털이 있는 가죽을 여러 장 모아 이어서 안을 댄 옷으로 귀족, 고관대작(高官大爵)만이 입을 수 있었다고 함)를 예물로 진상했다.

그러나 소양왕이 정작 맹상군을 재상으로 기용하려 하자 중신들이 반대하고 나섰다.

"전하, 제나라의 왕족을 재상으로 중용하심은 진나라를 위한 일이 아닌 줄로 아옵니다."

그래서 약속은 깨졌다.

소양왕은 맹상군을 그냥 돌려보낼 수도 없었다. 원한을 품고 복수를 꾀할 것이 틀림없기 때문이다. 그래서 그를 은밀히 죽여 버리기로 했다.

이를 눈치챈 맹상군은 궁리 끝에 소양왕의 총희(寵姬)에게 무사히 귀국할 수 있도록 주선해 달라고 간청했다. 그러자 그녀는 엉뚱한 요구를 해왔다.

"내게도 진상한 것과 똑같은 호백구를 주시면 힘써 보지요."

당장 어디서 그 귀한 호백구를 구한단 말인가. 맹상군은 맥이 빠졌다. 맹상군을 수행한 식객 중 도둑질에 능한 특기를 가진 '구도(拘盜, 밤에 개가죽을 둘러쓰고 인가에 숨어들어 도둑질하는 좀도둑)'란 자가 이 사실을 알고는 그날 밤 궁중으로 잠입해서 전날 진상한 그 호백구를 감쪽같이 훔쳐내어 그녀에게 주었다.

소양왕은 총희의 간청을 못 이겨 맹상군의 귀국을 허락했다. 이에 맹상군은 일행을 거느리고 급히 서둘러서 국경인 함곡관(涵谷關)으로 향했다.

한편 소양왕은 맹상군을 놓아준 것을 크게 후회하고 추격병을 급파했다.

한밤중에 함곡관에 닿은 맹상군 일행은 거기서 더 나아갈 수가 없었다. 첫닭이 울 때까지 관문을 열지 않기 때문이었다.

일행이 안절부절못하고 있는데 동행한 식객 중에 소리 흉내 내기에 특기가 있는 '계명'이 인가(人家) 쪽으로 사라지자 이내 첫닭의 울음소리가 들려왔다. 이어 동네 닭들이 일제히 따라 울기 시작했다.

잠이 덜 깬 병졸들은 눈을 비비며 관문을 열었고, 맹상군 일행은 함곡관 문을 나와 말[마(馬)]에 채찍을 가하여 쏜살같이 어둠 속으로 사라졌다. 추격병이 관문에 닿은 것은 바로 그 직후였다고 한다.

출 전 <사기(史記)> 맹상군열전(孟嘗君列傳)

股肱之臣 (고굉지신)

<서경> 익직편(益稷篇)에서 순(舜)임금이 말했다.

"신하들이여! 옆에서 도와주시오. 어려울 때 도와주는 신하가 참된 신하로다." 하니, 우(禹)가 "옳으신 말씀입니다." 하였다.

순임금이 신하들을 둘러보며 다시 말했다.

"그대들과 같은 신하는 짐의 팔다리요, 눈과 귀로다[제왈신(帝曰 臣)은 작짐고굉이목(作朕股肱耳目)]. 내가 백성을 교화시키고 돕고 자 하니 아울러 그대들도 도와주시오……. 나에게 잘못이 있으면 충고해 주고 모든 동료들이 서로 공경하고 예의를 지켜주오.

그리고 관리는 백성의 뜻을 짐에게 전하는 것이 임무이니 올바른 이치로써 선양하고, 뉘우치는 자가 있으면 용서하며 그렇지 않은 자는 처벌하여 위엄을 보이도록 하시오."

鼓腹擊壤 (고복격양)

먼 옛날 중국에 성천자(聖天子)로 이름난 요(堯)임금이 선정을 베풀어 온 지도 어느덧 50년이 지났다.

하루하루를 태평하게 지내던 어느 날, 요임금은 정말로 세상이 잘 다스려지고 있는지 궁금하여 미복(微服)을 하고 민정(民情)을 살펴보러 나갔다.

어느 네거리에 이르자 아이들이 손을 맞잡고 요임금을 찬양하는 노래를 부르고 있었다.

우리가 이처럼 잘 살아가는 것은 [立我烝民]
모두가 임금님의 지극한 덕이네. [莫匪爾極]
우리는 아무것도 알지 못하지만 [不識不知]
임금님이 정하신 대로 살아가네. [順帝之則]

마음이 흐뭇해진 요임금은 어느새 마을 끝까지 걸어갔다.
그곳에는 백발의 한 노인이 손으로 '배를 두드리고[고복(鼓腹)]',
발로 '땅을 구르며[격양(擊壤)]' 흥겹게 노래를 부르고 있었다.

해 뜨면 나가 일하고, 해 지면 들어와 쉬네. [日出而作 日入而息]
우물 파서 물을 마시고, 농사 지어 밥을 먹네. [耕田而食 鑿井而飮]
임금의 힘이 어찌 나에게 미치리오. [帝力何有于我哉]

임금은 정말 기뻤다. 백성들이 아무 불만 없이 배를 두드리고 발을
구르며 흥겨워하고, 정치의 힘 따위는 완전히 잊어버리고 있으니
그야말로 정치가 잘 되고 있다는 증거가 아니겠는가. 요임금은 그렇
게 생각했던 것이다.

출 전 <십팔사략(十八史略)> 격양가(擊壤歌)
유의어 요순지절(堯舜之節) : 요임금과 순임금이 다스리던 시대.
태평성대(太平聖代) : 어진 임금이 다스리는 살기 좋은 시대.
격양지가(擊壤之歌), 격양가(擊壤歌)

古稀(고희)

두보(杜甫)의 시 '곡강이수(曲江二首)'에 나오는 '술빚은 보통 가는 곳마다 있으니 결국 인생은 기껏 살아본들 70세는 예로부터 드물다[주채심상행처유(酒債尋常行處有)하니 인생칠십고래희(人生七十古來稀)라].'라는 승구 중 고(古)자와 희(稀)자로 '고희(古稀)'란 단어를 만들어 70세를 대신 일컫는 것이다.

출 전 두보(杜甫)의 시 '곡강이수(曲江二首)'

曲學阿世(곡학아세)

한(漢)나라 6대 황제인 경제(景帝, BC 157~141)는 즉위하자 천하에 널리 어진 선비를 찾다가 산동(山東)에 사는 원고생(轅固生)이라는 시인을 등용하기로 했다.

그는 당시 90세의 고령이었으나 직언을 잘하는 대쪽 같은 선비로도 유명했다. 그래서 사이비(似而非) 학자들은 원고생을 중상비방(中傷誹謗)하는 상소를 올려 그의 등용을 극력 반대하였으나 경제는 끝내 듣지 않았다.

당시 원고생과 함께 등용된 소장(少壯) 학자가 있었는데, 그 역시 산동 사람으로 이름이 공손홍(公孫弘)이라고 했다. 공손홍(公孫弘)은 원고생을 늙은이라고 깔보고 무시했지만, 원고생은 전혀 개의치 않고 공손홍(公孫弘)에게 이렇게 말했다.

"지금, 학문의 정도(正道)가 어지러워져서 속설(俗說)이 유행하고 있네. 이대로 내버려 두면 유서 깊은 학문의 전통은 결국 사설(私設)로 인해 그 본연의 모습을 잃고 말 것일세. 자네는 다행히 젊은데다가 학문을 좋아하는 선비란 말을 들었네. 그러니 부디 올바른 학문을 열심히 닦아서 세상에 널리 전파해 주기 바라네. 결코 자신이 믿는 '학설을 굽히어[곡학(曲學)]' '세상 속물들에게 아첨하는 일[아세(阿世)]'이 있어서는 안 되네."

원고생의 말을 듣고 난 공손홍은 몸 둘 바를 몰라 쩔쩔맸다. 절조를 굽히지 않는 고매한 인격과 원고생처럼 학식이 높은 눈앞의 태산북두(泰山北斗)를 미처 알아보지 못한 자신의 안목이 참으로 부끄러웠기 때문이다.

공손홍은 당장 지난날의 무례를 사과하고 그의 제자가 되었다.

出典 <사기(史記)> 유림전(儒林傳)

孔子穿珠(공자천주)

공자(孔子)가 진(陳)나라를 지나갈 때 이런 일이 있었다. 공자는 전에 어떤 사람에게 진기한 구슬을 얻었는데, 이 구슬의 구멍이 아홉 구비나 되었다. 공자는 이것을 실로 꿰려고 여러 가지 방법을 다 써 보았지만 성공할 수 없었다. 문득 바느질을 하는 아낙네들이라면 어렵지 않게 꿸 수 있으리라는 생각에 이르게 되었다. 그래서 가까이 있던 뽕밭에서 뽕잎을 따고 있던 아낙네에게 그 방법을 물었다. 이에 그 아낙은 이렇게 말했다.

"찬찬히 꿀[蜜]을 두고 생각해 보세요."

공자는 그 아낙의 말대로 골똘히 생각해 보았다. 잠시 후 그녀의 말의 의미를 깨닫고 "그렇지." 하고 무릎을 탁 쳤다. 그리고는 나무 아래에 왔다 갔다 하는 개미를 한 마리 붙잡아 그 허리에 실을 묶고는 개미를 구슬의 한쪽 구멍에 밀어 넣고, 반대편 구멍에는 꿀을 발라 놓았다. 그 개미는 꿀 냄새를 맡고 이쪽 구멍에서 저쪽 구멍으로 나왔다. 이리하여 구슬에 실을 꿸 수 있게 되었다.

출 전 <조정사원(祖庭事苑)>

過猶不及(과유불급)

어느 날 제자인 자공(子貢, BC 520~456)이 공자에게 물었다.

"선생님, 자장(子張)과 자하(子夏) 중 어느 쪽이 더 현명합니까?"

공자는 두 제자를 비교한 다음 이렇게 말했다.

"자장은 아무래도 매사에 지나친 면이 있고, 자하는 부족한 점이 많은 것 같다."

"그렇다면 자장이 낫겠군요?"

자공이 다시 묻자 공자가 이렇게 대답했다.

"아니다. 지나침은 미치지 못함과 같다[과유불급(過猶不及)]."

공자는 중용[中庸, 어느 한쪽으로 치우침이 없이 중정(中正)함]의 도(道)를 말했던 것이다.

자공 : 성은 단목(端木), 이름은 사(賜). 위(衛)나라 출신으로 공문십철(孔門十哲)의 한 사람. 정치에 뛰어나 후에 노(魯)나라, 위(衛)나라의 재상을 역임함.

자하 : 성은 복(卜), 이름은 상(商). 역시 공문십철의 한 사람으로, 시문(詩文)에 뛰어나 후에 위(魏)나라 문후(文侯)의 스승이 됨. 공문 중에서 후세에까지 가장 많은 영향을 끼친 제자로, 공자가 산정(刪定)한 <시경(詩經)>, <역경(易經)>, <춘추(春秋)>를 전했다고 함.

출 전 <논어(論語)> 선진편(先進扁)

管鮑之交 (관포지교)

춘추시대 초엽, 제(齊)나라에 관중(管仲)과 포숙아(鮑叔牙)라는 두 관리가 있었다. 이들은 죽마고우(竹馬故友)로 둘도 없는 친구 사이였다.

관중은 훗날 포숙아에 대한 우정의 마음을 다음과 같이 술회했던 적이 있다.

"젊어서 포숙아와 장사를 할 때 이익금을 늘 내가 더 많이 차지했지만 그는 나를 욕심쟁이라고 말하지 않았다. 내가 가난하다는 걸 알고 있었기 때문이다.

또 그를 위해 한 사업이 실패하여 그를 궁지에 빠뜨린 일이 있었지만 나를 용렬하다고 여기지 않았다. 일에는 성패(成敗)가 있다는 걸 알고 있었기 때문이다.

　나는 또 벼슬길에 나갔다가 곧잘 물러나곤 했었지만 그는 나를 무능하다고 말하지 않았다. 내게 운이 따르고 있지 않다는 것을 알고 있었기 때문이다.

　어디 그뿐인가. 나는 싸움터에서도 도망친 적이 한두 번이 아니었지만 그는 나를 겁쟁이라고 말하지 않았다. 내게 노모(老母)가 계시다는 것을 알고 있었기 때문이다.

　나를 낳아준 분은 부모이지만, 나를 알아준 사람은 포숙아이다. [생아자부모 지아자포숙야(生我者父母 知我者鮑叔也)]."

출 전 <사기(史記)> 관안열전(管晏列傳), <열자(列子)>

유의어 문경지교(刎頸之交), 금란지교(金蘭之交),
　　　　단금지교(斷金之交), 수어지교(水魚之交),
　　　　교칠지교(膠漆之交), 막역지우(莫逆之友),
　　　　시도지교(市道之交)

刮目相對(괄목상대)

　삼국시대(三國時代) 초엽, 오왕(吳王) 손권(孫權, 182~252)의 부하 장수 중에 여몽(呂蒙)이 있었다. 여몽은 집안이 너무 가난했기 때문에 군에 입대하였지만 무용을 떨치고 수많은 전공(戰功)을 세워 장군의 위치까지 올랐다. 그러나 글을 배운 적이 없는 그는 싸움만 잘했을 뿐 병법에 관해서는 알지 못했다.

이런 여몽을 안타깝게 여기던 손권은 어느 날 여몽에게 공부를 하라고 충고했다. 이때부터 여몽은 전지(戰地)에서도 '손에서 책을 놓지 않고[수불석권(手不釋券)]' 학문에 정진하기 시작했다.

그 후 중신(重臣) 가운데 가장 유식한 재사 노숙(魯肅)이 전시 시찰 중에 오랜 친구인 여몽을 만났다. 그런데 여몽과 대화를 나누던 노숙은 그만 깜짝 놀라고 말았다. 그가 예전에 알던 무식쟁이 여몽이 아니라 너무나 박식해진 까닭이었다.

"아니, 여보게. 언제 그렇게 공부했나? 자네는 이제 '오나라에 있을 때의 여몽이 아닐세[비복오하아몽(非復吳下阿夢)]' 그려."

그러자 여몽은 이렇게 대꾸했다.

"무릇 선비란 헤어진 지 사흘이 지나서 다시 만났을 때 '눈을 비비고 대면할[괄목상대(刮目相對)]' 정도로 달라져야 하는 법이라네."

명장 관우를 생포하여 그 이름을 후세에까지 알리게 된 여몽의 이야기는 배움에는 때가 없음을 보여주는 좋은 본보기이다.

출 전 <삼국지(三國志)>

膠漆之心(교칠지심)

당나라 때의 백낙천과 원미지는 교서랑 시절의 동료이다. 이들은 천자가 친재하여 등용하는 과거에도 함께 급제했다. 또한 시의 혁신에도 뜻을 같이해서 한나라 시대의 민요를 토대로 시대의 폐단인 백성들의 분노와 고통과 번뇌를 담은 악부에 유교적인 민본사상을 맥박 치게 하는 신악부를 지었다. 그런데 이것이 화근이 되어 두 사람 다 시골로 좌천되고 말았다.

두 사람은 떨어져 있는 동안 서로를 그리워했으며, 백낙천은 원미지에게 편지를 썼다.

『4월 10일 밤에 낙천은 아뢰다.

미지여, 미지여, 그대의 얼굴을 보지 못한 지도 이미 3년이 지났네. 그대의 편지를 받지 못한 지도 2년이 되려고 하네.

인생이란 길지 않은 걸세.

그런데도 이렇게 떨어져 있어야 하니 말일세.

하물며 아교와 옻칠 같은 마음으로써 북쪽 오랑캐 땅에 몸을 두고 있으니 말일세.

나아가도 서로 만나지 못하고 물러서도 서로 잊을 수 없네.

서로 그리워하면서도 떨어져 있어, 각자 흰머리가 되려고 하네.

미지여, 미지여, 어찌하리오, 어찌하리오.

실로 하늘이 하신 것이라면, 이것을 어찌하랴.』

출 전 <백씨문집> 여미지서(與微之書)

九牛一毛(구우일모)

한(漢)나라 7대 황제인 무제(武帝) 때 5천 명의 보병을 이끌고 흉노(匈奴)를 정벌하러 나갔던 이릉(李陵) 장군은 열 배가 넘는 적의 기병을 맞아 초전 10여 일간은 잘 싸웠으나 결국 중과부적(衆寡不敵)

으로 패하고 말았다.

　그런데 이듬해 놀라운 사실이 밝혀졌다. 난전(亂戰) 중에 전사한 줄 알았던 이릉이 흉노에게 투항하여 후대를 받고 있다는 것이었다. 이를 안 무제는 크게 노하여 이릉의 일족(一族)을 참형에 처하라고 엄명했다. 그러나 중신을 비롯한 이릉의 동료들은 침묵 속에 무제의 안색만 살필 뿐 누구 하나 이릉을 위해 변호하는 사람이 없었다.

　이에 분개한 사마천(司馬遷)이 그를 변호하고 나섰다. 사마천은 지난날 흉노에게 경외(敬畏)의 대상이었던 이광(李廣) 장군의 손자인 이릉을 '목숨을 내던져서라도 국난(國難)에 임할 용장(勇將)'이라고 굳게 믿어왔기 때문이다. 그는 사가(史家)로서의 냉철한 눈으로 사태의 진상을 통찰하고 솔직하게 무제에게 아뢰었다.

　"황공하오나 이릉은 소수의 보병으로 오랑캐의 수만 기병과 싸워 그 괴수를 경악케 하였으나 원군은 오지 않고 아군 속에 배반자까지 나오는 바람에 어쩔 수 없이 패전한 것으로 생각되옵니다. 하오나 끝까지 병졸들과 신고(辛苦)를 같이한 이릉은 인간으로서 극한의 역량을 발휘한 명장이라 해도 과언이 아닐 것이옵니다. 그가 흉노에게 투항한 것도 필시 훗날 황은(皇恩)에 보답할 기회를 얻기 위한 고육책(苦肉策)으로 사료되오니, 차제에 폐하께서 이릉의 무공을 천하에 공표하시옵소서."

　무제는 진노하여 사마천을 투옥한 후 궁형(宮刑)에 처했다. 세인(世人)은 이 일을 가리켜 '이릉의 화[李陵之禍]'라 일컫고 있다. 궁형이란 남성의 생식기를 잘라 없애는 것으로 가장 수치스런 형벌이었다. 사마천은 이를 친구인 '임안(任安)에게 알리는 글[報任安書]'에서

'최하급의 치욕'이라고 적고, 이어 착잡한 심정을 이렇게 쓰고 있다.

"내가 법에 따라 사형을 받는다고 해도 그것은 한낱 '아홉 마리의 소 중에서 터럭 하나 없어지는 것'과 같을 뿐이니 나와 같은 존재는 땅강아지나 개미 같은 미물과 무엇이 다르겠나? 그리고 세상 사람들 또한 내가 죽는다 해도 절개를 위해 죽는다고 생각하기는커녕 나쁜 말을 하다가 큰 죄를 지어서 어리석게 죽었다고 여길 것이네."

출 전 <사기(史記)> 사마천전(司馬遷傳)

群鷄一鶴(군계일학)

위진(魏晉)시대, 완적(阮籍)·완함(阮咸)·혜강(嵇康)·산도(山濤)·왕융(王戎)·유령(劉伶)·상수(尙秀) 등 일곱 명의 선비가 살고 있었다.

이들은 종종 지금의 하남성(河南省) 북동부에 있는 죽림에 모여 노장(老莊)의 허무사상을 바탕으로 한 청담(淸談)을 즐겨 담론했기 때문에 세상 사람들은 이 일곱 명의 선비를 가리켜 '죽림칠현(竹林七賢)'이라 불렀다.

그런데 죽림칠현(竹林七賢) 중 위(魏)의 중산대부(中散大夫)로 있던 혜강(嵇康)이 억울한 죄를 뒤집어쓰고 처형당했다.

그때 혜강에게는 나이 열 살밖에 안 되는 아들 혜소(嵇紹, ?~304)가 있었다.

혜소가 성장하자 당시 죽림칠현의 한 사람으로 이부(吏部)에서 벼슬하던 산도(山濤)가 무제[武帝, 256~290, 위나라를 멸하고 진나라를 세운 사마염(司馬炎)]에게 그를 천거하며 이렇게 말했다.

"폐하, <서경(書經)>의 강고편(康誥篇)에는 아비의 죄는 아들에게 미치지 않으며 아들의 죄는 그 아비에게 미치지 않는다고 기록되어 있습니다(혜강은 도륙 당했음). 비록 혜소는 혜강의 아들이지만 그 슬기나 지혜가 춘추시대 진(晉)나라의 대부 극결에게 결코 뒤지지 않사오니 그를 비서랑으로 기용하시옵소서."

"그대가 직접 나서서 추천할 만한 사람이라면 승(丞)을 시켜도 좋을 듯하오."

이렇게 말하면서 무제는 비서랑보다 한 단계 높은 벼슬인 비서승(秘書丞)으로 혜소를 등용했다.

혜소가 처음으로 낙양(洛陽)에 들어갔을 때 어떤 사람이 칠현의 한 사람인 왕융(王戎)에게 다음과 같이 말했다.

"그저께 혼잡한 군중 속에서 혜소를 처음 보았습니다. 그의 드높은 혈기와 기개는 마치 '닭의 무리 속에 있는 한 마리의 학[군계일학(群鷄一鶴)]'과 같더군요."

이 말을 듣고 왕융이 대답했다.

"그대는 혜소의 아버지를 본 적이 없지만, 그는 혜소보다 훨씬 더 늠름했다네."

出典 <진서(晉書)> 혜소전(嵇紹傳)

유의어 학립계군(鶴立鷄群) : 학이 닭이 많이 있는 데 선다.
(눈에 띄게 훌륭함.)
출중(出衆), 출군(出群), 출등(出等), 출범(出凡),

출인(出人), 발군(拔群), 절륜(絶倫),

백미(白眉), 철중쟁쟁(鐵中錚錚) : 쇠 중에서 소리가 가장

맑다는 뜻으로, 평범한 사람들 중 특별히 뛰어난 사람.

반의어 인중지말(人中之末) : 여러 사람 가운데 가장 뒤떨어지고

못난 사람.

群盲撫象(군맹무상)

교오멘 왕이 나라 안에 명령해서 태어날 때부터의 맹인들을 모은

일이 있었다. 그리고 명령했다.

"그들을 궁정에 모으고 코끼리를 풀어놓아 보아라."

맹인들은 궁인에 인솔되어 코끼리의 주위에 모였다. 주저주저하면

서 코끼리에 다가간 어떤 자는 발을 만졌고, 어떤 자는 꼬리를 만져보

았으며, 어떤 자는 꼬리와 밑둥을 잡아보았다. 배를 만져보는 자,

겨드랑이를 만져보는 자, 등을 만지는 자, 귀를 잡아보는 자, 머리를

더듬어보는 자, 이빨을 만져보는 자, 코를 잡아보는 자…… . 그리고

그들은 가지각색으로 코끼리란 이런 것인가 하고 생각했다.

이윽고 일동은 왕 앞에 불려 나왔다. 왕은 다음과 같이 물었다.

"너희들은 코끼리를 만져보았을 것이다. 어떤 것이었나?"

제일 먼저 앞으로 나선 자는 다리를 만져본 맹인이었다.

"코끼리는 큰 나무통과 같은 것입니다."

"아닙니다. 빗자루와 같은 것입니다."

"틀렸습니다. 코끼리는 굵은 지팡이와 닮았습니다."

"무어라고? 코끼리는 북과 같은 겁니다."

"아니, 넓은 벽과 닮았습니다."

"높은 책상과 같은 겁니다."

"큰 키와 같은 겁니다."

"뿔과 같은 겁니다."

마지막으로 나온 자는 코를 잡았던 맹인이었다.

"대왕이여, 모두 틀렸습니다. 코끼리는 큰 새끼줄과 닮았습니다."

껄껄 웃음을 터뜨린 교오멘 왕은 신하들을 향해서 말했다.

"맹인뿐만 아니다. 세상 사람들은 모두 진리에 미약해서 자기가 생각하는 것만을 옳다고 주장한다. 그러나 그들을 무조건 비웃을 수만은 없다."

이렇게 말하면서 왕은 다시 설법을 했다.

"불쌍한 자들이여! 부질없이 싸우면서 사실이라고 생각하고, 자기를 고집해서 타인을 비난하며, 한 마리의 코끼리로 두 가지의 원한을 만드는구나."

출 전 <육도집경(六度集經)>

君子三樂(군자삼락)

전국시대, 철인(哲人)으로서 공자의 사상을 계승 발전시킨 맹자(孟子, BC 372?~289?)는 <맹자(孟子)> 진심편(盡心篇)에서 이렇게 말했다.

군자에게는 세 가지 즐거움이 있다.
　[군자 유삼락(君子 有三樂)]
첫째 즐거움은 양친이 다 살아 계시고 형제가 무고한 것이요.
　[부모구존 형제무고(父母具存 兄弟無故)]
둘째 즐거움은 우러러 하늘에 부끄러움이 없고 구부려 사람에게 부끄럽지
않은 것이요.
　[앙불괴어천 부부작어인(仰不愧於天 俯不怍於人)]
셋째 즐거움은 천하의 영재를 얻어서 교육하는 것이다.
　[득천하영재 이교육지(得天下英才 而教育之)]

한편 공자는 <논어(論語)> 계씨편(季氏篇)에서 '손해되는 세 가지
좋아함[손자삼요(損者三樂)]'을 다음과 같이 꼽았다.

교락(驕樂, 방자함을 즐김), 일락(逸樂, 놀기를 즐김),
연락(宴樂, 주색을 즐김).

참고로 군자삼락(君子三樂)의 원말은 '군자유삼락(君子有三樂)'
이다.
출　전 <맹자(孟子)> 진심편(盡心篇)

捲土重來(권토중래)

이 말은 당나라 말기의 시인 두목(杜牧, 803~852)의 시(詩) '제오 강정(題烏江亭)'에 나오는 마지막 구절이다.

이기고 지는 것은 기약할 수 없는 것. [승패병가불가기(勝敗兵家不可期)]
부끄럼과 욕됨을 견디는 게 장부라네. [포수인치시남아(包羞忍恥是男兒)]
강동에는 뛰어난 인재가 많으니 [강동자제다호걸(江東子弟多豪傑)]
'권토중래' 그것 또한 알 수 없다네. [권토중래미가지(捲土重來未可知)]

오강(烏江, 안휘성 내 소재)은 초패왕(楚覇王) 항우(項羽, BC 23 2~202)가 스스로 목을 쳐서 자결한 곳이다.

한왕(漢王) 유방(劉邦)과 해하(垓下, 안휘성 내 소재)에서 펼친 '운명과 흥망을 건 한판 승부[건곤일척(乾坤一擲)]'에서 패한 항우는 오강으로 도망가 정장(亭長)으로부터 "강동(江東)으로 돌아가 재기하라."는 권유를 받았다.

그러나 항우는 "8년 전(BC 209) 강동의 8,000여 자제(子弟)와 함께 떠난 내가 지금 혼자 '무슨 면목으로 강을 건너 강동으로 돌아가[무면도강동(無面渡江東)]' 부형들을 대할 것인가?"라며 파란만장(波瀾萬丈)한 31년의 생애를 마쳤던 것이다.

항우가 죽은 지 1,000여 년이 지난 어느 날, 두목(杜牧)은 오강의 객사(客舍)에서 일세의 풍운아(風雲兒) — 단순하고 격한 성격의 항우, 힘은 산을 뽑고 의기는 세상을 덮는 장사 항우, 사면초가(四面楚

歌) 속에서 애인 우미인(虞美人)과 헤어질 때 보여준 인간적인 매력
도 있는 항우 ─ 를 생각했다.

그리고 그는 강동의 부형에 대한 부끄러움을 참으면 강동은 준재가
많은 곳이므로 권토중래할 수 있는 기회가 있었을 텐데도 그렇게
하지 않고 31세의 젊은 나이로 자결한 항우를 애석히 여기며 이
시를 읊었다.

이 시는 항우에 대해 읊은 시 중에서 가장 잘 알려진 것이다.

그러나 당송 팔대가(唐宋八大家)의 한 사람인 왕안석(王安石)은
'강동의 자제는 항우를 위해 권토중래하지 않을 것'이라고 읊었고,
사마천(司馬遷)도 그의 저서 <사기(史記)>에서 '항우는 힘을 과신했
다.'고 쓰고 있다.

출 전 두목(杜牧)의 시(詩) '제오강정(題烏江亭)'

유의어 사회부연(死灰復燃) : 다 탄 재가 다시 불붙었다. 세력을
잃었던 사람이 세력을 다시 잡음.

金蘭之契 (금란지계)

공자는 말씀하셨다.

"군자의 도는 혹은 나가 벼슬하고 혹은 물러나 집에 있으며 혹은
침묵을 지키지만 혹은 크게 말한다. 두 사람이 마음을 하나로 하면
그 날카로움이 쇠를 끊고, 마음을 하나로 하여 말하면 그 향기가
난초와 같다."

몹시 친밀한 사이를 금란지교(金蘭之交)라고 말하는 것은 여기에서 나온 것이다.

출 전 <역경(易經)> 계사상전(繫辭上傳)

琴瑟之樂(금슬지락)

금은 보통 거문고를 말하고 슬은 큰 거문고를 말한다. 거문고를 가락에 맞추어 치듯 아내와 뜻이 잘 맞음을 말한 것이다.

이 말의 유래는 모두 <시경(詩經)>에서 비롯하고 있다.

<시경>의 소아 상체편은 한집안의 화합함을 노래한 팔장(八章)으로 된 시로, 이 시의 제칠(七)장에 '처자와 좋게 합하는 것이 거문고를 치는 것과 같고, 형제가 이미 합하여 화락하고 또 즐겁다.'라고 했다.

또 같은 <시경>의 국풍 관저편은 다섯 장으로 되어 있는데, 제4장에 '요조한 숙녀를 금슬로서 벗한다.'고 표현했다. 조용하고 얌전한 처녀를 아내로 맞아 거문고를 치며 서로 사이좋게 지낸다는 뜻이다.

여기서 부부간의 정을 금슬로 표현하게 되었고, 부부간의 금슬이 좋은 것을 금슬상화(琴瑟相和)란 문자로 표현하기도 한다.

출 전 <시경(詩經)>

錦衣夜行(금의야행)

유방(劉邦)에 이어 진(秦)나라의 도읍 함양(咸陽)에 입성한 항우
(項羽)는 유방과 대조적인 행동을 취했다. 우선 유방이 살려둔 3세
황제 자영을 죽여 버렸다(BC 206). 또 아방궁(阿房宮)에 불을 지르고
석 달 동안 불타는 것을 안주 삼아 미인들을 끼고 승리를 자축했다.
그리고 시황제(始皇帝)의 무덤도 파헤쳤다.

유방이 창고에 봉인해 놓은 엄청난 금은보화(金銀寶貨)도 몽땅
차지했다. 모처럼 제왕(帝王)의 길로 들어선 항우가 이렇듯 무모하게
스스로 그 발판을 무너뜨리려 하자 모신(謀臣) 범증(范增)이 극구
간했다. 그러나 항우는 듣지 않았다. 오히려 그는 오랫동안 누벼온
싸움터를 벗어나 많은 재보와 미녀를 거두어 고향인 강동(江東)으로
돌아가고 싶어 했다.

그러자 한생(韓生)이라는 사람이 또 간했다.

"관중(關中, 함양을 중심으로 하는 분지)은 사방이 산과 강으로
둘러싸인 요충지인 데다 땅도 비옥합니다. 하오니 이곳에 도읍을
정하시고 천하를 호령하십시오."

그러나 항우의 눈에 비친 함양은 황량한 폐허일 뿐이었다. 그보다
하루바삐 고향으로 돌아가서 성공한 자신을 과시(誇示)하고 싶었다.

항우는 동쪽의 고향 하늘을 바라보며 말했다.

"부귀한 몸이 되어 귀향하지 않음은 '비단옷을 입고 밤길을 가는
것[금의야행(錦衣夜行)]'과 같아 누가 알아줄 것인가……."

항우에게 함양에 정착할 뜻이 없음을 알게 된 한생은 항우 앞을

물러나가 이렇게 말했다.

"초(楚)나라 사람은 '원숭이에게 옷을 입히고 갓을 씌워 놓은 것처럼 지혜가 없다.'고 하더니 과연 그 말대로군."

이 말을 전해들은 항우는 크게 노하여 바로 한생을 잡아 삶아 죽였다고 한다.

출 전 <한서(漢書)> 항적전(項籍傳),
　　　　<사기(史記)> 항우본기(項羽本紀)
유의어 의금야행(衣錦夜行) : 비단옷을 입고 밤에 다닌다.
　　　　야행피수(夜行被繡) : 밤길을 가는데 수놓은 옷을 입다.

錦衣還鄉(금의환향)

홍문연(鴻門宴)을 계기로 유방(劉邦)을 몰아내고 진(秦)의 도읍 함양(咸陽)에 입성한 항우(項羽)는 아방궁을 불태우는가 하면 유방(劉邦)이 봉인해 둔 궁중의 금은보화를 마구 약탈하고, 궁녀를 닥치는 대로 겁탈했으며 진시황(秦始皇)의 능(陵)을 파헤쳤다. 자연히 민심은 등을 돌릴 수밖에 없었다.

항우는 스스로 초토화시킨 함양(咸陽)이 마음에 들지 않아 고향인 팽성(彭城)에 도읍을 정하려 했다. 패왕(霸王)의 땅인 관중(關中 : 咸陽)을 버리고 보잘것없는 팽성(彭城)을 택하다니 기가 찰 노릇이었다. 그는 함양(咸陽)의 전략적 이점을 잘못 읽고 있었던 것이다.

간의대부(諫議大夫) 한생(韓生)이 이러한 점을 간언했지만, 항우

(項羽)는 듣지 않고 오히려 역정을 내면서 말했다.

"지금 길거리에 떠도는 노래를 들어 보니 이런 내용이었다.

'부귀하여 고향에 돌아가지 못하면 비단옷을 입고 밤길을 가는 것과 무엇이 다르리!'

이건 바로 나를 두고 하는 말이렷다. 어서 길일(吉日)을 택해 천도하도록 하라."

그리고는 한생(韓生)을 끓는 기름 가마 속에 넣어 죽이고 말았다.

사실 그 노래는 장량(張良)이 항우(項羽)를 칠 생각으로 퍼뜨린 것이었다. 항우(項羽)가 천하의 요새(要塞)인 함양(咸陽)에 들어앉아 있는 한 유방(劉邦)의 패업(霸業)은 수포로 돌아갈 수밖에 없기 때문에 이렇게 해서든 그를 함양(咸陽)에서 내쫓아야 했던 것이다.

팽성(彭城)으로 천도한 항우(項羽)는 결국 관중(關中)을 차지한 유방(劉邦)에게 해하(垓下)에서 대패함으로써 애써 차지했던 천하를 다시 넘겨주어야만 했다.

금의환향(錦衣還鄕)으로 자신의 공덕을 고향 사람들에게 알리기는 했지만 천하(天下)를 잃고 만 셈이다.

출 전 <사기(史記)>

杞人之憂(기인지우)

주왕조(周王朝)시대, 기나라에 쓸데없는 군걱정을 하는 사람이 있었다.

'만약 하늘이 무너지거나 땅이 꺼진다면 몸 둘 곳이 없지 않은가?'

그는 온갖 걱정 때문에 밤에 잠도 못 이루고 음식도 제대로 먹지 못했다. '저러다 죽겠다.' 싶어 걱정이 된 친구가 그에게 말했다.

"하늘은 기가 쌓였을 뿐이야. 그래서 기가 없는 곳이 없지. 우리가 몸을 굴신(屈伸, 굽힘과 폄)하고 호흡을 하는 것도 늘 하늘 안에서 하고 있다네. 그런데 왜 하늘이 무너져 내린단 말인가?"

"하늘이 과연 기가 쌓인 것이라면 일월성신(日月星辰, 해와 달과 별)이 떨어져 내릴 게 아닌가?"

"일월성신이란 것도 역시 쌓인 기 속에서 빛나고 있는 것일 뿐이야. 설령 떨어져 내린다 해도 다칠 염려는 없다네."

"그럼 땅이 꺼지는 일은 없을까?"

"땅은 흙이 쌓였을 뿐이야. 그래서 사방에 흙이 없는 곳이 없지. 우리가 뛰고 구르는 것도 늘 땅 위에서 하고 있다네. 그런데 왜 땅이 꺼진단 말인가? 그러니 이젠 쓸데없는 군걱정은 하지 말게나."

이 말을 듣고서야 그는 비로소 마음을 놓았다고 한다.

출 전 <열자(列子)> 천서편(天瑞篇)

洛	陽	紙	價	貴	낙양의 종이 값이 오르다.
물이름 락	볕 양	종이 지	값 가	귀할 귀	유 래 ➡ 82쪽 참조

속 뜻 책이 세상에서 널리 많이 읽힘을 일컬음.

難	兄	難	弟	(누구를) 형이라 하기도 어렵고, (누구를) 아우라 하기도 어렵다.
어려울 난	맏 형	어려울 난	아우 제	●兄 : 형 형

속 뜻 우열을 따질 수 없을 만큼 둘의 실력이 서로 비슷함.
유의어 莫上莫下(막상막하) : 위·아래를 가릴 수 없다.

南	柯	一	夢	남쪽으로 뻗은 나뭇가지 밑에서 꾼 잠깐 동안의 꿈.
남녘 남	가지 가	한 일	꿈 몽	유 래 , 유의어 ➡ 83쪽 참조

속 뜻 한때의 부귀와 권세는 꿈과 같은 것으로, 세상사의 덧없음을 일컬음.

南	橘	北	枳	남쪽 땅의 굴나무를 북쪽에 옮겨 심으면 탱자나무로 변한다.
남녘 남	굴 굴	북쪽 북	탱자 지	유 래 ➡ 84쪽 참조

속 뜻 사람도 주위 환경에 따라 달라진다.
유의어 귤화위지(橘化爲枳)

男	女	老	少	남자와 여자와 늙은이와 젊은이.
사내 남	계집 녀	늙을 로(노)	적을 소	●少 : 젊을 소

속 뜻 모든 사람.

男	負	女	戴	남자는 지고 여자는 이고 간다.
사내 남	질 부	계집 녀(여)	일 대	

속 뜻 가난한 사람이 떠돌아다니면서 사는 것. 또는 전쟁으로 피난을 가는 모습.

濫	觴	(배를 띄울 정도의 큰 강물도 근원은) 겨우 술잔을 띄울 정도로 작은 물이었다는 뜻.
넘칠 람	술잔 상	**유 래** ➡ 86쪽 참조

속 뜻 사물의 시발점이나 근원을 이르는 말.
유의어 효시(嚆矢), 권여(權輿)

南	轅	北	轍	수레의 끌채는 남(南)을 향하고 바퀴는 북(北)으로 간다.
남녘 남	끌채 원	북녘 북	바퀴자국 철	**유 래** ➡ 87쪽 참조

속 뜻 마음과 행위가 모순(矛盾)되고 있음을 비유한 말.
유의어 북원적초(北轅適楚) : 끌채는 북을 향하고 수레는 남의 초로 간다.

囊	中	之	錐	주머니 속의 송곳. (뾰족하여 밖으로 나옴.)
주머니 낭	가운데 중	어조사 지	송곳 추	**유 래** ➡ 88쪽 참조

속 뜻 재능이 있는 사람은 언젠가는 그 재능이 나타난다.
유의어 추낭(錐囊), 추처낭중(錐處囊中)

內	憂	外	患	안의 근심과 밖의 재난.
안 내	근심 우	바깥 외	근심 환	유 래 ➡ 89쪽 참조

속 뜻 근심, 걱정 속에서 사는 것을 뜻함.

老	馬	之	智	늙은 말의 지혜.
늙을 로	말 마	어조사 지	지혜 지	

속 뜻 연륜이 깊은 사람에게는 어려움을 헤쳐 나갈 지혜가 있음.

論	功	行	賞	공을 논하여 상을 줌.
논할 론	공 공	다닐 행	상줄 상	유 래 ➡ 90쪽 참조

속 뜻 공의 있고 없음이나 크고 작음을 따져 거기에 알맞은 상을 줌.

壟	斷	(깎아 세운 듯이) 높이 솟아 있는 언덕이라는 뜻.
언덕 롱	끊을 단	유 래 ➡ 92쪽 참조

속 뜻 재물을 독차지함. 이익을 독점함.

弄	瓦	之	慶	딸을 낳았을 때의 경사. ●瓦 : 실패 와
즐길 롱	기와 와	어조사 지	경사 경	

속 뜻 옛날 중국에서 딸을 낳으면 실패를 장난감으로 주었다는 데서 나온 말.

累	卵	之	危	높이 쌓아올린 계란. (조금만 건드
				려도 무너지고 마는 상태.)
포갤 루	알 란	어조사 지	위험할 위	유 래 . 유의어 ➡ 93쪽 참조

속 뜻 아주 위험한 상태에 처해 있음.

能	書	不	擇	筆	글씨를 잘 쓰는 이는 붓을
					가리지 않는다.
능할 능	글 서	아닐 불	가릴 택	붓 필	유 래 ➡ 95쪽 참조

속 뜻 일에 능한 사람은 도구를 탓하지 않음을 이르는 말.

陵	雲	之	志	언덕 위의 구름 같은 높고 고상한
				뜻.
언덕 릉	구름 운	어조사 지	뜻 지	

속 뜻 높은 지위에 오르려는 욕망. (속세에 초연한 태도.)

陵	遲	處	斬	머리, 몸, 손, 발을 토막 내서 죽임.
언덕 릉	더딜 지	곳 처	벨 참	●處 : 처형할 처 ●陵 = 凌(범할 릉)

속 뜻 옛날에 대역 죄인에게 내리던 극형.

故事成語 유래

洛陽紙價貴(낙양지가귀)

진(晉, 265~316)나라 시대, 제(齊)나라의 도읍 임치(臨淄) 출신의 좌사(左思)라는 사람이 있었다. 그는 추남에다 말까지 더듬었지만 일단 붓을 잡으면 장려한 시를 썼다.

그는 임치에서 집필 1년 만에 '제도부(齊都賦)'를 탈고하고 도읍 낙양[洛陽, 하남성(河南省) 내]으로 이사한 뒤 삼국시대 촉한(蜀漢)의 도읍 성도(成都), 오(吳)나라의 도읍 건업(建業 : 南京), 위(魏)나라의 도읍 '업'의 풍물을 읊은 '삼도부(三都賦)'를 10년 만에 완성했다. 그러나 알아주는 사람이 없었다.

그러던 어느 날, 장화(張華)라는 유명한 시인이 '삼도부'를 읽어 보고 격찬했다.

"이것은 반(班), 장(張)의 유(流)이다."

후한(後漢) 때 '양도부(兩都賦)'를 지은 반고(班固), '이경부(二京賦)'를 쓴 장형(張衡)과 같은 대시인에 비유한 것이다.

그러자 '삼도부'는 당장 낙양의 화제작이 되었고, 고관대작은 물론 귀족, 환관, 문인, 부호들이 그것을 다투어 베껴 썼다. 그 바람에 낙양의 종이 값이 올랐다. 이를 일러 '낙양지가귀(洛陽紙價貴)'라고 하며,

책이 세상에서 널리 많이 읽힘을 뜻하는 말이 되었다.

출 전 <진서(晉書)> 문전(文傳)

南柯一夢(남가일몽)

당(唐)나라 9대 황제인 덕종(德宗, 780~804) 때 광릉(廣陵) 땅에 순우분이란 사람이 있었다. 어느 날, 순우분이 술에 취해 집 앞의 큰 홰나무 밑에서 잠이 들었다. 그런데 어디서 남색 관복을 입은 두 사나이가 나타나 이렇게 말했다.

"저희는 괴안국왕(槐安國王)의 명을 받고 대인(大人)을 모시러 온 사신이옵니다."

순우분이 사신을 따라 홰나무 구멍 속으로 들어가자 국왕이 성문 앞에서 반가이 맞이했다.

순우분은 부마(駙馬)가 되어 궁궐에서 영화를 누리다가 남가(南柯) 태수를 제수(除授) 받고 부임했다. 남가군을 다스린 지 20년, 그는 그간의 치적을 인정받아 재상(宰相)이 되었다.

그러나 때마침 침공해 온 단라국군(檀羅國軍)에게 참패하고 말았다. 설상가상(雪上加霜)으로 아내까지 병으로 죽자 관직을 버리고 상경했다.

얼마 후 국왕은 '천도(遷都)해야 할 조짐이 보인다.'며 순우분을 고향으로 돌려보냈다.

잠에서 깨어난 순우분은 꿈이 하도 이상해서 홰나무 뿌리 부분을 살펴보았다.

과연 구멍이 있었다. 그 구멍을 더듬어 나가자 넓은 공간에 수많은 개미의 무리가 두 마리의 왕 개미를 둘러싸고 있었다. 여기가 괴안국이었고, 왕개미는 국왕 내외였던 것이다.

또 거기서 '남쪽으로 뻗은 가지[남가(南柯)]'에 나 있는 구멍에도 개미떼가 있었는데 그곳이 바로 남가군이었다. 순우분은 개미구멍을 원상태로 고쳐 놓았지만 그날 밤에 큰 비가 내렸다.

이튿날 구멍을 살펴보았으나 개미는 흔적도 없이 사라졌다.

'천도(遷都)해야 할 조짐'이란 바로 이 일이었던 것이다.

출 전 <남가기(南柯記)> 이문집(異聞集)

유의어 의몽(蟻夢) : 개미의 꿈, 남가지몽(南柯之夢),
남가몽(南柯夢), 괴몽(槐夢),
일장춘몽(一場春夢) : 한바탕의 봄 꿈.
한단지몽(邯鄲之夢) : 한단의 꿈, 무산지몽(巫山之夢),
부생약몽(浮生若夢) : 뜬 인생이 꿈과 같다(인생이란 한갓 허무한 꿈에 지나지 않는다).

南橘北枳(남귤북지)

춘추시대 말기, 제(齊)나라에 안영이란 유명한 재상이 있었다.

어느 해, 초(楚)나라 영왕(靈王)이 그를 초청했다. 안영이 너무 유명하니까 만나보고 싶은 욕망과 코를 납작하게 만들어주고 싶은 심술이 동시에 작용한 것이다. 수인사가 끝난 후 영왕이 입을 열었다.

"제(齊)나라에는 그렇게도 사람이 없소?"

"사람이야 많이 있지요."

"그렇다면 경과 같은 사람밖에 사신으로 보낼 수 없는 거요?"

안영의 키가 너무 작은 것을 비웃는 영왕의 말이었다. 그러나 안영은 태연하게 대꾸했다.

"네, 저의 나라에선 사신을 보낼 때 상대방 나라에 맞게 사람을 골라 보내는 관례가 있습니다. 작은 나라에는 작은 사람을, 큰 나라에는 큰 사람을 보내는데 신(臣)은 그중에서도 가장 작은 편에 속하기 때문에 뽑혀서 초나라로 왔습니다."

가는 방망이에 오는 홍두깨격의 대답이었다. 그때 마침 포리가 죄인을 끌고 지나갔다.

"여봐라! 그 죄인은 어느 나라 사람이냐?"

"네, 제(齊)나라 사람이온데 절도 죄인입니다."

초왕(楚王)은 안영에게 다시 물었다.

"제나라 사람은 원래 도둑질을 잘하오?"

안영에게 모욕을 주고자 함이었으나, 그는 초연한 태도로 말했다.

"강남에 귤이 있는데 그것을 강북에 옮겨 심으면 탱자가 되고 마는 것은 토질 때문입니다. 제(齊)나라 사람이 제(齊)나라에 있을 때는 원래 도둑질이 무엇인지도 모르고 자랐는데, 그가 초(楚)나라에 와서 도둑질한 것을 보면 역시 초나라의 풍토 때문인 줄 압니다."

초왕은 그 기지(機智)와 태연함에 감복하여, 안영에게 사과했다.

"애당초 선생을 욕보일 생각이었는데, 결과는 과인이 욕을 당하게 되었구려." 하고는 크게 잔치를 벌여 안영을 환대했다. 그러는 한편, 다시는 제나라를 넘볼 생각을 하지 않았다.

■출■전■ 〈안자춘추(晏子春秋)〉

濫觴(남상)

공자의 제자 중에 자로(子路)라는 사람이 있었다. 그는 공자에게 사랑도 가장 많이 받았지만 꾸중도 누구보다 많이 들었던 제자였다.

그는 성질이 용맹하고 행동이 거친 탓에 무엇을 하든 남의 눈에 잘 띄었다. 그런 어느 날 자로가 화려하고 사치한 옷을 입고 나타나자 이를 보고 공자가 말했다.

"양자강(揚子江 : 長江)은 사천(泗川) 땅 깊숙이 자리한 민산(岷山)에서 흘러내리는 큰 강이다. 그러나 그 근원은 '겨우 술잔에 넘칠 정도[남상(濫觴)]'로 적은 양의 물이다. 그런데 그것이 하류로 내려오면 물의 양도 많아지고 흐름도 빨라져서 배를 타지 않고는 도저히 강을 건널 수가 없고, 바람이라도 부는 날에는 배조차 띄울 수 없게 된다. 이는 모두 물의 양이 많아졌기 때문이니라."

공자는 모든 일은 시초가 중요하며, 그 시초가 나쁘면 갈수록 더 나빠지게 된다는 점을 제자에게 깨우쳐주려 했던 것이다.

공자의 이야기를 들은 자로(子路)는 당장 집으로 돌아가서 검소한 옷으로 갈아입었다고 한다.

■출■전■ 〈순자(荀子)〉 자도편(子道篇)

南轅北轍(남원북철)

전국시대 위(魏)나라 왕이 조(趙)나라의 도읍 한단(鄲)을 공격하려는 계획을 세웠다. 때마침 여행을 하고 있던 신하 계량(季梁)이 이 소식을 듣고 급히 돌아와 왕에게 말했다.

"저는 길에서 어떤 사람을 만났습니다. 그는 남방의 초나라를 향해 가고 있다고 하면서 북쪽을 향해 마차를 몰아가고 있었습니다. 그래서 제가 '초나라로 간다면서 북쪽으로 가는 까닭이 무엇입니까?'라고 묻자, 그는 '이 말은 아주 잘 달립니다.'라고 대답하였습니다. 그래서 '말이 잘 달려도 이쪽은 초나라로 가는 길이 아닙니다.'라고 하자, 그 사람은 '나는 돈을 넉넉히 가지고 있고, 마부가 마차를 모는 기술은 훌륭합니다.'라고 엉뚱한 대답을 하였습니다. 왕께서도 생각해 보십시오. 그 사람의 행동은 초나라와 더욱 멀어지고 있는 것이 아니겠습니까?"

계량은 말을 잠시 멈추었다가 계속했다.

"왕께서는 항상 패왕(霸王)이 되어 천하가 복속하도록 하겠다는 말씀을 하셨습니다. 그렇지만 지금 왕께서는 나라가 조금 큰 것만을 믿고 한단을 공격하려고 하는데, 이렇게 하면 영토와 명성은 떨칠 수 있을지라도 목표로부터는 멀어지고 맙니다.

이것은 제가 만난 사람처럼 마음은 초나라로 간다고 하면서 몸은 마차를 북쪽으로 몰고 가는 것과 같지 않겠습니까."

계량은 무력이 아니고, 덕(德)으로 천하를 제패할 것을 진언(進言)한 것이다.

출 전 당(唐)나라 백거이(白居而)의 <신악부(新樂府)> '입부기시 (立部伎詩)'편

囊中之錐(낭중지추)

전국시대 말엽, 진(秦)나라의 공격을 받은 조(趙)나라 혜문왕(惠文 王)은 동생이자 재상인 평원군(平原君 : 趙勝)을 초(楚)나라에 보내어 구원군(救援軍)을 청하기로 했다.

20명의 수행원이 필요한 평원군은 그의 3,000여 식객(食客) 가운 데 19명은 쉽게 뽑았으나 나머지 한 명을 뽑지 못해 고심 중이었다.

이때 모수(毛遂)라는 식객이 자천(自薦)하고 나섰다.

"대감, 저를 데려가 주십시오."

평원군은 어이없다는 얼굴로 이렇게 물었다.

"그대는 내 집에 온 지 얼마나 되었소?"

"이제 3년이 됩니다."

"재능이 뛰어난 사람은 숨어 있어도 마치 '주머니 속의 송곳[낭중지 추(囊中之錐)]' 끝이 밖으로 나오듯이 남의 눈에 드러나는 법이오. 그런데 내 집에 온 지 3년이나 되었다는 그대는 이제까지 단 한 번도 이름이 드러난 적이 없지 않소?"

"그것은 나리께서 이제까지 저를 단 한 번도 주머니 속에 넣어 주시지 않았기 때문이죠. 하지만 이번에 주머니 속에 넣어 주시기만 한다면 끝뿐 아니라 자루[병(柄)]까지 드러내 보이겠습니다."

이 재치 있는 답변에 만족한 평원군은 모수(毛遂)를 20번째 수행원으로 뽑았다.

초나라에 도착한 평원군은 모수가 활약한 덕분에 국빈(國賓)으로 환대 받으면서 구원군도 쉽게 얻을 수 있었다고 한다.

출 전 <사기(史記)> 평원군열전(平原君列傳)

内憂外患(내우외환)

춘추시대 중엽에 막강한 세력의 초(楚)와 진(晉) 두 나라가 대립한 시대가 있었다. 진나라 여공이 송(宋)나라와 동맹을 맺어 평화가 실현되었으나 수년 후 초나라 공왕(共王)이 정(鄭)나라와 위(衛)나라를 침략하였다. 그리고 다음 해에는 진나라와 초나라의 군대가 언릉에서 마주쳤다.

당시에 진나라의 내부에서는 극씨(氏)·낙서(樂書)·범문자(范文子) 등의 대부(大夫)가 정치를 좌우할 만큼 큰 세력을 가지고 있었다. 초나라와 충돌하기 전에 낙서는 진나라에 항거한 정나라를 치기 위하여 동원령을 내린 후 스스로 중군(中軍)의 장군이 되고 범문자는 부장(副將)이 되어 전열을 가다듬었다. 하지만 막상 진과 초의 두 군대가 충돌하게 되자 낙서는 초나라와 싸울 것을 주장하였다.

그러나 범문자는 이를 반대하여 '제후(諸侯)로 있는 자가 반란을 일으키면 이를 토벌함이 마땅하다. 반면, 그를 돕게 되면 나라가 혼란해지는 법이다.'라고 지적하면서 다음과 같은 이야기를 했다.

"성인이라면 안으로부터의 근심이나 밖으로부터의 재난을 견딜 수 있겠지만, 성인이 아닌 우리들에게는 밖으로부터의 재난이 없으면 반드시 안으로부터의 우환이 있을 것이오. 그러니 그것을 어찌 견딜 수 있겠소."

내우외환(內憂外患)이란 말은 여기에서 유래되었다.

출 전 <십팔사략(十八史略)>

論功行賞(논공행상)

삼국시대 오(吳)나라의 고담은 명장 고옹(顧雍)의 손자로, 어렸을 때부터 수재로 알려져 있었다. 그는 모든 일을 막힘없이 처리하며 사물을 보는 눈이 독창적이어서 사람들로부터 존경을 받았다.

그는 꾸밈없는 인품으로 누구에게나 솔직하게 자신의 의견을 말했으며, 국왕인 손권(孫權)에게도 진언(進言)한 일이 있었다. 그 후부터 손권은 가끔 그를 불러 중요한 일을 의논하곤 했다.

언젠가 노(魯)나라 왕 손패(孫霸)가 오나라 태자 손화(孫和)와 같은 대우를 해주기를 손권에게 요구해 왔다. 이에 대해 고담은 역사상 형제간 싸움의 사례를 들며, 손패의 요구를 거절할 것을 손권에게 진언했다. 이 일이 있은 후, 손패는 고담을 원망하게 되었다.

또한 그 무렵에 위(衛)나라 장군 전종(全琮)의 아들 전기(全奇)는 고담과의 교제를 청했다가 거절당하기도 했다.

이런 일 등으로 해서 손패와 전기는 손을 잡고 고담을 실각시키기 위한 계략을 꾸미기 시작했다.

기원 241년, 손권은 전종을 대장으로 삼아 위(魏)나라의 회남(淮南)으로 출병하여 위나라 장수 왕릉(王凌)과 작피(芍陂, 안휘성에 있음)에서 결전을 벌였다. 그러나 오나라 군사는 크게 패하여 진황(秦晃) 등 10여 명의 장수를 잃었다.

당시 고담의 아우 고승(顧承)과 장휴(張休), 두 부장(部將)은 수춘(壽春, 안휘성에 있음)에서 작전 중이었는데, 작피의 패전 소식을 듣고 즉각 구원하러 가서 위나라 왕릉의 군사를 저지했다.

전종의 두 조카 전서(全緒)와 전서(全瑞)도 오나라 군사의 부장으로서 종군하고 있었는데, 위나라 군사의 추격이 저지당했다는 것을 알고는 반격으로 전환했다. 그리하여 위나라 군사는 반격에 견디지 못하고 패주(敗走)하고 말았다.

전투가 끝난 후, 오나라 수도 건업(建業)에서 '공적을 따져 상을 주었는데, 각각 차이를 두었다[論功行賞 各有差(논공행상 각유차)].'

위나라 군사를 저지한 공을 갑, 반격한 공을 을로 하였으므로, 고승과 장휴에게는 정장군(正將軍)의 칭호를, 두 전서에게는 편장(偏將)의 칭호를 내렸다.

이 일로 전종·전기 부자가 고담 형제에 대해 갖는 원망은 더욱 가중되었다. 그들은 손패를 통해 손권에게 상신(上申)했다.

"고승과 장휴는 전군(典軍) 진순(陣恂)과 친하기 때문에 전공을 그릇 보고하여 주군을 기만한 것입니다."

손권은 조사를 해보지도 않고 이 말을 믿고서 장휴는 체포하고, 고승의 처분은 보류시켰다. 그리고 고담에 대해서는 사죄를 받고 용서하기로 했다.

다음 날, 손권이 고담에게 말했다.

"계씨(季氏) 고승의 건은 어떻게 할 셈이오?"

하지만 고담은 사죄는커녕 도리어 그릇된 상신을 믿는 손권을 책했다. 그러자 손권은 몹시 노하여 고담·고승 형제를 지방으로 좌천시키고 말았다.

고담은 이 일로 인한 비분(悲憤)의 정을 <신언(新言)> 20편으로 엮어 썼으며, 2년 뒤에 그 땅에서 죽었다.

논공행상이 공정하지 못하면, 그 결과는 군신간의 신뢰를 떨어뜨리고 신료(臣僚)간에 암투(暗鬪)를 싹트게 하여 나중에 가서는 큰 분란(紛亂)을 초래한다.

출 전 <삼국지(三國志)> 오서(吳書) 고담전(顧譚傳)

壟斷(농단)

전국시대 제(齊)나라 선왕(宣王) 때의 일이다.

왕도정치(王道政治)의 실현을 위해 제국을 순방 중이던 맹자는 제나라에서도 수년간 머물렀으나 뜻을 이루지 못하고 귀국하려 했다. 그러자 선왕은 맹자에게 높은 봉록을 줄 테니 제나라를 떠나지 말아 달라고 제의했다.

그러나 맹자는 거절했다.

"전하, 제 의견이 받아들여지지 않는데도 봉록에 달라붙어서 '재물을 독차지[농단(壟斷)]'할 생각은 없나이다."

이렇게 말한 맹자는 '농단'에 대한 이야기를 했다.

'농단'은 '깎아 세운 듯이 높이 솟아 있는 언덕'이란 뜻인데, '재물을 독차지한다.', '이익을 독점한다.'는 뜻으로 쓰이게 된 데는 이런 이야기가 전해지고 있다.

먼 옛날에는 시장에서 물물교환을 했었다. 그런데 한 교활한 사나이가 나타나 시장의 상황을 쉽게 알 수 있는 '높은 언덕[농단(壟斷)]'에 올라가 좌우를 살펴서 장사함으로써 '이익을 독점'했다.

그러자 사람들은 모두 이 사나이의 비열(卑劣)한 수법을 증오(憎惡)하고, 그에게 세금을 부과하기로 했다. 이때부터 장사꾼에게 세금을 부과하는 제도가 생겼다고 한다.

출 전 <맹자(孟子)> 공손추편(公孫丑篇)

累卵之危(누란지위)

전국시대, 세 치의 혀[설(舌)] 하나로 제후를 찾아 유세(遊說)하는 세객(說客)들은 거의 모두 책사(策士), 모사(謀士)였다. 그중에서도 여러 나라를 종횡으로 합쳐서 경륜하려던 책사와 모사를 종횡가(縱橫家)라고 일컬었다.

위(魏)나라의 한 가난한 집 아들로 태어난 범저(范雎)도 종횡가를 지향하는 사람이었으나 이름도 연줄도 없는 그에게 그런 기회가 쉽사리 올 리 없었다.

그래서 우선 제(齊)나라에 사신으로 가는 중대부(中大夫) 수가(須賈)의 종자(從者)가 되어 그를 수행했다. 그런데 제나라에서 수가보다 범저의 인기가 더 좋았다. 그러자 기분이 몹시 상한 수가(須賈)는 귀국 즉시 재상에게 '범저는 제(齊)나라와 내통하고 있다.'고 참언(讒言)했다.

범저는 모진 고문을 당하고 거적에 둘둘 말려 변소에 버려졌다. 그러나 그는 모사(謀士)답게 옥졸을 설득해서 탈옥한 뒤 후원자인 정안평(鄭安平)의 집에 은거하며 이름을 장록(張祿)이라 바꾸었다.

그리고 망명할 기회만 노리고 있던 중 때마침 진(秦)나라에서 사신이 왔다.

정안평은 은밀히 사신 왕계(王稽)를 찾아가 장록을 추천했다. 그를 진나라에 데려온 왕계는 소양왕(昭襄王)에게 소개했다.

"전하, 위나라의 장록 선생은 천하의 외교가이옵니다. 선생은 진나라의 정치를 평하여 '알을 쌓아놓은 것보다 위태롭다[위어누란(危於累卵).]'며, 선생을 기용하면 국태민안(國泰民安)할 것이라고 하였사옵니다."

소양왕은 이 불손한 손님을 당장 내치고 싶었지만 인재가 아쉬운 전국시대이므로 일단 그를 말석에 앉혔다.

그 후 범저[장록(張祿)]는 '가까운 나라를 그대로 두고 먼 나라를 공격하는 진의 대외정책은 실효를 거두기 어려우므로 반대로 먼 나라와 친교를 맺고 가까운 나라를 공격해야 한다.'고 역설한 '원교근공책(遠交近攻策)'으로 그의 진가를 발휘했다.

출 전 <사기(史記)> 범저열전(范雎列傳)

유의어 위여누란(危如累卵), 누란지세(累卵之勢),

누기(累碁) : 바둑돌을 쌓아 올린 듯하다.

여리박빙(如履薄氷) : 엷은 얼음을 밟는 것과 같다.

백척간두(百尺竿頭) : 백 척의 장대 위에 매달려 있다.

풍전등화(風前燈火) : 바람 앞의 등불.

초미지급(焦眉之急) : 눈썹에 불이 붙음. 일각의 여유도

둘 사이 없이 다급함.

能書不擇筆(능서불택필)

구양순(歐陽詢), 우세남(虞世南), 저수량(褚遂良)은 당(唐)나라 초
기 3대 명필로 꼽힌다.

어느 날 저수량이 '구양순 선생과 저의 글씨를 비교해 주십시오'라
고 우세남에게 청했다. 이에 우세남이 다음처럼 답했다.

"내가 듣기에 구양순은 종이와 붓을 가리지 않고, 어떤 종이에
어떤 붓을 가지고 쓰든 다 자기 뜻대로 되었다고 한다. 하지만 네가
어떻게 그럴 수 있겠느냐?"

저수량은 너구리털로 심을 넣고 토끼털로 겉을 싼 붓끝에 상아나
코뿔소 뿔로 자루를 한 붓이 아니면 절대로 글씨를 쓰지 않았다는
것이다.

출 전 <논서(論書)>

多	岐	亡	羊	달아난 양을 찾는데 길이 여러 갈래로 갈려서 양을 잃었다는 뜻.
많을 다	갈림길 기	잃을 망	양 양	유래, 유의어 ➡ 103쪽 참조

속 뜻 ① 학문의 길이 여러 갈래로 갈려 진리를 얻기 어려움.
② 방침이 많아 도리어 할 바를 모름.

多	多	益	善	많으면 많을수록 더욱 좋다. ●善 : 좋다 선
많을 다	많을 다	더할 익	착할 선	유래 ➡ 104쪽 참조

속 뜻 한신이 고조에게 자신의 역량을 설명한 데서 유래.
유의어 다다익판(多多益辦) : 많으면 많을수록 더 잘 처리한다.

多	事	多	難	일도 많고 어려움도 많음.
많을 다	일 사	많을 다	어려울 난	

속 뜻 바쁜 가운데 여러 가지 일이 많이 생겨 곤란한 모양.

斷	機	戒	베틀에서 짜던 베를 끊은 경계. ●誡 = 戒
끊을 단	틀 기	경계할 계	유래, 유의어 ➡ 105쪽 참조

속 뜻 학업(學業)을 중도(中途)에서 그만둠을 훈계(訓戒)하는 말.

單	刀	直	入	단칼로 쳐들어감.
홑 단	칼 도	곧을 직	들 입	

속 뜻 곧바로 요점이나 본론으로 들어감.

簞	食	瓢	飮	대그릇의 밥과 한 바가지의 물.
도시락 단	밥 사	바가지 표	마실 음	**유 래** ➡ 106쪽 참조

속 뜻 구차하고 보잘것없는 음식을 말함.
유의어 단표(簞瓢), 단표누항(簞瓢陋巷)

斷	腸	창자가 끊어졌다는 뜻.
끊을 단	창자 장	**유 래** ➡ 107쪽 참조

속 뜻 창자가 끊어질 정도로 마음이 몹시 슬픔.

堂	狗	風	月	서당 개도 삼 년이 지나면 풍월을 읊는다.
집 당	개 구	바람 풍	달 월	

속 뜻 무식한 사람도 유식한 사람과 같이 있으면 감화를 받는다는 말.

黨	同	伐	異	같은 무리끼리 다른 무리를 배척하다.
무리 당	같을 동	칠 벌	다를 이	

속 뜻 옳고 그름을 가리지 않고 같은 의견(意見)의 사람끼리 한패가 되고 다른 의견의 사람은 물리친다는 말.

螳	螂	拒	轍	사마귀가 수레바퀴를 가로막는다.
사마귀 당	사마귀 랑	막을 거	바퀴자국 철	**유래** ➡ 108쪽 참조

속 뜻 제 역량을 생각하지 않고, 강한 상대나 되지 않을 일에 덤벼드는 무모한 행동거지를 비유적으로 이르는 말.

大	器	晩	成	큰 그릇은 늦게 만들어진다.
큰 대	그릇 기	늦을 만	이룰 성	

속 뜻 큰 인물은 늦게 빛을 발한다.

大	義	名	分	큰 의를 밝히고 분수를 지키어 정도에 어긋나지 않도록 하는 것.
큰 대	옳을 의	이름 명	나눌 분	●分 : 분수 분

속 뜻 사람이 타인이나 국가에 지켜야 할 도리.

桃	園	結	義	도원에서 의형제를 맺다.
복숭아 도	동산 원	맺을 결	옳을 의	**유래** ➡ 109쪽 참조

속 뜻 유비, 장비, 관우가 복숭아밭에서 의리로써 형제 관계를 맺었다는 고사에서 유래. 의형제를 맺다.

道	聽	塗	說	길에서 들은 일을 길에서 이야기한다.
길 도	들을 청	진흙 도	말씀 설	

속 뜻 무슨 말을 들으면 그것을 깊이 생각지 않고 다시 옮기는 경박한 태도를 이르는 말.

塗	炭	之	苦	진흙 수렁에 빠지고 숯불에 타는 듯한 고통.
진흙 도	숯 탄	어조사 지	괴로울 고	**유 래** ➡ 110쪽 참조

속 뜻 심한 고통 속에 빠져 있음.

獨	不	將	軍	혼자서는 장군이 되지 못함.
홀로 독	아닐 불	장수 장	임금 군	

속 뜻 남의 의견을 묵살하고 저 혼자 모든 일을 처리하는 사람. 따돌림을 받는 사람, 외톨이.

讀	書	亡	羊	책을 읽다가 양을 잃어버림.
읽을 독	글 서	잃을 망	양 양	

속 뜻 다른 일에 정신이 팔려 본연의 임무를 잊음.

讀	書	三	昧	책을 읽다 보니 밤이 새는 줄 모른다.
읽을 독	글 서	석 삼	어두울 매	

속 뜻 오직 책 읽기에만 열중하여 다른 일은 생각하지도 않음.
●三昧 : 불교에서 잡념을 버리고 한 가지 일에만 정신을 집중하는 일.

讀	書	尙	友	책을 읽음으로써 옛 성현들과 벗이 될 수 있다.
읽을 독	글 서	오히려 상	벗 우	●尙 : 옛 상

속 뜻 책을 읽어 성현들과 벗 삼음.

冬	去	春	來	겨울이 가고 봄이 오다.
겨울 동	갈 거	봄 춘	올 래	

속 뜻 고생 끝에 낙이 온다.
유의어 고진감래(苦盡甘來) : 괴로움이 다하면 즐거움이 온다.

東	問	西	答	동쪽을 묻는데 서쪽을 대답함.
동녘 동	물을 문	서녘 서	답할 답	

속 뜻 물음과는 전혀 상관없는 엉뚱한 대답을 함.

同	病	相	憐	같은 병을 앓고 있는 사람끼리 서로 불쌍
한가지 동	병 병	서로 상	불쌍해할 련	히 여긴다. ●同 : 같을 동 **유 래** , **유의어** ➡ 111쪽 참조

속 뜻 어려운 처지에 있는 사람끼리 서로 불쌍히 여겨 동정하고 서로 도움.

同	床	異	夢	같은 잠자리에서 다른 꿈을 꾼다.
같을 동	평상 상	다를 이	꿈 몽	

속 뜻 서로 같은 처지에 있으면서도 그 생각이나 이상이 다르거나, 겉으로는 함께 행동하면서도 속으로는 다른 생각을 갖는 것을 가리킴.

斗	酒	不	辭	말술도 사양(辭讓)하지 아니한다.
말 두	술 주	아닐 불	말 사	**유 래** ➡ 113쪽 참조

속 뜻 주량(酒量)이 매우 큼을 일컬음.

得	隴	望	蜀	농(隴)나라를 얻고 나니 촉(蜀)나라를 갖고 싶다.
얻을 득	고개 이름 롱	바랄 망	나라 이름 어	유 래 ➡ 115쪽 참조

속 뜻 인간의 욕심은 한이 없음을 비유해 이르는 말.

유의어 평롱망촉(平隴望蜀)

得	魚	忘	筌	물고기를 잡고 나면 통발을 잊어버린다.
얻을 득	고기 어	잊을 망	통발 전	유 래 ➡ 116쪽 참조

속 뜻 일단 목적을 달성하면 수단(手段)으로 이용하던 물건을 잊어버린다.

登	高	自	卑	높은 곳에 오르려면 낮은 곳에서부터 올라가야 한다.
오를 등	높을 고	스스로 자	낮을 비	●自 : 부터 자

속 뜻 무슨 일이든지 순서가 있어야 한다.

登	龍	門	잉어가 용문에 올라 용이 되다. ※ '등용문'이라 읽음.
오를 등	용 룡(용)	문 문	유 래 ➡ 117쪽 참조

속 뜻 입신출세할 수 있는 관문.

반의어 점액(點額), 용문점액(龍門點額).

燈	下	不	明	등잔 밑이 어둡다.
등잔 등	아래 하	아닐 불	밝을 명	

속 뜻 가까이에 있는 것을 오히려 잘 모름.

燈	火	可	親	등잔불을 가까이할 만하다.
등잔불 등	불 화	옳을 가	친할 친	● 可 : 할 만할 가 ● 親 : 가까울 친

속 뜻 학문(독서)하기에 좋다. (독서를 권장하는 말)

故事成語 유래

多岐亡羊 (다기망양)

전국시대의 사상가로 극단적인 개인주의를 주장했던 양자(楊子, BC 395?~335?)의 일화이다.

어느 날 양자의 이웃집 양 한 마리가 달아났다. 양의 주인이 동네 사람들을 이끌고 와서 양자의 하인들까지 청하여 양을 찾아 나섰다. 그러나 얼마 후 사람들은 피곤에 지쳐 결국 빈손으로 돌아왔다.

이를 의아하게 생각한 양자가 물었다.

"그렇게 많은 사람들이 가서 양 한 마리를 못 찾았단 말인가?"

"양이 달아난 쪽에는 갈림길이 많고, 갈림길에 또 갈림길이 있는지라 어디로 갔는지 알 수가 없었습니다[다기망양(多岐亡羊)]."

양자는 그 말을 듣자 웃음을 거두고 입을 다물어버렸다. 제자들이 '자기의 소유도 아닌 양 한 마리를 잃은 일일 뿐인데 그렇게 침울해 있는 것은 이상하다.'고 생각하고 까닭을 물어도 대답이 없었다.

뒷날, 한 제자가 그 일에 대해서 묻자 양자가 답했다.

"단 한 마리의 양이라 할지라도, 갈림길에서 또 갈림길로 헤매어 들어가서 찾다가는 결국 양을 잃어버리고 만다. 하물며 학문의 길은 어떻겠느냐? 목표를 잃고 무수한 학설들에 빠져 헤맨다면 아무리 노력한들 그 또한 무의미한 것 아니겠느냐?"

출 전 <열자(列子)> 설부편(說符篇)

유의어 망양지탄(亡羊之歎), 독서망양(讀書亡羊)

多多益善(다다익선)

한(漢)나라 고조(高祖) 유방(劉邦)은 명장으로서 천하통일의 일등 공신인 초왕(楚王) 한신을 위험한 존재로 여겼다. 그래서 계략을 써서 그를 포박한 후 회음후(淮陰侯)로 좌천시키고 도읍인 장안(長安)에서 벗어나지 못하게 했다.

어느 날, 한나라 고조는 여러 장군들의 능력에 대해 한신과 이야기를 나누던 끝에 그에게 이렇게 물었다.

"과인은 몇 만의 군사를 통솔할 수 있는 장수감이라고 생각하오?"

"아뢰옵기 황공하오나 폐하께서는 한 10만쯤 거느릴 수 있으실 것으로 생각하나이다."

"그렇다면 그대는?"

"네, 신(臣)은 다다익선(多多益善)이옵니다."

"다다익선? 핫핫핫……."

고조가 한바탕 웃고 나서 물었다.

"다다익선이라면, 그대는 어찌하여 10만의 장수감에 불과한 과인의 포로가 되었는고?"

한신이 이렇게 대답했다.

"하오나 폐하, 그것은 별개의 문제이옵니다. 폐하께서는 병사의 장수가 아니오라 장수(將帥)의 장수(將帥)이시옵니다. 이것이 신이 폐하의 포로가 된 이유의 전부이옵니다."

출 전 <사기(史記)> 회음후열전(淮陰侯列傳)

斷機戒(단기계)

맹자(孟子)는 공자(孔子)의 손자인 자사(子思)의 제자가 되어 가르침을 받았는데, 이보다 앞서 소년 시절에 고향을 떠나 공부했다.

그런데 어느 날 맹자(孟子)가 기별도 없이 갑자기 집으로 돌아왔다.

그때 어머니는 베를 짜고 있다가 맹자(孟子)에게 물었다.

"네 공부는 어느 정도 나아갔느냐?"

"아직 변한 것이 없습니다."

그러자 어머니는 짜고 있던 베를 옆에 있던 칼로 끊어버렸다.

맹자(孟子)가 깜짝 놀라며 물었다.

"어머니, 그 베는 왜 끊어버리십니까?"

그러자 어머니는 이렇게 대답했다.

"네가 학문을 그만둔다는 것은, 내가 짜던 베를 끊어버리는 것과 마찬가지이다. 군자(君子)란 모름지기 학문을 배워 이름을 날리고, 모르는 것은 물어서 앎을 넓혀야 하느니라.

그러므로 평소에 마음과 몸을 편안히 하고, 세상에 나가서도 위험을 저지르지 않는다. 지금 너는 학문을 그만두었다. 너는 다른 사람의 심부름꾼으로 뛰어다녀야 하고, 재앙을 피할 길이 없을 것이다. 그러니 생계를 위하여 베를 짜다가 중간에 그만두는 것과 무엇이 다르겠느냐? 차라리 그 부자(夫子)에게 옷은 해 입힐지라도, 오래도록 양식이 부족하지 않겠느냐? 여자가 그 생계의 방편인 베 짜기를 그만두고, 남자가 덕을 닦는 것에 멀어지면, 도둑이 되지 않는다면 심부름꾼이 될 뿐이다.”

이 말을 듣고 크게 깨달은 맹자(孟子)는 아침저녁으로 쉬지 않고 배움에 힘썼으며, 자사(子思)를 스승으로 섬겨 드디어 천하의 명유(名儒)가 되었다.

이것을 소위 ‘단기지교(斷機之敎)’라고 일컫는다.

출 전 <열녀전(列女傳)> 몽구(蒙求)

유의어 단기지계(斷機之戒), 孟母斷機(맹모단기),
맹모삼천지교(孟母三遷之敎)

簞食瓢飮(단사표음)

단(簞)은 본디 ‘대나무(竹)로 엉성하게[단(單)] 얽은 작은 소쿠리’를 뜻하며, ‘食’은 ‘먹다’일 때는 ‘식’, ‘밥’일 때는 ‘사’로 발음한다.

공자(孔子)는 일생 동안 무려 3천 명의 제자를 두었는데 그중 가장 총애했던 제자(弟子)는 안회(顏回)였다. 안회는 하나를 들으면 열을 깨우쳤으며[문일지십(聞一知十)], 워낙 학문을 좋아해 나이 29세에 벌써 백발(白髮)이 되었다고 한다. 또한 덕행(德行)이 뛰어나 스승인 공자 자신도 때로 그로부터 배울 정도였다고 한다.

조물주(造物主)는 그에게 뛰어난 재능을 주었으나 그와 함께 가난도 안겨주었다. 그는 실로 찢어지게 가난해 굶기를 밥 먹듯 했으며 평생 지게미조차 배불리 먹어본 일이 없을 정도였다.

그러나 안회는 나이 서른하나에 요절(夭折)하기까지 자신의 가난을 운명인 양 받아들이고 늘 낙천적으로 살았으며, 덕(德) 닦기를 게을리 하지 않았다.

그래서 공자(孔子)는 항상 그를 찬탄해 마지않았다.

"장하구나, 안회(顔回)여! 단사표음(簞食瓢飮)과 누추한 뒷골목에 살면서도 불평이 없구나. 그럼에도 성인(聖人)의 도(道)를 추구하기에 여념이 없으니 이 얼마나 장한가."

출 전 〈논어(論語)〉

斷腸(단장)

진(晉 : 東晉, 317~420)나라의 환온(桓溫)이 촉(蜀) 땅을 정벌하기 위해 여러 척의 배에 군사를 나누어 싣고 양자강 중류의 협곡인 삼협(三峽)을 통과할 때 있었던 일이다.

중국에서도 험하기로 유명한 이곳을 지나면서 환온의 부하 하나가 새끼 원숭이 한 마리를 붙잡아서 배에 실었다. 이 광경을 본 어미 원숭이가 뒤따라왔으나 물 때문에 배에는 오르지 못하고 강가에서 슬피 울부짖었다.

이윽고 새끼 원숭이를 실은 배가 출발하자 어미 원숭이는 강가에 병풍처럼 펼쳐진 벼랑에도 아랑곳하지 않고 필사적으로 배를 쫓아왔다. 배는 100여 리쯤 나아간 뒤 강어귀가 좁아지는 곳에 이르렀다. 그러자 순간을 놓치지 않고 어미 원숭이는 몸을 날려 배 위로 뛰어올랐지만 그대로 숨이 끊어지고 말았다.

배에 있던 병사들이 죽은 어미 원숭이의 배를 갈라보니 창자가 토막토막 끊어져 있었다. 자식을 잃게 된 슬픔이 창자가 끊어질 만큼 처절했던 것이다.

배 안에 있던 사람들은 모두 깜짝 놀랐고, 이 사실을 전해들은 환온은 새끼 원숭이를 풀어주고 그 원숭이를 잡아왔던 부하를 매질한 다음 내쫓아버렸다고 한다.

출 전 <세설신어(世說新語)> 출면(黜免)

螳螂拒轍(당랑거철)

<한시외전(韓詩外傳)>에 다음과 같은 이야기가 실려 있다.

춘추시대, 제나라 장공(莊公) 때의 일이다. 어느 날, 장공이 수레를 타고 사냥터로 가던 도중 웬 벌레 한 마리가 앞발을 '도끼처럼 휘두르며(螳螂之斧)' 수레바퀴를 칠 듯이 덤벼드는 것을 보았다.

"허, 맹랑한 놈이군. 저건 무슨 벌레인고?"

장공이 묻자, 수레를 호종하던 신하가 대답했다.

"사마귀라는 벌레이옵니다. 앞으로 나아갈 줄만 알지 물러설 줄은

모르는 놈이온데, 제 힘도 생각지 않고 강적에게 마구 덤벼드는 버릇
이 있사옵니다."

이에 장공은 고개를 끄덕이며 이렇게 말했다.

"저 벌레가 인간이라면 틀림없이 천하무적의 용사가 되었을 것이
다. 비록 미물이지만 그 용기가 가상하니, 수레를 돌려 피해 가라."

出 典 <한시외전(韓詩外傳)>, <장자(莊子)> 천지편(天地篇)

桃園結義(도원결의)

후한(後漢) 말 환관의 발호로 정치가 어지러워지자, 생활고에 시달
리던 농민들은 새로운 살길을 찾아야만 했다. 이러한 틈을 이용해,
신흥 종교인 태평도(太平道)의 교주 장각(張角)은 세력을 넓히고
난을 일으켰다. 이것이 후한을 멸망시킨 황건적의 난이다.

조정에서는 하진을 대장군으로 삼아 이를 진압하려 했으나 미치지
못하자, 각 지방에 병사를 모집하는 방을 붙였다.

이 방문을 보고 뛸 듯이 기뻐한 사람은 유주(幽州) 탁현(涿縣)에
살던 유비(劉備)였다. 그는 평소에 일을 하고 싶어 했으며, 일찍이
뤄양에 차를 사러 갔다가 황건적 무리의 횡포를 직접 체험한 적이
있었다. 그러나 그는 의욕만 앞설 뿐 어찌해야 할 바를 몰라 한숨만
쉬고 있었다.

그러자 옆에 있던 한 거한이 유비 곁으로 다가오더니, 한숨만 쉬고
있는 것을 꾸짖었다. 장비(張飛)였다.

둘은 뜻이 같음을 알고 이야기를 나누기 위해 가까운 주막으로 자리를 옮겼다. 그런데 그곳에 범상치 않은 얼굴의 거한이 또 한 명 있었는데, 이 사람도 그들과 마음이 통했다. 그는 관우(關羽)였다.

이들은 서로 의기가 투합하자, 다음 날 장비의 제안으로 장비의 집 후원 복숭아밭에 모여 의형제 결의를 맺고 피를 나누었다.

'유비와 관우, 장비는 비록 성은 다르다 할지라도 이미 의형제가 되었다. 그리하여 마음을 한가지로 하고 힘을 합해 곤란함을 구원하고 위태로움을 도와서, 위로는 나라에 보답하고 아래로는 만민을 편안케 할 것이다. 같은 해 같은 달 같은 날에 태어나지는 않았으나 한 해 한 달 한 날에 죽기를 원하니, 하늘과 땅의 신령께서는 이 뜻을 굽어 살피소서. 만약 우리들 중에 의리를 배반하고 은혜를 잊는 자가 있다면, 하늘과 사람이 함께 죽여주소서.'

나관중이 도원결의의 내용을 책 첫머리에 삽입한 것은 정당하고 큰 의리를 부각시키고자 함이었다. 그런데 오늘날에는 목적과는 상관없이 의리를 맺는데도 이 말이 자주 쓰이고 있다.

출 전 <삼국지연의(三國志演義)>

塗炭之苦(도탄지고)

하(夏)나라 걸왕(桀王)은 미녀 말희(妹姬)에게 빠져 주지육림(酒池肉林) 속에서 학정을 일삼다가 은(殷)의 탕왕(湯王)에게 망하였다. 탕왕은 은나라를 세운 후 무력 혁명으로 왕위를 얻은 것을 부끄럽게 생각하여 다음과 같이 탄식했다.

"나는 후세 사람들이 내가 한 행동으로써 이런저런 구실을 삼는 것이 두렵도다."

그러자 이 말을 듣고 탕왕의 좌상이었던 중훼는 고하는 말을 지어 위로했다. 그 글 가운데서 그는 이렇게 말했다.

"하늘이 백성을 내신 것은 그 하고자 하는 바가 있는 것으로, 임금이 없으면 곧 어지러워지나이다. 오직 하늘이 총명함을 내시어 그로써 다스리게 하신 것입니다.

하(夏)나라가 있었으나 덕이 부족해 백성들이 도탄에 빠지므로[유하혼덕 민추도탄(有夏昏德 民墜塗炭)] 하늘이 곧 왕에게 용기와 지혜를 주시어 만방에 올바름을 나타내게 하고, 우왕 때의 아름다운 관습을 복구하게 하셨습니다. 이러한즉, 그 떳떳함을 따르시고 하늘의 명을 받들어 따르셔야 하나이다."

중훼는 탕왕의 무력행사에 의한 혁명을 긍정하고, 걸왕 밑에서 신음하던 백성들을 도탄의 괴로움에서 구원하는 게 천자에 오른 사람의 책임이고 의무라고 말함으로써 탕왕을 격려했던 것이다.

출 전 <서경(書經)>, <상서(尙書)>

同病相憐(동병상련)

전국시대인 기원전 515년, 오(吳)나라의 공자(公子) 광(光)은 오자서(伍子胥)가 천거한 자객을 보내어 사촌동생인 오왕(吳王) 요(僚)를 죽이고 왕위에 올랐으니, 그가 바로 합려(闔閭)이다. 오자서는 이때의 공으로 대부(大夫)로 임명되었다.

오자서는 초나라 사람으로, 초나라 평왕(平王)의 태자부(太子府) 태부(太傅)인 오사(伍奢)의 아들인데, 태자부의 소부(小傅) 비무기(費無忌)의 모함으로 아버지와 맏형인 상(尙)이 죽음을 당하자 복수의 화신이 되어 7년 전 오나라로 피신해 온 망명객이었다.

그가 반란에 적극 협조한 것도 실은 유능한 광(光)[합려(闔閭)]이 왕위에 오르게 되면 언젠가는 초나라 공략의 길이 열릴 것이고, 그를 통해 부형(父兄)의 원수를 갚을 수 있으리라는 생각 때문이었다.

오왕 합려가 즉위한 해에 초나라로부터 또 한 사람의 망명객이 찾아왔다.

초나라에서 벼슬을 하던 백주려(伯州黎)가 비무기의 모함으로 죽임을 당하자 그의 아들 백희(伯喜)가 오자서를 의지하여 오나라로 망명해 온 것이다. 오자서는 그를 오왕 합려에게 천거하여 대부(大夫) 벼슬에 오르게 했다.

이 사실이 알려지자 오자서는 그와 같은 벼슬, 즉 대부인 피리(被離)에게 힐난을 받았다.

"백희의 눈길은 매와 같고 걸음걸이는 호랑이와 같으니[응시호보(鷹視虎步)], 이는 필시 살인할 악상(惡相)이오. 그런데 귀공은 무슨 까닭으로 그런 인물을 천거하였소?"

피리의 말이 끝나자 오자서는 이렇게 대답했다.

"뭐 별다른 까닭은 없소이다. 하상가(河上歌)에도 '동병상련(同病

相憐), 동우상구(同憂相救)'란 말이 있듯이 나와 같은 처지에 있는 백희를 돕는 것은 인지상정(人之常情)이지요."

그로부터 9년 후 합려가 초나라를 공략, 대승함으로써 오자서와 백희는 마침내 부형의 원수를 갚을 수 있었다.

그러나 그 후 오자서는 불행히도 피리의 예언대로 월(越)나라에 매수된 백희의 모함에 빠져 분사(憤死)하고 말았다.

유의어 양과분비(兩寡分悲) : 두 과부가 슬픔을 함께 나눈다.

호사토읍(虎死兎泣) : 여우가 죽으니 토끼가 운다.
같은 것끼리의 불행을 슬퍼함.

유유상종(類類相從) : 같은 무리끼리 서로 내왕하며 사귐.

초록동색(草綠同色) : 풀빛과 녹색은 한 빛깔. 같은 처지의
사람과 어울리거나 기우는 것.

斗酒不辭(두주불사)

유방(劉邦)이 진(秦)나라 수도 함양을 함락시키고 진나라 왕 자영으로부터 항복을 받았다는 사실을 알게 된 항우(項羽)는 분노가 머리 끝까지 치솟아 유방을 칠 각오를 다졌다.

유방 또한 항우가 자신에게 이를 갈고 있다는 걸 알고 항우의 진중에 나아가 해명했다. 이를 역사책에서는 '홍문의 만남[鴻門之會]'이라고 한다.

유방의 변명에 항우는 고개를 끄덕였으나 항우의 모신(謀臣) 범증

(范增)은 이를 호기(好機)로 항우의 사촌동생으로 하여금 칼춤을 추게 하여 유방의 목숨을 노렸다.

유방이 위급한 처지에 있는 걸 알게 된 심복 번쾌는 방패와 칼을 들고 가서 가로막는 위병을 쓰러뜨린 다음 연회장에 뛰어들어 항우를 쏘아보았다. 항우는 저도 모르게 칼자루를 만지며 소리쳤다.

"누군가?"

"패공 유방의 수행부하 번쾌입니다."

유방의 측근 장량(張良)이 대답해 주었다.

"장사로군. 이 자에게 술을 주도록 하라."

번쾌는 그에게 주어진 한말들이 술을 망설임 없이 선 채로 단숨에 들이켰다.

"이 자에게 생돼지 다리를 하나 갖다 주어라."

번쾌는 방패 위에다 생돼지고기를 놓고 썰어 먹었다. 이를 본 천하의 항우도 간담이 서늘해졌다.

"굉장한 장사로군. 한잔 더 하겠나?"

"죽음도 사양하지 않는 제가 어찌 술 몇 말을 사양하겠습니까[斗酒不辭]."

항우는 더 이상 할 말이 없었다. 그리하여 번쾌는 유방을 구해낼 수 있었다.

출 전 <사기(史記)> 항우본기(項羽本紀)

得隴望蜀(득롱망촉)

후한 광무제(光武帝)가 뤄양(洛陽)을 도읍으로 한을 재건했을 무렵의 일이다.

전한 말 중국은 장안을 점거한 적미적(赤眉賊)의 유분자(劉盆子)를 비롯하여, 간쑤성 농서의 외효(隗囂), 쓰촨 촉의 공손술(公孫述), 허난 수양(睢陽)의 유영(劉永), 안후이 노강(盧江)의 이헌(李憲), 산둥 임치(臨淄)의 장보(張步) 등이 할거하고 있었는데, 그중 몇몇은 스스로 황제라고 일컬을 정도로 세력이 컸다.

한을 재건한 광무제는 이들을 하나씩 모두 토벌하고 농서와 촉만 아직 복속시키지 못하고 있었다.

그중 세력이 약한 외효는 광무제와 공손술 간에 양다리 외교로 명맥을 유지하려 했으나 실패하고, 외효가 죽자 그 아들이 광무제에게 항복함으로써 마침내 농서(隴西)도 후한의 손에 들어왔다. 이때 광무제가 한 다음과 같은 말에서 '득롱망촉'이라는 말이 비롯되었다.

"두 성이 함락되거든 곧 군사를 거느리고 남쪽으로 촉나라 오랑캐를 쳐라. 사람은 만족할 줄 몰라 이미 농서를 평정했는데 다시 촉을 바라게 되는구나. 매양 군사를 출동시킬 때마다 그로 인해 머리가 희어진다(兩城若下 便可將兵南擊蜀虜 人固不知足 旣平隴復望蜀 每一發兵 頭髮爲白)."

또한 <후한서> 헌제기(獻帝紀)에도 다음과 같은 이야기가 나온다. 촉(蜀)을 차지한 유비(劉備)가 오(吳)의 손권(孫權)과 다투고 있는 틈을 노려 위(魏)의 조조(曹操)는 단숨에 한중(漢中)을 점령하고 농을 손에 넣었다. 그러자 명장 사마의(司馬懿)가 조조에게 말하였다.

"이 기회에 촉의 유비를 치면 쉽게 얻으실 수 있을 것입니다."

그러자 조조는 이렇게 말하면서 진격을 멈추었다.

"사람이란 만족을 모른다고 하지만, 이미 농을 얻었으니 촉까지는 바라지 않소."

실은 당시의 조조군으로 촉을 토벌하기에는 힘이 부쳤던 것이다.

출 전 <후한서(後漢書)> 광무기(光武紀), 헌제기(獻帝紀)

得魚忘筌 (득어망전)

"통발[筌]은 고기를 잡기 위한 것이다. 그러나 고기를 잡으면 통발은 잊고 만다. 덫[제(蹄)]은 토끼를 잡기 위한 것이다. 그러나 토끼를 잡으면 덫은 잊고 만다. 말[言]은 뜻을 나타내기 위한 것이다. 그러나 뜻을 나타낸 뒤에는 말은 잊고 만다. 내 어찌 말을 잊은 사람을 만나 함께 이야기할 수 있을까?"

장자(莊子)는 '말을 잊은 사람'을 끌어내기 위해 통발과 덫을 잊는다는 말을 전제(前提)했다. 그가 말하는 '말을 잊은 사람'이란 말 같은 것에 얽매이지 않는 참된 뜻을 깨달은 사람을 가리킨다.

지금은 이 득어망전(得魚忘筌)을 글자 그대로 풀이해 보통 '일단 목적을 달성하면 수단(手段)으로 이용하던 물건을 잊어버린다.'는 뜻으로 사용하고 있다.

출 전 <莊子(장자)> 외물편(外物篇)

登龍門(등용문)

용문(龍門)은 황하(黃河) 상류의 산서성(山西省)과 섬서성(陝西省)의 경계에 있는 협곡의 이름인데, 이곳을 흐르는 여울이 어찌나 세차고 빠른지 큰 물고기도 여간해서 거슬러 올라가지 못한다고 한다. 그러나 일단 오르기만 하면 그 물고기는 용이 된다는 전설이 있다.

따라서 '용문에 오른다.'는 것은 극한의 난관을 돌파하고 약진의 기회를 얻는다는 말로, 중국에서는 진사(進士) 시험에 합격하는 것을 입신출세의 제일보라는 뜻으로 '등용문'이라 했다.

출 전 <후한서(後漢書)> 이응전(李膺傳)

磨	斧	作	針	도끼를 갈아서 바늘을 만든다.
갈 마	도끼 부	만들 작	바늘 침	

속 뜻 아무리 어려운 일이라도 참고 계속하면 언젠가는 반드시 성공함. 끈기 있게 학문에 힘씀.

馬	耳	東	風	말의 귀에 동풍이 불어도 아랑곳하지 않는다.
말 마	귀 이	동녘 동	바람 풍	

속 뜻 남의 말을 귀담아 듣지 않고 지나쳐 흘려버림.

麻	中	之	蓬	삼밭에 나는 쑥(구부러진 쑥도 삼밭에 나면 저절로 꼿꼿하게 자람).
삼 마	가운데 중	어조사 지	쑥 봉	

속 뜻 좋은 환경(環境)에 있거나 좋은 벗과 사귀면 자연(自然)히 주위(周圍)의 감화(感化)를 받아 선인(善人)이 됨을 비유.

莫	逆	之	交	허물없이 아주 친한 사귐.
없을 막	거스를 역	어조사 지	사귈 교	

속 뜻 무엇으로도 대신할 수 없을 만큼 절친한 우정.
유의어 莫逆之友(막역지우) : 허물없이 아주 친한 벗.

輓 歌	상여를 메고 갈 때 부르는 노래.
당길 만 / 노래 가	유 래 ➡ 127쪽 참조

속 뜻 죽은 사람을 애도하며 부르는 노래.

萬 死 一 生	만 번의 죽을 고비에서 살아난다는 말.
일만 만 / 죽을 사 / 한 일 / 살 생	유 래 ➡ 128쪽 참조

속 뜻 요행히 살아나거나 겨우 죽음을 모면하는 것을 뜻한다.
유의어 구사일생(九死一生)

萬 壽 無 疆	수명이 한없이 길게 오래 산다.
일만 만 / 목숨 수 / 없을 무 / 지경 강	●疆 : 끝 강

속 뜻 장수를 이를 때 쓰는 말.

亡 國 之 音	나라를 망칠 음악.
망할 망 / 나라 국 / 갈 지 / 소리 음	유 래 ➡ 130쪽 참조

속 뜻 저속하고 잡스러운 음악을 일컫는 말.
유의어 망국지성(亡國之聲)

望 梅 解 渴	매실을 생각하고 갈증을 품.
바랄 망 / 매화나무 매 / 풀 해 / 목마를 갈	유 래 ➡ 132쪽 참조

속 뜻 ① 매실의 맛이 아주 시다. ② 공상으로 마음의 위안을 얻다.
유의어 망매지갈(望梅止渴), 매림지갈(梅林止渴)

望	雲	之	情	구름을 바라보는 심정.
바랄 망	구름 운	어조사 지	뜻 정	

속 뜻 어버이를 그리워하는 마음.

亡	子	計	齒	죽은 자식 나이 세기.
잃을 망	아들 자	셈 계	이 치	

속 뜻 지난 일을 되돌릴 수 없음. 쓸데없는 일을 함.

梅	蘭	菊	竹	매화와 난초와 국화와 대나무.
매화 매	난초 란(난)	국화 국	대나무 죽	

속 뜻 사군자(四君子)

麥	秀	之	嘆	보리가 팬 것을 보고 하는 탄식.
보리 맥	빼어날 수	어조사 지	탄식할 탄	**유 래**, **유의어** ➡ 133쪽 참조

속 뜻 고국의 멸망을 한탄함.

盲	人	摸	象	장님이 코끼리를 더듬다.
눈멀 맹	사람 인	더듬을 모	코끼리 상	

속 뜻 사물의 일부만을 보고 전체에 대해 결론을 내리는 잘못된 견해.

明	鏡	止	水	맑은 거울과 고요한 물.
밝을 명	거울 경	그칠 지	물 수	**유 래** ➡ 135쪽 참조

속 뜻 사념이 전혀 없는 깨끗한 마음을 비유(比喩)해 이르는 말.

明	明	白	白	매우 밝다(매우 뚜렷이 나타남).
밝을 명	밝을 명	흰 백	흰 백	●白 : 밝을 백

속 뜻 의심의 여지없이 매우 분명하다.

明	眸	皓	齒	맑은 눈동자와 하얀 이.
밝을 명	눈동자 모	흴 호	이 치	**유 래** ➡ 135쪽 참조

속 뜻 미인을 말함.

名	山	大	川	이름난 산과 큰 강.
이름 명	메 산	큰 대	내 천	

속 뜻 매우 훌륭하고 유명한 경치를 일컬음.

名	實	相	符	이름과 실상이 서로 꼭 맞음. ●符 : 맞다 부
이름 명	열매 실	서로 상	부신 부	

속 뜻 알려진 것과 실제의 상황이나 능력에 차이가 없음.

明	若	觀	火	밝기가 불을 보는 것과 같음.
밝을 명	만약 약	볼 관	불 화	●若 : 같을 약

속 뜻 매우 분명하고 확실함.

明	主	好	同	현명한 지도자는 함께하기를 좋아 한다.
밝을 명	주인 주	좋을 호	같을 동	

속 뜻 明主(명주)는 好同(호동)하고 而暗主(이암주)는 好獨(호독)하다. 사리에 밝은 군주는 함께하기를 좋아하고, 어리석은 지도자는 혼자하기를 좋아한다.

毛	遂	自	薦	모수가 스스로를 천거하다.
털 모	드디어 수	스스로 자	천거할 천	**유 래** ➡ 137쪽 참조

속 뜻 자기 스스로 자신을 추천함.

矛	盾	창과 방패.
창 모	방패 순	**유 래** ➡ 137쪽 참조

속 뜻 말이나 행동의 앞뒤가 서로 맞지 않는 것.

유의어 이율배반(二律背反), 자가당착(自家撞着)

目	不	識	丁	고무래를 보고도 '丁'을 알지 못한다.
눈 목	아닐 불	알 식	고무래 정	

속 뜻 글자를 전혀 모름. 또는 그런 사람(낫 놓고 'ㄱ'자도 모른다.)

유의어 一字無識(일자무식) : 매우 무식함.

猫	頭	懸	鈴	고양이 목에 방울 달기.
고양이 묘	머리 두	매달 현	방울 령	

속 뜻 불가능한 일을 의논하는 것.

武	陵	桃	源	무릉에 있는 선경.
호반 무	언덕 릉	복숭아 도	근원 원	**유 래** . **유의어** ➡ 138쪽 참조

속 뜻 아름다운 이상향.

巫	山	之	夢	무산에서 꾼 꿈.
무당 무	메 산	어조사 지	꿈 몽	**유 래** . **유의어** ➡ 139쪽 참조

속 뜻 남녀의 밀회나 정교를 일컫는 말.

無	用	之	用	쓸모없는 것의 쓸모.
없을 무	쓸 용	갈 지	쓸 용	**유 래** ➡ 140쪽 참조

속 뜻 쓸모없다고 생각하는 것이 실은 쓸모가 있음.

無	汗	不	成	땀이 없으면 아무 일도 이룰 수 없다.
없을 무	땀 한	아니 불	이룰 성	

속 뜻 땀 흘리지 않고는 아무것도 이룰 수 없다.

墨	守	묵적(墨翟)이 성을 지키다.
먹 묵	지킬 수	**유 래** ➡ 142쪽 참조

속 뜻 옛 습관이나 자기주장, 의견 등을 굳게 지키거나 지나치게 완고해 변동성이 없음.

刎	頸	之	交	목이 잘려도 마음이 변치 않을 만큼 친밀한 사귐.
목벨 문	목 경	어조사 지	사귈 교	**유 래**, **유의어** ➡ 143쪽 참조

속 뜻 깊은 우정을 뜻함.

文	房	四	友	글방의 네 가지 친구.
글월 문	방 방	넉 사	벗 우	

속 뜻 紙筆硯墨(지필연묵 : 종이, 붓, 벼루, 먹)
유의어 文房四士(문방사사), 文房四寶(문방사보)

聞	一	知	十	하나를 들으면 열을 안다.
들을 문	한 일	알 지	열 십	

속 뜻 매우 총명하고 뛰어남.
유의어 見一知十(견일지십) : 하나를 보면 열을 안다.

門	前	成	市	(세력 있는 사람의) 집 앞은 시장처럼 사람들로 붐빈다.
문 문	앞 전	이룰 성	저자 시	**유 래**, **유의어**, **반의어** ➡ 145쪽 참조

속 뜻 세상인심의 덧없음을 보여 주는 말.

門	前	雀	羅	문 앞에 새그물을 친다.
문 문	앞 전	참새 작	벌일 라	유 래, 유의어, 반의어 ➡ 146쪽 참조

속 뜻 권세(權勢)가 약해지면 방문객(訪問客)들이 끊어진다는 뜻.

文	質	彬	彬	겉모양의 아름다움과 속내가 서로 잘 어울림.
글월 문	바탕 질	빛날 빈	빛날 빈	

속 뜻 문(文)은 겉으로 드러나는 아름다운 장식, 태도, 학식을, 질(質)은 내면의 인격, 실질(實質)을 말함. 외관과 내면이 서로 조화를 이뤄야 진실한 교양인이라 이를 수 있음.

勿	失	好	機	좋은 기회를 놓치지 마라.
말라 물	잃을 실	좋을 호	베틀 기	●機: 기회 기, 시기 기

속 뜻 때를 놓쳐서는 안 된다는 말, 좋은 시기(時期)를 잃어버려서는 안 된다는 말.

彌	縫	策	실로 기워 꿰매는 방책.
기울 미	꿰맬 봉	꾀 책	유 래 ➡ 148쪽 참조

속 뜻 빈 구석이나 잘못된 것을 그때그때마다 임시변통으로 보완함.
유의어 고식(姑息), 임시변통(臨時變通)

尾	生	之	信	미생의 믿음.
꼬리 미	날 생	어조사 지	믿을 신	유 래 ➡ 149쪽 참조

속 뜻 상황을 고려하지 않고 어리석을 정도로 약속을 지킴.
유의어 포주지신(抱柱之信)

密	雲	不	雨	구름은 빽빽하나 비는 오지 않는
빽빽할 밀	구름 운	아니 불	비 우	상태를 나타내는 말.

속 뜻 여건은 조성됐으나 일이 성사되지 않아 답답함과 불만이 폭발할 것 같은 상황을 뜻한다.

故事成語 유래

輓歌(만가)

한(漢)나라 고조 유방(劉邦)이 즉위하기 직전의 일이다.

한나라 창업 삼걸(三傑) 중 한 사람인 한신(韓信)에게 급습당한 제왕(齊王) 전횡(田橫)은 그 분풀이로 유방이 보낸 세객(說客) 역이기를 삶아 죽여 버렸다.

이윽고 고조가 즉위하자 보복을 몹시 두려워한 전횡은 500여 명의 부하와 함께 발해만(渤海灣)에 있는 지금의 전횡도(田橫島)로 도망가고 말았다.

그 후 고조는 전횡이 반란을 일으킬까 우려하여 그를 용서하고 불렀다.

전횡은 일단 부름에 응했으나 낙양을 30여 리 앞두고 스스로 목을 찔러 자결했다. 포로가 되어 고조를 섬기는 것이 못내 부끄러웠기 때문이다.

전횡의 목을 고조에게 전한 두 부하를 비롯해서 섬에 남아 있던 500여 명도 전횡의 절개를 경모하여 모두 순사(殉死)했다.

이런 일이 있고 난 후, 전횡의 문인(門人)이 '해로가'와 '호리곡(蒿里曲)'이라는 두 장(章)의 상가(喪歌)를 지어 전횡의 죽음을 애도하여 노래했다.

이 두 노래는 그 후 7대 황제인 무제(武帝, BC 141~87) 때에 악부(樂府) 총재인 이연년(李延年)에 의해 작곡되어 '해로가'는 공경귀인(公卿貴人), '호리곡'은 사부서인(士夫庶人)의 장례 시에 상여꾼이 부르는 '만가'로 정해졌다고 한다.

출 전 <고금(古今)> 음악편(音樂篇), <진서(晉書)> 예지편(禮志篇), <고시원(古詩源)> 호리곡(蒿里曲)

萬死一生(만사일생)

수(隋)나라 말엽 양제(煬帝) 때, 고구려와의 오랜 전쟁으로 국력이 소모될 대로 소모되고 수많은 장정들이 죽거나 다쳐 나라에 대한 백성들의 원망이 높아지면서 민심이 흉흉해지자, 이것을 기화로 사방에서 반란이 일어났다.

양제는 대장 이연(李淵)에게 진압을 명했는데, 이때 이연의 아들 이세민(李世民)도 아버지를 따라 출정하게 되었다.

그런데 양제는 의심이 많은 성격이라 이연을 아무래도 믿을 수가 없었다. 그래서 감시역을 딸려 이연이 추호라도 딴마음을 품지 못하도록 압박을 가했다.

"놈은 이리 같은 야심을 품고 있다. 더구나 수하에 많은 병력을 거느리고 있으니 언제 어느 순간 마음이 급변할지 모르는 일이야. 그러니 조금이라도 반역의 기미가 보이면 단호히 단속하고 조정에 즉시 보고하라."

양제는 심복 감시역에게 이렇게 당부했다. 마음이 불안하기는 이연도 마찬가지였다. 그는 황제가 자기를 의심한다는 사실을 알고 있었고, 자칫하면 목숨이 위험하다는 것도 알았다.

"아버님, 아무래도 마음을 달리 먹어야 될 것 같습니다."

이세민은 감시역의 눈을 피해 아버지한테 은밀히 말했다.

"마음을 달리 먹다니?"

"보시다시피 사방의 반란군은 날이 갈수록 강대해지면서 수효가 점점 불어나고, 관군의 힘은 약화되고 있습니다. 그러니 아버님께서 무슨 수로 그들을 전부 토벌할 수 있겠습니까. 사정이 이런데도 황제는 무조건 속전속결의 승리를 주문하면서 으름장을 놓고 있습니다. 그러니 만약 아버님께서 완전 진압에 실패하는 경우 그 책임을 어떻게 모면하실 수 있겠습니까."

"네 말이 옳다. 그렇다면 이 노릇을 어떻게 하면 좋으냐?"

"길은 단 하나뿐입니다. 아버님께서 홀로 서시는 겁니다."

'홀로 선다.'는 것은 두말 할 것도 없이 반역을 의미했다. 마침내 이연은 휘하의 군대를 데리고 반기를 들었다. 수나라로서는 결정적인 치명타가 아닐 수 없었다. 이연은 각지의 반란 세력을 하나하나 설득하여 자기 휘하로 끌어들였다. 그럴 즈음 양제는 측근의 손에 시해당하여 수나라는 마침내 역사 속으로 사라졌고, 이연이 뒤를 이어 당나라를 세웠다. 그가 곧 고조(高祖)이며, 이때가 618년이다.

그렇지만 만신창이가 된 중국 대륙을 통일하여 다시금 강력한 봉건 왕국으로 만든 것은 태종(太宗) 이세민이었다. 그는 진숙보(秦

叔寶), 장양(張亮), 이정(李靖), 두여회(杜如晦) 같은 출중한 인재들을 발탁하여 정치적 성공을 이룩했는데, 훗날 곧잘 이런 말을 했다.

"짐이 지난날 천하를 평정하느라 동분서주할 때 이 사람들은 짐의 뒤를 따라다니며 고생을 했고, '만 번의 죽을 고비를 넘기고 겨우 살아났다[萬死一生].'"

출 전 <후한서(後漢書)>

亡國之音(망국지음)

춘추시대(春秋時代) 위(衛)나라의 영공(靈公)이 진(晉)나라로 가는 도중 복수(濮水)라는 곳에서 이제까지 들어본 적이 없는 아름다운 음악 소리를 들었다. 영공은 자기도 모르게 멈추어 서서 그 소리를 듣다가 수행 중인 악사 사연(師涓)에게 악보를 베껴두라고 일렀다. 이윽고 진나라에 도착한 영공은 진나라 평공(平公) 앞에서, 이곳으로 오는 도중 들은 새로운 음악이라며 사연으로 하여금 그 곡을 연주하도록 하였다.

이때 진나라에는 사광(師曠)이라는 음악가가 있었는데, 그의 연주는 학이 날아와 춤을 추고 구름도 몰려온다고 할 정도의 명인이었다. 사연의 음악을 듣던 사광은 황급히 사연의 손을 잡고 연주를 중단시키며 이렇게 말하였다.

"이것이 새로운 음악이라는 것입니까? 이것은 망국지음입니다. 연주해서는 안 됩니다."

깜짝 놀란 영공과 평공이 그 사연을 묻자, 사광은 다음과 같은 이야기를 하였다.

"옛날 은(殷)나라 주왕(紂王) 때 사연(師延)이라는 악사가 있었는데, 왕에게 신성백리(新聲百里)라는 음란하고 사치스러운 음악을 지어 바쳤습니다. 주왕은 이 음악에 빠져 주지육림(酒池肉林)을 즐기다가 주(周) 무왕(武王)에게 참혹한 죽임을 당하고 말았습니다. 그러자 사연은 악기를 안고 복수(濮水)에 빠져 죽었는데, 지금도 복수를 지날 때는 누구나 이 음악을 들을 수 있다고 합니다. 그래서 사람들은 이 음악을 망국의 음악이라 하며 무서워하고 있습니다."

사광의 이야기에 평공은 웃고 말았다.

"그럴듯한 이야기지만, 이것은 어디까지나 음악에 불과하다. 한낱 음률에 무슨 그런 조화가 따르랴."

그리고는 사광의 간곡한 반대를 무릅쓰고 사연으로 하여금 '신성백리'를 끝까지 탄주하도록 했다. 그것으로도 모자라서 사광더러 이보다 더 슬픈 노래를 들려 달라고 명했다. 왕명에 어쩔 수 없이 거문고를 잡은 사광은 '청치(淸徵)'란 곡을 탄주했는데, 갑자기 검은 학들이 남쪽으로부터 날아와 대궐 지붕 용마루에 앉았다. 그것을 본 평왕이 다시 한 번 탄주를 명함에 따라 사광이 거문고 줄을 퉁기자 학들은 나란히 열을 지어 섰고, 세 번째 탄주에서는 목을 뽑아 우짖으면서 너울너울 춤을 추기 시작했다.

"좋다! 그보다 더 슬픈 곡을 뜯도록 하라."

신바람이 난 평공은 그렇게 명했고, 사광은 체념한 듯 '청각(淸角)' 이란 곡을 들고 나왔다. 그러자 첫 번째 탄주에서 서북쪽으로부터 검은 구름이 몰려왔고, 두 번째 탄주에서는 세찬 비바람이 몰아치면서 기왓장과 그릇들이 날아서 깨지고 휘장이 찢어지는 소동이 벌어졌다. 그 지경에 이르자 아무리 음악을 좋아하는 평공도 혼비백산하여 숨지 않을 수 없었고, 연회장은 아수라장이 되고 말았다. 그로부터 진나라는 3년이나 가뭄이 들어 백성들은 무수히 굶어죽었고, 평공도 불치병에 걸려 무진 고생을 하지 않으면 안 되었다고 한다.

출 전 <예기(禮記)> 악기(樂記)편,
<한비자(韓非子)> 십과편(十過篇)

望梅解渴(망매해갈)

위(魏)나라의 조조(曹操)는 군대(軍隊)를 이끌고 작전에 나섰다. 그런데 워낙 뙤약볕 아래서 오랫동안 행군을 했기 때문에 병사들이 지쳐서 허덕거렸고, 특히 목이 말라서 죽을 지경이었다. 조조는 큰일이다 싶어 길 안내자를 불러 작은 소리로 물었다.

"이보게, 이 근처에서 물을 구할 데가 없나?"

"근처에는 없고, 북쪽 골짜기까지 가야 계곡물을 구할 수 있을 겁니다."

"그럼 거기까지 얼마나 걸릴까?"

"보시다시피 다들 제대로 걷지 못하므로 거의 반나절은 가야 되겠지요."

"반나절이나……. 그건 곤란한걸. 병사들이 견디지 못할 텐데."

"맞습니다. 가는 동안에 갈증을 못 이겨 모두 쓰러질 겁니다."

방법을 궁리하던 조조는 병사들을 돌아보고 별안간 큰 소리로 외쳤다.

"장졸들은 듣거라! 저 앞산에 보이는 것이 매실이 주렁주렁 열려 있는 매화나무 숲이다. 조금만 더 가면 되니 힘을 내라."

그 말을 듣는 순간, 병사들의 입 속에는 저절로 군침이 가득 고였다. 그 침으로 목을 축인 병사들은 다시 힘을 얻어 행군을 계속했다. 그리하여 한 사람의 낙오자도 없이 들판을 가로질러 무사히 앞산에 도달했고, 거기서 개울물을 찾아 갈증을 해소할 수 있었다.

출 전 <삼국지연의(三國志演義)>, <세설신어(世說新語)>

麥秀之嘆(맥수지탄)

중국 고대 3왕조의 하나인 은(殷)나라의 주왕(紂王)이 음락(淫樂)에 빠져 폭정을 일삼자, 이를 지성으로 간(諫)한 신하 중 삼인(三人)으로 불리던 세 왕족이 있었다.

미자(微子), 기자(箕子), 비간(比干)이 그들이다.

미자는 주왕의 형으로서 누차 간(諫)했으나 듣지 않자 국외로 망명했다.

기자(箕子)도 망명했다. 그는 신분을 감추기 위해 거짓 미치광이가 되고 또 노예로까지 전락하기도 했다.

그러나 왕자 비간은 끝까지 간하다가 결국 가슴을 찢기는 극형을

133

당하고 말았다.

이윽고 주왕은 삼공(三公)의 한 사람이었던 서백[西伯, 훗날의 주문왕(周文王)]의 아들 발(發)에게 주살(誅殺)당하고, 천하는 주왕조(周王朝)로 바뀌었다.

주나라의 시조가 된 무왕(武王) 발(發)은 은왕조(殷王朝)의 봉제사(奉祭祀)를 위해 미자를 송왕(宋王)으로 봉(封)했다. 그리고 기자도 무왕을 보좌하다가 조선왕(朝鮮王)으로 책봉되었다.

이에 앞서 기자가 망명지에서 무왕의 부름을 받고 주나라의 도읍으로 가던 도중, 은나라의 옛 도읍지를 지나게 되었다.

번화했던 옛 모습은 간데없고 궁궐터엔 보리와 기장만이 무성했다. 금석지감(今昔之感)을 금치 못한 기자는 다음과 같은 시 한 수를 읊었다.

보리 이삭은 무럭무럭 자라나고 [맥수점점혜(麥秀漸漸兮)]

벼와 기장도 윤기가 흐르는구나. [화서유유혜(禾黍油油兮)]

교활한 저 철부지[주왕(紂王)]가 [피교동혜(彼狡童兮)]

내 말을 듣지 않았음이 슬프구나. [불여아호혜(不與我好兮)]

출 전 <사기(史記)> 송미자세가(宋微子世家),

<시경(詩經)> 왕풍편(王風篇)

유의어 서리맥수지탄(黍離麥秀之歎),

망국지탄(亡國之歎), 망국지한(亡國之恨) : 나라가 망함을 탄식함.

맥수서유(麥秀黍油), 맥수지시(麥秀之詩)

明鏡止水(명경지수)

발이 잘린 왕태(王駘)라는 불구자의 이야기이다. 왕태의 문하에서 배우는 사람의 수는 공자(孔子)에게 배우는 사람의 수만큼 많았다. 공자의 제자 상계(常季)는 공자에게 그 까닭을 물었다.

"왕태는 몸을 닦는 데 있어서, 자신의 지혜로써 자신의 마음을 알고, 그것에 의해 자신의 본심을 깨닫는다고 합니다. 이것은 어디까지나 자기 자신만을 위한 공부로서, 남을 위하거나 세상을 위한 공부는 아닙니다. 그런데도 어떻게 그토록 많은 사람들이 그에게 모여드는지 알 수 없습니다."

공자는 이렇게 대답했다.

"사람은 흐르는 물을 거울로 삼는 일 없이 그쳐 있는 물을 거울로 삼는다. 왕태의 마음은 그쳐 있는 물처럼 조용하기 때문에 사람들은 그를 거울삼아 모여들고 있는 것이다."

공자는 명경지수(明鏡止水)에 비유해서, 왕태를 사념(邪念) 없이 맑고 깨끗한 마음의 소유자로 보았던 것이다.

출 전 <장자(莊子)> 덕충부편(德充符篇)

明眸皓齒(명모호치)

안록산(安祿山)이 난리를 일으켜 낙양(洛陽)이 함락된 것은 755년으로, 두보(杜甫)의 나이 44세 때의 일이다.

그해에 두보는 처음으로 벼슬길에 올랐다. 두보는 그 사실을 처자에게 알리기 위하여, 당시 소개(疏開)되어 있는 장안(長安) 근처의 봉선(奉先)으로 갔다.

도적들의 수중에 있는 장안(長安)에서 봄을 맞이한 두보는 남몰래 강두(江頭)를 찾아가 그 옛날의 영화를 그리워하며, 목소리를 삼킨 채 슬프게 울면서 이 '애강두(哀江頭)'란 시를 지었다고 전해진다.

맑은 눈동자, 하얀 이의 그 미인은 지금 어디에 있나? [明眸皓齒今何在]
피로 더럽혀진 떠도는 넋 돌아오지 못하네. [汗遊魂歸不得]
맑은 위수는 동쪽으로 흐르고 검각은 깊숙한데, [清渭東流劍閣深]
떠난 사람 남은 사람 서로 소식 모르네. [去住彼此無消息]
인생은 정(情)이 있어 눈물로 가슴을 적시니, [人生有情淚沾臆]
강가에 피고 지는 풀과 꽃이야 어찌 이를 알리오. [江水江花豈終極]
날은 저물고 오랑캐 말들이 성 안에 먼지 가득 일으키니, [黃昏胡騎塵滿城]
성(城) 남쪽으로 가고 싶어 성(城) 북쪽을 바라보네. [浴往城南望城北]

여기에서 '명모호치(明眸皓齒)'라고 한 것은 양귀비(楊貴妃)의 모습을 형용한 것이다.

출전 두보(杜甫)의 시(詩) '애강두(哀江頭)'

毛遂自薦 (모수자천)

중국 전국시대 때 일이다. 진(秦)나라가 조(趙)나라를 침공하여, 조나라가 망할 위기에 처했다. 조나라는 초(楚)나라에 구원병을 요청하기로 하고, 평원군(平原君)에게 이 일을 맡겼다. 평원군은 당시 천하에서 휘하에 수천의 식객을 거느린 것으로 유명했던 네 공자(公子) 중 하나였다. 식객 중 유능한 스무 명을 선발하여 함께 가기로 했는데, 마지막 한 명을 누구로 해야 할지 적당한 인물이 없었다. 이때 모수가 앞에 나섰다.

"저도 함께 데려가 주시기 바랍니다."

"우리 집에 얼마 동안 있었소?"

"3년쯤 되었습니다."

"사람의 능력은 자루 속의 송곳과 같은 법. 조금만 지나면 저절로 드러나게 마련인데, 3년 동안 내 눈에 뜨이지 않았잖소?"

"기회가 없었기 때문이니, 이제 저를 자루 속에 넣어 주십시오!"

평원군은 할 수 없이 모수를 데리고 갔다. 결국 조나라가 초나라의 구원병을 얻는 데 결정적 역할을 한 사람은 바로 모수였다.

矛盾 (모순)

어느 날 초나라 장사꾼이 저잣거리에서 방패[순(盾)]와 창[모(矛)]을 늘어놓고 팔고 있었다.

"자, 여기 이 방패를 보십시오. 이 방패는 어찌나 견고한지 제아무리 날카로운 창이라도 막아낼 수 있습니다."

이렇게 자랑한 다음 이번에는 창을 집어 들고 외쳐댔다.

"자, 이 창을 보십시오. 이 창은 어찌나 날카로운지 꿰뚫지 못하는 것이 없습니다."

그때 구경꾼들 속에서 이런 질문이 튀어나왔다.

"그럼 그 창으로 그 방패를 찌르면 어떻게 되는 거요?"

그러자 장사꾼은 아무 대답도 못하고 서둘러 그 자리를 떠났다.

출 전 〈한비자(韓非子)〉 난세편(難勢篇)

武陵桃源(무릉도원)

진나라 태원 때 무릉 사람이 고기잡이를 생업으로 삼았는데, 하루는 시내를 따라 배를 저어 가다가 길이 멀고 가까움을 잊은 중에 문득 복사꽃이 핀 수풀을 만났다.

언덕을 끼고 수백 보쯤의 넓이가 온통 도화(桃花)나무 천지로 한 그루의 잡목도 없었고, 풀은 향기롭고 고왔으며 꽃잎은 어지러이 날리며 떨어지고 있었다. 이를 매우 이상히 여긴 어부가 다시 앞으로 배를 저어 끝까지 가보았더니, 숲이 다하는 곳에는 산 하나가 있었다. 그 산에는 밝은 빛이 비쳐 나오는 듯한 작은 굴이 있었다.

이에 배에서 내려 굴 입구를 따라 들어갔는데, 처음에는 겨우 한 사람 정도 통과할 수 있을 정도로 입구가 매우 좁았지만, 다시 수십

보를 나아가니 갑자기 앞이 밝아지면서 탁 트인 곳이 나왔다.

드넓은 땅에 가지런히 늘어선 집들과 기름진 논밭, 아름다운 연못, 뽕나무와 대나무들, 사방으로 뻗은 전답 사이의 길들, 도처에서 들려오는 닭과 개들의 울음소리……. 그 가운데에서 지나다니거나 농사를 짓는 남녀의 의복은 한결같이 멋진 것이었고, 노인과 어린아이들은 모두 웃으면서 즐거워하고 있었다.

출　전 <도화원기(桃花源記)>

유의어 도원경(桃源境), 도화원(桃花源),

　　　　호중천지(壺中天地) : 호공(壺公)이란 사람이 항아리에서 살았는데, 비장방(費長房)이 그 속을 보니 화려하고 술안주가 가득하였다는 이야기.

巫山之夢(무산지몽)

전국시대 초나라 양왕(襄王)의 선왕(先王)이 어느 날 고당관(高唐館)에서 노닐다가 피곤하여 낮잠을 잤다. 그러자 꿈속에 아름다운 여인이 나타나 고운 목소리로 말했다.

"소첩(小妾)은 무산에 사는 한 여인이옵니다. 전하께오서 고당에 친히 납시었다는 말씀을 듣자옵고 침석(枕席, 잠자리)을 받들고자 왔나이다."

왕은 기꺼이 그 여인과 운우지정(雲雨之情, 남녀 간의 육체적 사랑)을 나누었다. 이윽고 그 여인은 이별을 고했다.

"소첩은 앞으로도 무산 남쪽의 한 봉우리에 살며, 아침에는 구름이 되고 저녁에는 비가 되어 양대(陽臺) 아래 머물 것이옵니다."

여인이 홀연히 사라지자 왕은 꿈에서 깨어났다.

이튿날 아침, 왕이 무산을 바라보니 과연 여인의 말대로 높은 봉우리에는 아침 햇살에 빛나는 아름다운 구름이 걸려 있었다. 왕은 그곳에 사당을 세우고 조운묘(朝雲廟)라고 이름 지었다.

출 전 <문선(文選)> 송옥 고당부(宋玉 高唐賦)

유의어 조운모우(朝雲暮雨), 천침석(薦枕席),
　　　　무산지운(巫山之雲), 무산지우(巫山之雨)

無用之用(무용지용)

<장자(莊子)> 인간세편(人間世篇)에 나오는 이야기이다.

"산의 나무는 제 스스로를 해치고 있다. 기름불의 기름은 제 스스로 태우고 있다. 계피는 먹을 수 있는 것이기 때문에 사람들이 그 나무를 베게 된다. 옻은 칠로 쓰이기 때문에 사람들이 칼로 쪼갠다. 사람은 모두 쓸모 있는 것의 쓸모만을 알고, 쓸모없는 것의 쓸모를 알지 못한다."

이 이야기는 공자(孔子)가 초(楚)나라에 갔을 때 초나라의 은자(隱者) 광접여(狂接輿)가 공자가 묵고 있는 집 문 앞에서 한 말로, 마지막 부분이다.

<장자(莊子)> 외물편(外物篇)에는 또 이러한 이야기가 나온다.

혜자(惠子)가 장자에게 말했다.

"당신이 하는 말은 아무 데도 소용이 닿지 않는 것뿐이다."

장자가 말했다.

"쓸모가 없는 것을 아는 사람이라야 무엇이 참으로 쓸모가 있는 것인가를 말할 수 있다. 땅이 넓지만 사람이 서 있는 데는 발을 둘 곳만 있으면 된다. 하지만 발을 둘 곳만을 남기고 그 주위를 깊숙이 파 버린다면 사람이 서 있을 수 있겠는가?"

"서 있을 수 없다."

"그렇다면 쓸모없는 것이 쓸모 있는 것도 또한 알 수 있지 않는가."

<장자(莊子)> 산목편(山木篇)에는 이러한 이야기가 나온다.

장자가 산길을 가노라니 가지와 잎이 무성한 큰 나무가 있었다. 바라보고 있노라니 그 옆에 나무꾼이 있는데도 베려 하지 않는다. 장자가 그 까닭을 물으니 "아무 짝에도 소용이 없기 때문에."라고 대답했다. 그러자 장자가 말했다.

"이 나무는 소용이 없기 때문에 그 타고난 수명을 다하게 된다."

'무용지물(無用之物)'이란 아무 데도 쓸모없는 물건을 말한다. 그 무용지물이 때로는 '유용지물(有用之物)'이 되는 경우가 있다. 이와 마찬가지로 아무 쓸모없는 것처럼 보이는 것이 실상보다 쓸모 있는 것이 되는 것이 '무용지용(無用之用)'이다.

출　전　<莊子(장자)> 인간세편(人間世篇),

　　　　<莊子(장자)> 외물편(外物篇),

　　　　<莊子(장자)> 산목편(山木篇)

墨守(묵수)

묵자가, 초(楚)나라의 공수반(公輸盤)이 '운제계(雲梯械)'라고 하는 구름사다리를 만들어 송나라로 쳐들어 올 것 같다는 말을 전해 듣고 기선(機先)을 제압하기 위해 초나라로 갔다.

공수반을 만난 묵자가 이렇게 말했다.

"나는 당신이 새로운 기계를 만들어서 송나라를 치려 한다는 소식을 들었소. 왜 땅이 남아도는 초나라가 땅도 비좁고 인구만 많은 송나라를 빼앗으려 합니까? 더구나 송나라는 초나라에게 잘못한 것도 없지 않소?"

대답할 말이 궁해진 공수반이 왕의 명령이라고 핑계를 대자, 묵자는 어렵게 초나라 왕을 만나 이렇게 말했다.

"새 수레를 가진 사람이 이웃집의 헌 수레를 훔치려 하고, 비단옷을 입은 사람이 이웃집의 남루한 옷을 훔치려 한다면 전하께서는 이를 어떻게 생각하시겠습니까?"

"그건 도벽 때문일 것이오."

"그럼 사방 5천 리의 대국이 사방 5백 리도 안 되는 나라를 치려는 것과 무엇이 다르겠습니까?"

말문이 막힌 초나라 왕이 겨우 입을 뗐다.

"나는 단지 공수반의 재주를 보고 싶었을 뿐이오."

그러자 묵자는 공수반의 재주와 겨뤄보겠다면서 허리띠를 풀어 성을 만들고, 나무패로 성벽을 쌓았다.

공수반이 모형(模型) 운제계로 성을 아홉 번 공격했으나, 묵자는 그때마다 굳게 지켜 다 막아냈다. 이를 본 초나라 왕은 송나라를 공격하지 않겠다고 약속했다.

　여기서 '성을 굳게 지킨다.'는 뜻인 '묵수'란 말이 나왔고, 뒤에 '주장을 굽히지 않는다.'는 뜻으로 변했다.

출 전 <묵자(墨子)> 공수반편(公輸盤篇)

刎頸之交(문경지교)

　전국시대 조(趙)나라 혜문왕(惠文王)의 신하 목현(繆賢)의 식객 중 인상여(藺相如)라는 사람이 있었다. 그는 진(秦)나라 소양왕(昭襄王)에게 빼앗길 뻔했던 천하 명옥(名玉)인 화씨지벽(和氏之璧)을 무사히 가지고 돌아온 공으로 일약 상대부(上大夫)에 임명되었다.

　그리고 3년 후(BC 280), 혜문왕을 욕보이려는 소양왕을 가로막고 나서서 오히려 그에게 망신을 주었다. 인상여는 그 공으로 종일품(從一品)의 상경(上卿)에 올랐다.

　그리하여 인상여의 지위는 조나라의 명장으로 유명한 염파(廉頗)보다 더 높아졌다. 그러자 염파는 분개하여 이렇게 말했다.

　"나는 싸움터를 누비며 성(城)을 쳐서 빼앗고 들에서 적을 무찔러 공을 세웠다. 그런데 입밖에 놀린 것이 없는 인상여 따위가 나보다 윗자리에 앉다니…… 내 어찌 그런 놈 밑에 있을 수 있겠는가. 언제든 그놈을 만나면 망신을 주고 말 테다."

　이 말을 전해들은 인상여는 염파를 피했다. 그는 병을 핑계대고 조정에도 나가지 않았으며, 길에서도 저 멀리 염파가 보이면 옆길로 돌아가곤 했다.

이 같은 인상여의 비겁한 행동에 실망한 부하가 작별인사를 하러 왔다. 그러자 인상여는 그를 만류하며 이렇게 말했다.

"자네는 염파 장군과 진나라 소양왕 중 어느 쪽이 더 무섭다고 생각하는가?"

"그야 물론 소양왕이지요."

"나는 소양왕도 두려워하지 않고 많은 신하들 앞에서 그를 혼내 준 사람이야. 그런 내가 어찌 염파 장군 따위를 두려워하겠는가? 생각해 보면 알겠지만 강국인 진나라가 쳐들어오지 않는 것은 염파 장군과 내가 버티고 있기 때문일세. 이 두 호랑이가 싸우면 결국 모두 죽게 되는 것이지. 그래서 나라의 안위를 생각하여 염파 장군을 피하는 걸세."

이 말을 전해들은 염파는 부끄러워 몸 둘 바를 몰랐다. 그는 곧 '웃통을 벗은 다음 태형(笞刑)에 쓰이는 형장(荊杖)을 짊어지고[육단 부형(肉袒負荊), 사죄의 뜻을 나타내는 행위]' 인상여를 찾아가 섬돌 아래 무릎을 꿇었다. 그리고는 인상여에게 진심으로 사죄했다.

"내가 미욱해서 대감의 높은 뜻을 미처 헤아리지 못했소. 어서 나에게 벌을 주시오."

그날부터 두 사람은 '죽음도 함께할 수 있는 막역한 친교', 즉 '문경 지교(刎頸之交)'를 맺었다고 한다.

출 전 <사기(史記)> 염파 인상여열전(廉頗 藺相如列傳)

유의어 관포지교(管鮑之交) : 제(齊)나라 재상 관중(管仲)과 포숙아(鮑叔牙)의 사귐. 매우 친한 사이의 사귐.

금란지교(金蘭之交) : 쇠를 끊을 만큼 견고하고, 난초와 같이 향기로운 우정.

지란지교(芝蘭之交) : 지초와 난초의 사귐. 맑고 고상한 사귐.

죽마고우(竹馬故友) : 어릴 때부터 같이 놀며 자란 친구.

門前成市(문전성시)

전한(前漢) 말, 11대 황제인 애제(哀帝, BC 6~1) 때의 일이다. 애제가 즉위하자 조정의 실권은 대사마(大司馬, 국방장관) 왕망(王莽, 훗날 전한을 멸하고 신(新)나라를 세움)을 포함한 왕씨 일족으로부터 역시 외척인 부씨(傅氏, 애제의 할머니), 정씨(丁氏, 어머니) 두 가문으로 넘어갔다.

그리고 당시 20세인 애제는 동현(董賢)이라는 미동(美童)과 동성연애에 빠져 국정을 돌보지 않았다. 그래서 중신들이 간(諫)했으나, 마이동풍(馬耳東風)이었다. 그중 정숭(鄭崇)은 거듭 간하다가 애제에게 미움만 사고 말았다.

그 무렵, 조창(趙昌)이라는 상서령(尙書令)이 있었는데 그는 전형적인 아첨배로 왕실과 인척간인 정숭을 시기하여 모함할 기회만 노리고 있었다.

어느 날 조창은 애제에게 이렇게 고했다.

"폐하, 정숭(鄭崇)의 집 문 앞이 저자를 이루고 있습니다[문전성시

(門前成市)]. 심상치 않은 일이오니 엄중히 문초하소서."

애제는 그 즉시 정숭을 불러 물었다.

"듣자니, 그대의 '문전은 저자와 같다[군문여시(君門如市)]'고 하던데 그게 사실이오?"

"폐하. '신의 문전은 저자와 같사오나[신문여시(臣門如市)]' 신의 마음은 물같이 깨끗하옵니다. 한 번 더 조사해 주시옵소서."

그러나 애제는 정숭(鄭崇)의 소청을 묵살한 채 옥에 가두었고, 정숭은 옥에서 죽었다고 한다.

출 전 <한서(漢書)> 손보전 정숭전(孫寶傳 鄭崇傳)

유의어 문전약시(門前若市) : 문 앞이 시장과 같다.

문정약시(門庭若市) : 집 안의 뜰이 시장과 같다.

반의어 문전작라(門前雀羅) : 문 앞이 새 그물을 칠 만큼 한적하다.

門前雀羅(문전작라)

전한시대 무제(武帝) 때 급암(汲黯)과 정당시(鄭當時)라는 충신이 있었다. 급암은 의협심이 강하고 성품이 대쪽 같아서 황제 앞에서도 하고 싶은 말을 거침없이 다 하는 편이었다. 동료 대신들이 그 점을 나무라면, 급암은 이렇게 반박했다.

"폐하께서 이 사람이나 공들 같은 신하를 두심은 올바른 보필로 나라를 부강케 하고 백성들을 편안케 하시고자 함인데, 누구나 듣기 좋은 말만 하여 성총(聖聰)이 흐려지기라도 한다면 그보다 더한 불충

이 어디 있겠소? 그만한 지위에 있으면 설령 자기 한 몸 희생을 각오하고라도 폐하를 욕되게 하진 말아야 할 것이오."

그런 반면 정당시는 후덕하고 겸손하며 청렴한 인물이었다. 자기를 찾아온 손님은 문밖에서 기다리는 일이 없게 하고, 벼슬아치의 사명감으로 집안일을 돌보지 않았으며, 봉록과 하사품을 받으면 손님이나 아랫사람들에게 아낌없이 나누어 주었다.

이 두 사람은 너무 개성이 강한 탓에 경계의 대상이었고, 그 바람에 벼슬살이가 순탄하지 못해 면직, 재등용, 좌천을 거듭했다. 이들이 현직에 있을 때는 방문객이 문전성시를 이루었지만, 불우한 신세가 되면서 모두 발길을 뚝 끊어버려 처량하기 그지없었다. <사기(史記)>로 유명한 사마천(司馬遷)은 급암과 정당시의 전기를 쓰고 나서 다음과 같은 말로 야박한 세태를 비판했다.

"급암과 정당시 같은 현자라도 권세가 있으면 빈객이 열 배로 불어나지만, 권세를 잃으면 금방 떨어져 나간다. 그러니 보통 사람의 경우는 더할 나위 있겠는가! 하규(下邽)의 적공(翟公)만 하더라도 정위(廷尉)가 되었을 때는 빈객이 문전성시를 이루었으나, 면직이 되고 나니까 모두들 발길을 끊는 바람에 집안이 너무나 고적해 마치 '문밖에 새그물을 쳐 놓은 것[門前雀羅]' 같더라고 한탄했다."

출전 <사기(史記)> 급정열전(汲鄭列傳),
　　　백거이(白居易)의 우의시(寓意詩)

유의어 문외가설작라(門外可設雀羅)

반의어 문전성시(門前成市), 문전약시(門前若市),
　　　문정여시(門庭如市)

彌縫策(미봉책)

춘추시대인 주(周)나라 환왕(桓王) 13년(BC 707)의 일이다.

환왕은 명목상의 천자국(天子國)으로 전락한 주나라의 세력을 만회하기 위해 정(鄭)나라를 치기로 했다.

당시 정나라 장공(莊公)이 날로 강성해지는 국력을 배경으로 천자인 환왕을 무시하는 경향이 있었기 때문이다.

환왕은 우선 장공에게서 왕실 경사(卿士)로서의 정치상 실권을 박탈했다. 이 조치에 분개한 장공이 조현(朝見, 신하가 임금을 뵙는 일)을 중단하자, 환왕은 이를 구실로 징벌군을 일으키고 제후(諸侯)들에게 참전을 명했다.

왕명을 받고 괵, 채(蔡), 위(衛), 진(陳)나라 군사가 모이자 환왕은 자신이 총사령관이 되어 정나라를 징벌하러 나섰다. 이러한 천자(天子)의 자장격지(自將擊之, 남을 시키지 않고 몸소 군사를 거느리고 나가 싸움)는 춘추시대 240여 년 동안 전무후무한 일이었다.

이윽고 정나라의 수갈(繡葛, 하남성 내)에 도착한 왕군(王軍)이 장공의 군사와 대치하자, 공자(公子)인 원(元)이 장공에게 진언했다.

"지금 좌군(左軍)에 속해 있는 진나라 군사는 국내 정세가 어지럽기 때문에 전의(戰意)를 잃고 있습니다. 하오니 먼저 진나라 군사부터 공격하면 반드시 패주할 것입니다.

그러면 환왕이 지휘하는 중군(中軍)은 혼란에 빠질 것이며 경사(卿士)인 괵공이 이끄는 채, 위나라의 우군(右軍)도 지탱하지 못하고 퇴각할 것입니다. 이때 중군을 치면 승리는 틀림없습니다."

장공은 원의 진언에 따라 원형(圓形)의 진(陣)을 쳤으며, 이는 병거(兵車, 군사를 실은 수레)를 앞세우고 보병(步兵)을 뒤따르게 하는 군진(軍陣)으로서 병거와 병거 사이에는 보병으로 '미봉'했다.

원이 진언한 전략은 적중하여 왕군은 대패하고 환왕은 어깨에 화살을 맞은 채 물러가고 말았다.

출전 <춘추좌씨전(春秋左氏傳)> 환공오년조(桓公五年條)

尾生之信(미생지신)

춘추시대, 노(魯)나라에 미생(尾生 : 尾生高)이란 사람이 살고 있었다. 그는 어떤 일이 일어나더라도 약속을 어기는 법이 절대 없는 사나이였다.

어느 날 미생은 애인과 다리 밑에서 만나기로 약속했다. 그는 정시(定時)에 약속 장소에 나갔으나, 웬일인지 그녀의 모습은 좀처럼 나타나질 않았다.

미생이 계속 그녀를 기다리고 있는데 갑작스러운 장대비로 개울물이 불어나기 시작했다. 그러나 미생은 약속 장소를 떠나지 않고 기다리다가 결국 교각(橋脚)을 끌어안은 채 익사(溺死)하고 말았다.

출전 <사기(史記)> 소진열전(蘇秦列傳),
<장자(莊子)> 도척편(盜跖篇)

博	聞	多	見	널리 듣고 많이 보다.
넓을 박	들을 문	많을 다	볼 견	
속뜻 다양한 경험을 통해 지식을 늘린다.			

博	而	不	精	넓게 알고 있으나 자세히 알지 못함.
넓을 박	말이을 이	아닐 부	깨끗할 정	●精 : 자세할 정
속뜻 많이 알지만 깊이가 없음.			

反	求	諸	己	잘못을 자신에게서 찾는다.
				●諸 : 여러 제 ●己 : 자기 기
돌이킬 반	구할 구	어조사 저	몸 기	
속뜻 어떤 일이 잘못되었을 때 남의 탓을 하지 않고, 그 일이 잘못된 원인을 자기 자신에게서 찾아 고쳐 나간다.			

反	哺	之	孝	반대로, 새끼가 어미에게 먹이를 먹여주는 효성(까마귀 새끼가 자라서 늙은 어미에게 먹이를 물어다주는 효성).
돌이킬 반	먹일 포	어조사 지	효도 효	
속뜻 자식이 자란 후에 어버이의 은혜를 갚는 효성.			

拔	本	塞	源	근본을 뽑고 근원을 막음.
뽑을 발	근본 본	막을 색	근원 원	유 래 , 유의어 ➡ 159쪽 참조

속 뜻 폐단의 근원을 없애버림.

拔	山	蓋	世	산을 뽑고 세상을 덮을 만한 기상.
뺄 발	메 산	덮을 개	세상 세	

속 뜻 아주 뛰어난 기운(氣運).

旁	岐	曲	徑	옆으로 난 샛길과 구불구불한 길.
곁 방	갈림길 기	굽을 곡	지름길 경	

속 뜻 일을 순서대로 정당(正當)하게 하지 않고, 그릇된 수단을
써서 억지로 함을 일컫는 말.

傍	若	無	人	곁에 사람이 없는 것과 같이 행동함.
곁 방	같을 약	없을 무	사람 인	유 래 , 유의어 ➡ 160쪽 참조

속 뜻 제멋대로 행동하는 것을 말함.

蚌	鷸	之	爭	조개와 도요새의 싸움.
조개 방	도요새 휼	어조사 지	다툴 쟁	

속 뜻 조개와 도요새가 싸우는 동안 어부가 둘 다 잡아감.
유의어 어부지리(漁父之利) : 제삼자가 이익을 얻음.

杯	盤	狼	藉	술잔과 접시가 이리에게 깔렸던 풀처럼 어지럽게 흩어져 있다.
잔 배	소반 반	이리 낭	깔개 자	유 래 , 유의어 ➡ 161쪽 참조

속 뜻 한창 술을 흥겹게 마시고 노는 모양, 또는 술자리가 끝난 이후의 난잡한 모습을 나타내는 말.

背	水	之	陣	물을 등지고 진을 침.
등 배	물 수	어조사 지	진치다 진	유 래 ➡ 162쪽 참조

속 뜻 목숨을 걸고 싸움에 임하는 비장한 각오.
유의어 배수진(背水陣)

杯	中	蛇	影	술잔 속의 뱀 그림자.
잔 배	속 중	뱀 사	그림자 영	유 래 , 유의어 ➡ 164쪽 참조

속 뜻 쓸데없는 의심을 품고 홀로 고민하는 것을 말함. 부질없는 의심을 하면 엉뚱한 데서 탈이 난다는 것을 비유.

百	年	大	計	백 년의 큰 계획. ●計 : 계획할 계
일백 백	해 년	큰 대	셈할 계	

속 뜻 먼 뒷날까지 내다보고 세우는 큰 계획.

百	年	河	淸	백 년을 기다린다고 황하물이 맑아지랴?
일백 백	해 년	물 하	맑을 청	유 래 , 유의어 ➡ 165쪽 참조

속 뜻 가능성 없는 것을 무작정 기다림.

白	眉	양 눈썹 가운데 흰 털을 지닌 사람.
흰 백	눈썹 미	유 래 ➡ 167쪽 참조

속 뜻 여럿 가운데서 가장 뛰어난 것을 가리킴.

白	髮	三	千	丈	흰 머리카락의 길이가 삼천 장이다.
흰 백	터럭 발	석 삼	일천 천	어른 장	유 래 ➡ 167쪽 참조

속 뜻 하얗게 센 머리털이 많은 것을 과장(誇張)하여 하는 말.

伯	牙	絶	絃	백아가 거문고 줄을 끊음.
맏 백	어금니 아	끊을 절	줄 현	유 래 ➡ 168쪽 참조

속 뜻 친한 벗을 잃은 슬픔.
유의어 백아파금(伯牙破琴), 지음(知音), 고산유수(高山流水)

白	眼	視	눈의 흰자만 보이게 본다.
흰 백	눈 안	볼 시	유 래 ➡ 169쪽 참조

속 뜻 남을 업신여기거나 냉대하여 흘겨봄.
유의어 백안(白眼) 반의어 청안시(靑眼視)

百	戰	百	勝	백 번 싸워 백 번 이긴다.
일백 백	싸울 전	일백 백	이길 승	유 래 , 유의어 , 반의어 ➡169쪽 참조

속 뜻 싸울 때마다 반드시 이긴다는 뜻.

百	折	不	屈	백 번 꺾어도 굽히지 않음.
일백 백	꺾을 절	아닐 불	굽힐 굴	

속 뜻 어떠한 어려움에도 굴하지 않음.

百	尺	竿	頭	백 자나 되는 높은 장대 끝.
일백 백	자 척	장대 간	머리 두	●頭 : 끝 두

속 뜻 매우 어렵고 위태로운 지경을 이르는 말.

步	武	堂	堂	걸음이 씩씩하고 당당함.
걸음 보	호반 무	집 당	집 당	●武 : 발걸음 무 ●堂 : 떳떳할 당

속 뜻 (행진하는) 걸음걸이가 씩씩하고 위엄이 있음.

覆	水	不	返	盆	엎지른 물은 다시 동이에 담을 수 없다.
엎어질 복	물 수	아닐 불	돌이킬 반	동이 분	**유 래**, **유의어** ➡ 170쪽 참조

속 뜻 일단 저지른 일은 다시 되돌릴 수 없거나 한번 떠난 아내는 다시 돌아올 수 없다는 뜻.

封	庫	罷	職	부정을 저지른 관리를 파면(罷免)시키고 관고(官庫)를 봉하여 잠그는 일.
봉할 봉	곳집 고	파할 파	맡을 직	

속 뜻 어사나 감사가 못된 짓을 많이 한 고을의 원을 파면하고 관가의 창고를 봉하여 잠그던 일.

夫	婦	有	別	남편과 아내 사이에는 분별이 있어야 한다.
지아비 부	지어미 부	있을 유	다를 별	

속 뜻 오륜(五倫)의 하나.

負	薪	入	火	섶을 지고 불에 뛰어듦.
질 부	섶 신	들 입	불 화	

속 뜻 어떤 일에 한 술 더 떠서 사태를 더욱 걷잡을 수 없게 함.

夫	爲	婦	綱	남편은 아내의 행동의 벼리(중심체)다 (아내는 남편을 섬기는 것이 근본이다).
지아비 부	할 위	지어미 부	벼리 강	

속 뜻 삼강(三綱)의 하나.

父	爲	子	綱	부모는 자식의 행동의 벼리(중심체)다 (자식은 부모를 섬기는 것이 근본이다).
아비 부	할 위	아들 자	벼리 강	

속 뜻 삼강(三綱)의 하나.

父	子	有	親	아버지와 자식 간에는 친함이 있어야 한다.
아비 부	자식 자	있을 유	친할 친	

속 뜻 오륜(五倫)의 하나. 五倫은 지켜야 할 다섯 가지 윤리로서 父子有親, 君臣有義, 夫婦有別, 長幼有序, 朋友有信.

釜	中	之	魚	가마솥 속의 물고기.
가마 부	가운데 중	어조사 지	고기 어	유래 ➡ 171쪽 참조

속 뜻 생명이 위험에 닥쳤음을 비유.

不	進	則	退	나아가지 않으면 후퇴한다.
아니불(부)	나아갈 진	곧 즉	물러날 퇴	● 則 : ~면

속 뜻 학문을 하는 것은 물을 거슬러 올라가는 배와 같아서, 끊임없이 정진하지 않으면 후퇴하는 것이다.

附	和	雷	同	우레 소리에 맞추어 천지만물이 함께 울림.
붙을 부	화할 화	우레 뇌	한가지 동	

속 뜻 남들의 의견을 그대로 따르거나 덩달아서 같이 행동을 함.

焚	書	坑	儒	서적을 불태우고 선비들을 생매장한다.
불사를 분	글 서	구덩이 갱	선비 유	유래 ➡ 172쪽 참조

속 뜻 백성을 탄압하는 독재자.

不	俱	戴	天	之	讐	함께 하늘을 받들 수 없는 원수 사이.
아닐 불	함께 구	일 대	하늘 천	어조사 지	원수 수	

속 뜻 세상을 함께 살 수 없을 정도의 원수.

不	用	萎	縮	사용하지 않으면 마르고 시들어서 오그라지고 쪼그라듦.
아니 불	쓸 용	시들 위	줄일 축	

속 뜻 몸이든 머리든 쓰지 않으면 쇠퇴함을 말함.

不	肖	자기의 부모를 닮지 않았다는 말.
아닐 불	닮을 초	**유 래** ➡ 174쪽 참조

속 뜻 매우 어리석은 사람을 말하며, 자식이 부모에게 자신을 낮추어 부를 때 쓰는 말.

朋	友	有	信	친구 사이에는 믿음이 있어야 한다.
벗 붕	벗 우	있을 유	믿을 신	

속 뜻 오륜(五倫)의 하나.

悲	憤	慷	慨	슬프고 분한 마음을 느낌.
슬플 비	분할 분	슬플 강	슬플 개	

속 뜻 의롭지 못하거나 잘못되어 가는 일에 대해 슬프고 분한 마음을 느낌.

脾	肉	之	嘆	오랫동안 말을 타지 않기 때문에 살이 쪘다는 탄식.
넓적다리 비	고기 육	어조사 지	탄식할 탄	**유 래** ➡ 175쪽 참조

속 뜻 부질없이 세월을 보내며 공을 세우지 못함을 탄식한 말.

非	一	非	再	한두 번이 아님.
아닐 비	한 일	아닐 비	두번 재	

속 뜻 많거나 자주 그러한다는 말.

氷	山	一	角	빙산의 한 모서리. ●角 : 모서리 각
얼음 빙	메 산	한 일	뿔 각	

속 뜻 대부분이 숨겨져 있고, 외부로 나타나 있는 것은 극히 일부에 지나지 아니함.

氷	炭	不	相	容	얼음과 숯은 서로 용납하지 못한다.
얼음 빙	숯 탄	아닐 불	서로 상	얼굴 용	**유 래**, **유의어** ➡ 176쪽 참조

속 뜻 ① 둘이 서로 어긋나 화합하기 어려움을 일컫는 말.
② 상반되는 사물.

故事成語 유래

拔本塞源(발본색원)

발본색원(拔本塞源)은 <춘추좌씨전(春秋左氏傳)> 소공(昭公) 구년조(九年條) 중, 주왕의 다음 말에서 유래된 고사(故事)이다.

"나에게 백부(伯父)가 계신 것은 마치 옷에 갓이 있는 것과 같다. 나무와 물에 근원이 있어야 하듯 백성들에게 지혜로운 임금이 있어야 한다.

백부께서 만약 갓을 찢어버리고 뿌리를 뽑고 근원을 막으며[발본색원(拔本塞源)] 오로지 지혜로움을 버린다면, 비록 오랑캐들이라도 나라는 사람을 어떻게 볼 것인가."

출 전 <춘추좌씨전(春秋左氏傳)> 소공(昭公) 구년조(九年條)

유의어 전초제근(剪草除根) : 풀을 베고 뿌리를 캐내다.

(미리 폐단의 근본을 없애버리다.)

삭주굴근(削株堀根) : 줄기를 자르고 뿌리를 파냄.

(미리 화근(禍根)을 뽑아버리다.)

傍若無人(방약무인)

위(衛)나라 사람인 형가(荊軻)는 문학과 무예에 능하였다. 정치에 관심이 많았던 그는 위나라의 원군(元君)에게 국정에 대한 자신의 포부와 건의를 피력하였지만 받아들여지지 않자, 여러 나라를 전전하다가 연(燕)나라에서 축(筑, 거문고와 비슷한 악기)의 명수인 고점리(高漸離)를 만났다.

두 사람은 호흡이 잘 맞아 금방 친한 사이가 되었다. 그래서 두 사람이 만나 술판을 벌여 일단 취기가 돌면, 고점리는 비파를 켜고 형가는 이에 맞추어 춤을 추며 고성방가 하였다.

그러다가 신세가 처량하게 느껴지고 감정이 복받치면 둘이 얼싸안고 울기도 웃기도 하였다. 이때 이 모습은 마치 '곁에 아무도 없는 것처럼[방약무인(傍若無人)]' 보였다.

이후 진(秦)나라의 정(政, 훗날 시황제)에게 원한을 품고 있던 연나라의 태자 단(丹)이 형가의 재주를 높이 평가하여 그에게 진시황제 암살을 부탁하였다. 이에 형가는 진시황제 암살을 기도하였지만 진시황제의 관복만 뚫었을 뿐 암살은 실패로 돌아갔다. 그리고 결국 진시황제에게 죽임을 당하고 말았다.

출 전 <사기(史記)> 자객열전(刺客列傳)

유의어 안하무인(眼下無人) : 눈 아래 사람이 없다는 뜻으로 교만하게 행동함.

경거망동(輕擧妄動) : 경솔하고 망령되게 행동하다.

오만무례(傲慢無禮) : 행동이 교만하고 예의 없이 행동하다.

杯盤狼藉(배반낭자)

전국(戰國)시대(時代) 초엽, 제(齊)나라 위왕(威王) 때의 일이다. 초(楚)나라의 침략(侵略)을 받은 위왕(威王)은 언변이 좋은 순우곤(淳于髡)을 조(趙)나라에 보내어 원군을 청했다. 이윽고 순우곤(淳于髡)이 10만의 원군을 이끌고 돌아오자 초(楚)나라 군사(軍士)는 밤의 어둠을 타서 철수하고 말았다.

전화(戰禍)를 모면한 위왕(威王)은 크게 기뻐했다. 이어 주연(酒宴)을 베풀고 순우곤(淳于髡)을 치하하며 환담했다.

"그대는 얼마나 마시면 취하는가?"

"신(臣)은 한 되를 마셔도 취하옵고 한 말을 마셔도 취하나이다."

"한 되를 마셔도 취하는 사람이 어찌 한 말을 마실 수 있단 말인가?"

"네, 경우에 따라 주량이 달라진다는 뜻이옵니다. 만약 고관대작(高官大爵)들이 지켜보는 자리에서 마신다면 두려워서 한 되도 못 마시고 취할 것이오며, 또한 근엄한 친척(親戚) 어른들을 모시고 마신다면 자주 일어서서 술잔을 올려야 하므로 두 되도 못 마시고 취할 것이옵니다. 옛 벗을 만나 회포(懷抱)를 풀면서 마신다면 그땐 대여섯 되쯤 마실 수 있을 것이옵니다. 하오나 동네 남녀들과 어울려 쌍륙(雙六, 주사위 놀이)이나 투호(投壺, 화살을 던져 병 속에 넣는 놀이)를 할 때는 여덟 되쯤 마시면 취기가 두서너 번 돌 것이옵니다. 그리고 해가 지고 나서 취흥이 일면 남녀가 무릎을 맞대고 신발이 뒤섞이며 '술잔과 접시가 마치 이리에게 깔렸던 풀처럼 어지럽게 흩어지고[杯盤狼藉]' 집 안에 등불이 꺼질 무렵 안주인이 손님들을 돌려보낸 뒤 신(臣) 곁에서 엷은 속적삼의 옷깃을 헤칠 때 색정적(色情的)인 향내가 감돈다면 그땐 한 말이라도 마실 것이옵니다."

이어 순우곤(淳于髡)은 주색(酒色)을 좋아하는 위왕(威王)에게 이렇게 간했다.

"전하, 술이 극에 달하면 어지러워지고 즐거움이 극에 달하면 슬픈 일이 생긴다[주극칙난 낙극칙비(酒極則亂 樂極則悲)]고 했사오니 깊이 통촉하시옵소서."

위왕(威王)은 그 후 술을 마실 때에는 반드시 순우곤(淳于髡)을 옆에 앉혀놓고 마셨다고 한다.

출 전 <사기(史記)> 골계열전(滑稽列傳)

유의어 굉주교착(觥籌交錯)

背水之陣(배수지진)

한나라 고조 유방(劉邦)이 제위(帝位)에 오르기 2년 전(BC 204)의 일이다. 명장 한신(韓信)은 유방의 명에 따라 위(魏)나라를 쳐부순 다음 조(趙)나라로 쳐들어갔다. 그러자 조나라에서는 20만의 군사를 동원하여 조나라로 들어오는 길목인 정형의 협도(狹道) 출구 쪽에 성채(城砦)를 구축하고 방어선을 폈다.

이에 앞서 군략가인 이좌거(李左車)가 재상 진여(陳餘)에게 '한나라 군사가 협도를 통과할 때 들이치자.'고 건의했으나 채택되지 않았는데, 첩자를 통해 이 사실을 알게 된 한신이 서둘러 협도를 통과하다가 출구를 10리쯤 앞둔 곳에서 일단 행군을 멈췄다.

이윽고 밤이 깊어지자 한신은 2,000여 기병을 조나라의 성채 바로 뒷산에 매복시키고 임무를 맡은 장수에게 다음처럼 명령했다.

"본대(本隊)는 내일 싸움에서 거짓 패주(敗走)할 것이다. 그때 제군들은 적이 비운 성채를 점령한 뒤 한나라 깃발을 세워라."

그리고 한신은 1만여 군사를 협도 출구 쪽으로 보내어 강을 등지고 진을 치게 한 다음 자신은 본대를 이끌고 성채를 향해 나아갔다.

이윽고 날이 밝았다. 한나라 군사가 북을 울리며 진격하자 조나라 군사는 성채를 나와 응전했다. 2~3차 접전 끝에 한나라 군사는 퇴각하여 강가에 진을 친 부대에 합류했고, 승세(勝勢)를 탄 조나라 군사는 맹렬히 추격해 왔다. 한편 이러한 틈에 매복하고 있던 2,000여 한나라 기병대는 성채를 점령하고 한나라 깃발을 세웠다.

강을 등지고 진을 친 한나라 군사는 물러나지도 못하는 상황인지라 필사적으로 대항하여 싸웠다. 이에 견디지 못한 조나라 군사가 성채로 돌아와 보니, 한나라 깃발이 나부끼고 있지 않는가.

마침내 전쟁은 한신의 대승리로 끝났다. 전승 축하연 때 부하 장수들이 배수진(背水陣)을 친 이유를 묻자 한신이 대답했다.

"우리 군사는 이번에 급히 편성한 오합지졸(烏合之卒)이 아닌가? 이런 군사는 사지(死地)에 두어야만 필사적으로 싸우는 법이다. 그래서 '강을 등지고 진을 친 것[배수지진(背水之陣)]'이다."

출 전 <사기(史記)> 회음후열전(淮陰侯列傳),
　　　　<십팔사략(十八史略)>

杯中蛇影(배중사영)

진(晉)나라에 악광이란 사람이 있었다. 그는 어린 시절에 아버지를 잃고 생활이 무척 어려웠지만, 한눈팔지 않고 학문에 전념하여 벼슬길에 올랐다. 지혜로운 악광은 관리가 되어서도 매사에 신중하게 임했다.

악광이 하남(河南) 태수(太守)로 재임했을 때의 일이다.

악광에게는 친한 친구 한 명이 있었다. 그 친구는 악광에게 자주 놀러 와 술자리를 같이하기도 했는데, 한동안 친구의 발걸음이 뜸해졌다. 어느 날 악광이 그것을 이상하게 여기고 몸소 친구에게 찾아갔다. 그런데 그의 얼굴색이 매우 좋지 않아 보였다.

악광이 물었다.

"요사이 어째서 놀러 오지 않나?"

그러자 친구가 이렇게 대답했다.

"전에 자네와 술을 마실 때 내 잔 속에 뱀이 보이지 않겠나[杯中蛇影]. 그렇지만 자네가 무안해할지 몰라, 할 수 없이 그냥 마신 이후 몸이 별로 좋지 않네."

이상하다고 생각한 악광은 지난번 술을 마신 그곳으로 다시 가 보았다. 그 방의 벽에는 뱀이 그려진 활이 걸려 있었다. 그것을 보고, 악광은 비로소 친구가 이야기한 뱀의 정체가 무엇인지 알게 되었다. 활에 그려진 뱀이 친구의 술잔에 비추어진 것이었다.

이후 악광은 친구를 다시 초대하여, 같은 장소에서 술자리를 가졌다. 그리고는 친구에게 술을 따른 다음 "무엇이 보이지 않나?"라고 물었다. 친구는 머뭇거리면서 술을 마신 다음 "지난번과 마찬가지로 뱀이 보이네."라고 대답했다.

그러자 악광이 웃으면서 "자네 술잔 속에 비친 뱀은 저 벽에 걸린 활에 그려진 뱀의 그림자이네."라고 말했다.

악광의 이야기를 들은 친구는 그제야 마음의 병이 씻은 듯 나았다.

이처럼 아무 일도 아닌 것을 가지고 공공연하게 걱정하거나 근심에 사로잡히는 것을 일컬어 '배중사영'이라고 한다.

한국 속담에 '자라 보고 놀란 가슴 솥뚜껑 보고 놀란다.'라는 말이 있다. 언제, 어디서, 무슨 일이 일어날지 모르는 세상에서 우리가 살고 있지만, 그 정도가 지나치거나 쓸데없이 걱정하는 것은 오히려 해가 된다는 것을 가르쳐주는 고사성어이다.

> **출 전** <풍속통의(風俗通義)>와 <진서(晉書)>의 악광전(樂廣傳) 북몽쇄언(北夢鎖言)

> **유의어** 의심암귀(疑心暗鬼, 의심하는 마음이 있으면, 있지도 않은 귀신이 나오는 것처럼 느껴진다는 뜻), 반신반의(半信半疑)

百年河清(백년하청)

춘추시대 중반인 주(周)나라 영왕(靈王) 7년(BC 565), 정(鄭)나라는 위기에 빠졌다. 초(楚)나라의 속국인 채(蔡)나라를 친 것이 화가 되어 초나라의 영윤(令尹) 자양(子襄)도 정나라를 공격할 채비를 하게 되었다.

이에 정나라에서는 6명의 경대부가 대책을 위한 회의를 열었다. 회의는 진(晉)나라에 구원병을 청하자[주전론(主戰論) : 자공(子孔), 자교, 자전]는 측과 초나라와 강화(講和)해야 한다[화친론(和親論) : 자사(子駟), 자국, 자이]는 측의 주장이 팽팽하게 대립했다.

이때 대부인 자사(子駟)가 이렇게 말했다.

"주(周)나라의 시(詩)에 이런 말이 있습니다.

'황하의 물이 맑기를 기다린다는 것은 사람의 짧은 수명으로는 아무래도 부족하다. 여러 가지를 놓고 점을 치면 그물에 얽힌 듯 갈피를 잡지 못한다.'

그러니 우선 초나라와 강화해서 백성들을 위험에서 구하고, 그다음에 진나라를 따르는 것이 좋을 것입니다."

이 말은 진나라의 구원병을 기다리는 것은 황하가 맑아지기를 기다리는 것과 같다는 의미로 사용한 것이다. 즉 진(晉)나라의 구원병이 온다는 것은 불가능한 일이라는 의미로, 작은 나라가 큰 나라에 대처하는 괴로운 마음이 잘 나타나 있는 이야기라 할 수 있다.

그 후 정나라는 자사(子駟)의 말을 따라 위기를 면했다.

출 전 <춘추좌씨전(春秋左氏傳)>

유의어 천년일청(千年一淸) : 물이 천 년에 한 번 맑아진다는 뜻.
여사하청(如俟河淸) : 물이 맑아지길 기다리는 것과 같다.
사하청(俟河淸) : 언제나 흐리고 누런 황하의 물이 맑기를 기다린다.

白眉 (백미)

촉나라의 마량은 오형제 중 맏이였는데, 태어날 때부터 눈썹에 흰 털이 섞여 있었다. 그래서 그는 고향 사람들로부터 '백미(白眉)'라는 별명을 얻었다.

그들 오형제는 모두 재주가 비범했는데, 그중에서도 마량이 가장 뛰어났다. 그래서 사람들은 마씨(馬氏)네 오형제 중에서 '백미'가 가장 뛰어났다며 마량을 특히 칭송해 마지않았다.

이때부터 '백미'란 같은 부류의 여럿 중에서 가장 뛰어난 사람이나 물건을 가리키는 말이 되었다.

출 전 <삼국지(三國志)> 촉지(蜀志)

白髮三千丈 (백발삼천장)

만년에 귀양에서 풀려난 당나라 시인 이백이 추포(秋浦, 안휘성 내)에 와서 거울을 보고 이미 늙어버린 자기 모습에 놀라서 지은 연작(連作) 중 한 수이다. 이 유명한 '백발의 길이가 삼천 장'이란 말은 중국 문학의 과장적 표현으로 널리 인용된다.

흰 머리카락의 길이가 삼천 장이나 되는데, [백발삼천장(白髮三千丈)]
근심으로 시달려 이렇게 되었나. [연수사개장(緣愁似箇長)]
거울 속의 내 모습 알 수 없어라, [부지명경리(不知明鏡裏)]

어디서 가을 서리 맞았다더냐. [하처득추상(何處得秋霜)]

출　전 이태백(李太白)의 추포가(秋浦歌)

伯牙絶絃(백아절현)

춘추시대에 거문고의 명수로 이름 높은 백아(伯牙)에게는 그 소리를 누구보다 잘 감상해 주는 친구 종자기(鍾子期)가 있었다.

백아가 거문고를 타며 높은 산과 큰 강의 분위기를 그려내려고 시도하면 옆에서 귀를 기울이고 있던 종자기의 입에서는 탄성이 연발해서 터져 나왔다.

"아, 참으로 멋지다. 하늘 높이 우뚝 솟는 그 느낌은 마치 태산(泰山) 같군."

"응, 훌륭하군 그래. 넘칠 듯이 흘러가는 그 느낌은 마치 황하(黃河) 같군."

두 사람은 그토록 마음이 통하는 연주자였고 청취자였으나 불행히도 종자기는 병으로 죽고 말았다. 그러자 백아는 절망한 나머지 거문고의 줄을 끊고 다시는 연주하지 않았다고 한다.

그 후부터 친한 벗이 죽었을 때 '백아절현(伯牙絶絃)'이라는 표현을 쓰게 되었다. 또한 지기(知己)를 가리켜 지음(知音)이라고 일컫는 것도 이 고사에서 유래된 말이다.

출　전 <열자(列子)> 탕문편(湯問篇), <순자(荀子)> 권학편(勸學篇)

白眼視(백안시)

위진시대(魏晉時代, 3세기 후반)에 있었던 이야기이다.

노장(老莊)의 철학에 심취하여 대나무숲 속에 은거하던 죽림칠현(竹林七賢)의 한 사람 중에 완적(阮籍)이 있었다. 그는 예의범절에 얽매인 지식인을 보면 속물이라 하여 '백안시'했다고 한다.

어느 날 역시 죽림칠현의 한 사람인 혜강의 형 혜희가 완적이 좋아하는 술과 거문고를 가지고 찾아왔다. 그러나 완적이 업신여기며 상대해 주지 않자 혜희는 당혹감을 감추지 못하며 도망가듯 돌아갔다.

이처럼 상대가 친구의 형일지라도 완적은 그가 속세의 지식인인 이상 청안시(靑眼視)하지 않고 '백안시'했던 것이다.

그래서 당시 조야(朝野)의 지식인들은 완적을 마치 원수를 대하듯 몹시 미워했다고 한다.

출 전 <진서(晉書)> 완적전(阮籍傳)

百戰百勝(백전백승)

춘추시대, 제(齊)나라 사람으로서 오왕(吳王) 합려(闔閭)를 섬긴 병법가 손자(孫子 : 孫武)가 남긴 말 중에 다음과 같은 것이 있다.

"승리에는 두 종류가 있다. 적을 공격하지 않고서 얻는 승리와 적을 공격한 끝에 얻는 승리인데, 전자가 최상책(最上策)이고 후자는

차선책(次善策)이다. '백 번 싸워 백 번 이겼다[百戰百勝]' 해도 그것
은 최상의 승리가 아니다. 싸우지 않고 상대방을 굴복시키는 것이야
말로 최상의 승리이다. 곧 최상책은 적이 꾀하는 바를 간파하고 이를
봉쇄하는 것이다. 그다음 상책은 적의 동맹 관계를 끊어 적을 고립시
키는 것이고, 세 번째 상책은 적과 싸우는 것이며, 최하책은 모든
수단을 다 쓴 끝에 강행하는 공성(攻城)이다."

출 전 <손자(孫子)> 모공편(謀攻篇)

유의어 백전불패(百戰不敗), 백전불태(百戰不殆),
　　　 연전연승(連戰連勝)

반의어 백전백패(百戰百敗)

覆水不返盆(복수불반분)

강태공의 부인은 마씨(馬氏)였다. 마씨는 태공이 늙도록 공부만
할 뿐 집안일을 돌보지 않자 친정으로 돌아가 버렸다. 얼마 후 그녀는
다른 곳으로 시집을 갔다.

그 후 세월이 흘렀다. 강태공은 주문왕(周文王)을 만나 폭군 주왕을
멸하고 주나라가 천하를 얻는 공을 세워 제왕(齊王)에 봉해졌다.

제나라 왕이 되어 금의환향하는 강태공을 발견한 옛 아내 마씨는
다시 강태공과 살기를 청하며 수레 앞에 나타났다. 이때 강태공은
마씨에게 한 동이의 물을 길어오게 한 후 그것을 땅에 붓게 하였다.

"당신이 나와 살기를 원한다면 땅에 쏟은 물을 다시 동이에 담으시

오. 그러면 당신을 받아들이겠소."

마씨는 물을 양동이에 담으려 했다. 그러나 손에 잡히는 것은 질퍽한 흙뿐이었다. 강태공이 말했다.

"그대는 우리가 합쳐질 수 있다고 생각할지 모르나 이미 엎질러진 물은 담을 수 없는 것이오."

강태공은 그 말을 남기고 떠나버렸다.

출 전 <습유기(拾遺記)>와 <사기(史記)>의 제태공세가(齊太公世家)

유의어 복배지수(覆杯之水), 복수불수(覆水不收)

釜中之魚 (부중지어)

후한(後漢)의 외척이었던 양기(梁冀)의 여동생이 순제(順帝)의 황후가 되자, 그의 횡포가 극에 달했다. 또한 양기는 동생인 불의(不疑)가 하남의 태수(太守)에 임명되자, 사자(使者) 8명으로 하여금 주와 군을 순찰하도록 명령했다.

이런 처사에 불만을 가진 8명 가운데 한 사람인 장강(張綱)이 양기 형제를 탄핵하는 상소문을 올렸다.

이 상소문으로 양기의 미움을 산 장강은 광릉군(廣陵郡)의 태수로 좌천되었다. 광릉군은 10년 동안 양저우[揚州]와 쉬저우[徐州]를 돌아다니면서 도적질을 해온 장영이 이끄는 도둑의 소굴로, 누구나 부임하기 싫어하는 곳이었다.

그러나 피하지 않고 당당하게 임지에 도착한 장강은 전혀 두려워하지 않고 곧장 도둑의 소굴로 장영을 찾아갔다. 장강은 장영과 도둑들을 만난 자리에서 인간의 도리와 사물의 이치를 말하면서 투항하여 개과천선할 것을 진심으로 종용했다.

그러자 장영은 장강의 용기와 열정에 감명 받아 "저희들은 이처럼 서로 취하여 목숨을 오래오래 보존할지라도, 그것은 마치 물고기가 솥 안에 있는 것과 같습니다. 결코 오래 지속되지 못할 것입니다[汝等若是 相取久存命 其如釜中之魚 必不久之]."라고 말했다.

장영은 순순히 항복했고, 장강은 이에 대한 대가로 그들에게 잔치를 베풀어준 후 그들을 석방했다. 그리고 마침내 광릉군은 평온을 되찾았다.

'부중지어'는 곧 삶아질 것도 모른 채 솥 안에서 펄펄 날뛰는 물고기와 같은 뜻으로, 자기 명대로 살지 못한다는 것을 비유한 말이다. 조상지육(俎上之肉, 도마 위에 오른 고기)도 같은 뜻의 말이다.

출 전 <자치통감(資治通鑑)>의 한기(漢紀)

焚書坑儒(분서갱유)

시황제가 베푼 함양궁(咸陽宮)의 잔치에서 박사(博士)인 순우월(淳于越)이 '현행 군현제도 하에서는 황실의 무궁한 안녕을 기하기가 어렵다.'며 봉건제도로 개체(改體)할 것을 진언했다.

시황제가 신하들에게 순우월의 의견에 대해 가부(可否)를 묻자,

군현제도의 입안자(立案者)인 승상 이사(李斯)는 강경한 어조로 다음과 같이 대답했다.

"봉건시대에는 제후들 간에 침략전이 끊이지 않아 천하가 어지러웠으나 이제는 통일되어 안정을 찾았사오며, 법령도 모두 한 곳에서 발령(發令)되고 있나이다.

하오나 옛 책을 배운 사람들 중에는 그것만을 옳게 여겨 새로운 법령이나 정책에 대해서는 비난하는 선비들이 있사옵니다. 하오니 차제에 그러한 선비들을 엄단하심과 아울러 백성들에게 꼭 필요한 의약(醫藥), 복서(卜筮), 종수(種樹)에 관한 책과 진(秦)나라 역사책 외에는 모두 수거하여 불태워 없애버리소서."

시황제가 이사(李斯)의 의견을 받아들임으로써 관청에 제출된 희귀한 책들이 속속 불태워졌는데, 이 일을 가리켜 '분서(焚書)'라고 한다. 당시는 종이가 발명되기 이전이므로, 책은 모두 글자를 적은 댓조각을 엮어서 만든 죽간(竹簡)이었다. 그래서 한 번 잃으면 복원할 수 없는 것도 많았다.

이듬해(BC 212) 아방궁(阿房宮)이 완성되자 시황제는 불로장수의 신선술법(神仙術法)을 닦는 방사(方士)들을 불러들여 후대했다. 그들 중에서도 특히 노생(盧生)과 후생(侯生)을 신임했으나 두 방사(方士)는 많은 재물을 사취(詐取)한 뒤, 시황제의 부덕(不德)을 비난하며 종적을 감춰버렸다.

시황제는 진노했다. 그런데 그 진노가 채 가시기도 전에 이번에는 시중(市中)의 염탐꾼을 감독하는 관리로부터 '폐하를 비방하는 선비들을 잡아 가두어 놓았다.'는 보고가 들어왔다.

시황제의 노여움은 극에 달했다. 엄중히 심문한 결과 연루자는 460명이나 되었다. 시황제는 자기를 비방한 460명의 유생(儒生)들을 모두 산 채로 각각 구덩이에 파묻어 죽였는데, 이 일을 가리켜 '갱유(坑儒)'라고 한다.

출 전 <사기(史記)> 진시황기(秦始皇紀),
<십팔사략(十八史略)> 진편(秦篇)

不肖 (불초)

요임금은 아들 단주가 불초(不肖)해서 천하를 이어받기에는 부족하다는 것을 알았기 때문에 권력을 순에게 넘겨주기로 했다.

순에게 제위를 넘겨주면 천하의 모든 사람들이 이익을 얻고 단주만 손해를 보지만, 단주에게 제위를 넘겨주면 천하의 모든 사람들이 손해를 보고 단주만 이익을 얻는다는 것을 알았기 때문이다.

요가 붕어하고 삼년상을 마쳤을 때, 순의 입장에서는 요임금의 뜻이라 해도 천자의 자리에 오르는 것이 도리가 아니라고 생각했다. 그래서 단주에게 천하를 양보하고 자신은 남하(南下)의 남쪽으로 몸을 피했다.

하지만 제후들은 봄과 가을에 천자를 알현하는 조근(朝覲) 때마다 단주에게로 가지 않고 순에게 왔고, 소송을 거는 사람들도 단주가 아니라 순에게 와서 해결해 달라고 했으며, 송덕을 구가하는 자들은 단주가 아닌 순의 공덕을 구하였다.

그러자 순은 "하늘의 뜻이로다!"라고 말한 후, 도성으로 가서 천자의 자리에 올랐다.

출　전 <맹자(孟者)> 만장편(萬章篇) 상(上)

脾肉之嘆(비육지탄)

유비(劉備)는 198년에 조조(曹操)와 협력하여, 한 마리 이리와 같은 용장(勇壯) 여포(呂布)를 격파했다. 이후 유비는 한(漢)의 임시 수도 허창(許昌)으로 올라가 조조의 주선(周旋)으로 헌제(獻帝)에게 배알(拜謁)하고 좌장군에 임명되었다. 하지만 유비는 조조의 휘하에 머물러 있기가 싫어 허창을 탈출하여 각지로 전전한 끝에 황족(皇族)의 일족인 형주(荊州)의 유표(劉表)에게 의지하여 조그만 고을을 다스렸다.

그러던 어느 날 유표에게 초대되어 형주성(荊州城)에 갔을 때, 변소에서 볼일을 보고 일어서던 유비는 문득 자신의 넓적다리에 살이 많이 붙은 것을 보고 깜짝 놀라 눈물을 흘렸다.

다시 연회장으로 돌아오자 유표가 유비의 눈물 흔적을 보고는 그 까닭을 물었다. 유비의 대답은 이러했다.

"나는 지금까지 항상 말을 타고 전장을 돌아다녀서 넓적다리에 살이 붙은 적이 없었습니다. 그런데 요즈음에는 말을 타지 않고 너무 빈둥거리고 있었기 때문에 살이 들러붙었습니다. 세월이 가는 것은 늙음이 빨리 이른다는 것일진대, 아직 공업(功業)을 세우지 못하였으니 슬플 뿐입니다."

출 전 <삼국지(三國志)> 촉지(蜀志)

氷炭不相容(빙탄불상용)

한(漢)나라 무제(武帝)의 신하 중에 동방삭(東方朔)이라는 사람이 있었는데, 그는 박학다식하므로 무제의 좋은 말상대가 되곤 했다. 동방삭의 글 중 '칠간전(七諫傳)'이 있는데, 이는 그가 초나라의 정치가이자 시인인 '굴원(屈原)'을 추모하여 지은 글이다.

이 시에는 굴원이 고향을 떠나 고민하는 모습이 담겨 있는데, "얼음과 숯은 서로 나란히 할 수가 없다(氷炭不可以相竝兮, 빙탄불가이상병혜)."라는 문장이 나온다. 굴원은 간신들의 모함을 받아 멀리 고향을 떠나 귀양살이를 하게 되었는데, 그를 모해하는 간신들과 충성심이 깊은 굴원은 마치 얼음과 숯처럼 화합할 수 없음을 말하고 있다. 굴원은 결국 자살하고 만다.

출 전 <초사(楚辭)> 칠간(七諫)의 자비(自悲)

유의어 빙탄지간(氷炭之間), 견원지간(犬猿之間),
불공대천(不共戴天), 불공대천지수(不共戴天之讐),
불구대천(不俱戴天), 불구재천(不俱戴天),
대천지수(戴天之讐)

辭	簡	意	深	말은 간결하나 뜻이 깊다.
말씀 사	간략할 간	뜻 의	깊을 심	
속 뜻				말은 간결해도 담긴 뜻이 깊어야 좋은 글이다.

舍	己	從	人	자신을 버리고 남을 따름.
버릴 사	몸 기	따를 종	사람 인	
속 뜻				자신의 욕심을 버리고 남의 의견을 따름.

四	端	측은(惻隱), 수오(羞惡), 사양(辭讓), 시비(是非)의 네 마음.
		●端 : 바를 단
넉 사	끝 단	유 래 ➡ 190쪽 참조
속 뜻		사람의 본성인 인의예지(仁義禮智)에서 우러나오는 마음씨. (맹자)

四	面	楚	歌	사면이 모두 초나라의 노랫소리.
				●面 : 쪽 면
넉 사	낯 면	초나라 초	노래 가	유 래 ➡ 191쪽 참조
속 뜻				누구의 도움도 받을 수 없는 고립된 상태.

思	無	邪	생각에 간사함이 없음.
생각할 사	없을 무	간사할 사	

속 뜻 공자가 한 말로, 시경의 '시'에는 생각에 사특함이 없다는 뜻.

駟	不	及	舌	네 마리 말도 혀에는 미치지 못한다.
				●사마(四馬) : 네 마리의 말.
사마 사	아닐 불	미칠 급	혀 설	**유 래** **유의어** ➡ 193쪽 참조

속 뜻 소문은 빨리 퍼지니 말을 삼가라는 뜻.

事	不	如	意	일이 뜻 같지 않다.
일 사	아니 불	같을 여	뜻 의	

속 뜻 일이 뜻대로 되지 아니함.

砂	上	樓	閣	모래 위의 누각.
모래 사	위 상	다락 루(누)	다락 각	

속 뜻 기초가 불안하여 위태로움.

射	石	爲	虎	범인 줄 알고 활을 쏘았는데 화살이
				돌에 꽂혔다.
쏠 사	돌 석	할 위	범 호	**유 래** ➡ 193쪽 참조

속 뜻 성심을 다하면 아니 될 일도 이룰 수 있음.

유의어 사석성호(射石成虎), 정신일도하사불성(精神一到何事不成)

師	弟	同	行	스승과 제자가 함께 행동한다.
스승 사	아우 제	한가지 동	갈 행	● 行 : 행할 행

속뜻 스승과 제자가 같이 학문에 힘쓴다.

蛇	足	뱀의 다리를 그림.
뱀 사	발 족	유래 ➡ 194쪽 참조

속뜻 쓸데없는 군짓을 하여 도리어 잘못되게 함을 이르는 말.
유의어 화사첨족(畵蛇添足)

四	知	넷이 알다.
넉 사	알 지	유래 ➡ 195쪽 참조

속뜻 하늘이 알고, 땅이 알고, 그대가 알고, 내가 안다는 것으로, 비밀은 언젠가는 반드시 탄로 나게 마련임을 이르는 말.

事	親	以	孝	부모님을 효로써 섬겨야 한다.
일 사	어버이 친	써 이	효도 효	● 事 : 섬길 사 유래 ➡ 196쪽 참조

속뜻 세속오계(世俗五戒)의 하나. 세속오계는 事君以忠(사군이충), 事親以孝, 交友以信, 臨戰無退(임전무퇴), 殺生有擇(살생유택).

四	通	八	達	길이나 교통망, 통신망 등이 이리저리 막힘없이 통함.
넉 사	통할 통	여덟 팔	이를 달	

속뜻 길이 여러 군데로 막힘없이 통함.
유의어 사통오달(四通五達)

事 必 歸 正	모든 일은 반드시 바른 길로 돌아감.
일 사　반드시 필　돌아갈 귀　바를 정	
속 뜻 모든 잘잘못은 반드시 옳은 데로 돌아감.	

山 高 水 長	산은 언제까지나 높고 물은 영원히 흐른다.
메 산　높을 고　물 수　길 장	●長 : 길게 흐르다 장
속 뜻 인자(仁者)나 군자(君子)의 덕이 오래도록 전해짐.	

山 戰 水 戰	산에서의 싸움과 물에서의 싸움.
메 산　싸움 전　물 수　싸움 전	
속 뜻 세상의 온갖 고난을 두루 경험함.	

殺 身 成 仁	자신의 몸을 죽여 어짊을 이룸.
죽일 살　몸 신　이룰 성　어질 인	유 래 . 유의어 ➡ 197쪽 참조
속 뜻 옳은 일을 위하여 자기 몸을 희생함.	

三 顧 草 廬	유비가 세 번이나 오두막집으로 제갈량을 찾아갔다는 고사.
석 삼　돌아볼 고　풀 초　오두막집 려	유 래 ➡ 198쪽 참조
속 뜻 인재를 맞아들이기 위해 참을성 있게 교섭하고 마음을 쓰는 것.	
유의어 초려삼고(草廬三顧), 삼고지례(三顧之禮), 삼고지우(三顧知遇)	

三	馬	太	守	세 마리의 말만 거느린 태수. (청빈한 관리.)
석 삼	말 마	클 태	지킬 수	유 래 ➡ 199쪽 참조

속 뜻 조선 중종 때 송흠이 행차 때 겨우 말 세 필만 거느렸다고 하는 데서 나온 말.

三	思	一	言	세 번 생각하고 한 번 말하라.
석 삼	생각 사	하나 일	말씀 언	

속 뜻 말조심하라는 뜻.

三	三	五	五	서넛 또는 대여섯끼리.
석 삼	석 삼	다섯 오	다섯 오	

속 뜻 사람들이 무리지어 다니거나 무슨 일을 하는 모양.

三	人	成	虎	세 사람이 호랑이를 만듦.
석 삼	사람 인	이룰 성	범 호	유 래 , 유의어 ➡ 200쪽 참조

속 뜻 근거 없는 말도 여러 사람이 하면 이를 믿게 됨.

三	日	天	下	사흘 동안 천하를 얻는다.
석 삼	날 일	하늘 천	아래 하	

속 뜻 아주 짧은 기간 동안 정권을 잡았다가 무너짐.

181

三 尺 童 子	키가 석 자밖에 되지 않는 어린아이.
석 삼 ／ 자 척 ／ 아이 동 ／ 아들 자	
속 뜻 철부지 어린아이.	

三 遷 之 教	세 번 옮겨 교육시킴.
석 삼 ／ 옮길 천 ／ 어조사 지 ／ 가르칠 교	유래, 유의어 ➡ 202쪽 참조
속 뜻 맹자 어머니가 맹자를 가르치기 위해 세 번이나 이사를 다녔다는 고사.	

傷 弓 之 鳥	한 번 화살로 상처를 입은 새.
상할 상 ／ 활 궁 ／ 어조사 지 ／ 새 조	유래 ➡ 203쪽 참조
속 뜻 먼저의 일에 질려서 뒤의 일을 몹시 겁냄.	

桑 田 碧 海	뽕나무 밭이 푸른 바다로 변한다.
뽕나무 상 ／ 밭 전 ／ 푸를 벽 ／ 바다 해	유래 ➡ 204쪽 참조
속 뜻 세상이 몰라볼 정도로 변함.	
유의어 벽해상전(碧海桑田), 창상지변(滄桑之變)	

上 火 下 澤	위에는 불, 아래는 물.
윗 상 ／ 불 화 ／ 아래 하 ／ 못 택	
속 뜻 물과 불처럼 서로 상극하여 이반(離反)하고 분열하는 현상을 말한다.	

塞	翁	之	馬	변방 늙은이의 말.
변방 새	늙은이 옹	어조사 지	말 마	<small>유 래</small>, <small>유의어</small> ➡ 204쪽 참조

<small>속 뜻</small> 인생의 길흉화복은 항상 변하는 것이라 예측할 수 없다.

先	見	之	明	앞을 내다보는 지혜.
먼저 선	볼 견	어조사 지	밝을 명	

<small>속 뜻</small> 닥쳐올 일을 미리 내다보고 아는 것.

先	公	後	私	공적인 일을 먼저 하고, 사적인 일을 뒤로 한다.
먼저 선	공평할 공	뒤 후	개인 사	●公 : 공 공

<small>속 뜻</small> 사사로운 일이나 이익보다 공사(公事)나 공익(公益)을 우선함.

先	則	制	人	먼저 행하면 상대방을 제압할 수 있다.
먼저 선	곧 즉	제압할 제	사람 인	<small>유 래</small> ➡ 206쪽 참조

<small>속 뜻</small> 남보다 앞서 일을 도모(圖謀)하면 능히 남을 누를 수 있다는 뜻.
<small>유의어</small> 선즉제인 후즉제어인(先則制人 後則制於人)의 준말.

雪	膚	花	容	눈처럼 흰 살결과 꽃처럼 예쁜 얼굴.
눈 설	살갗 부	꽃 화	얼굴 용	

<small>속 뜻</small> 아름다운 여인.

雪	上	加	霜	눈 위에 서리가 덮이다.
눈 설	위 상	더할 가	서리 상	

속 뜻 불행한 일이 잇따라 일어남. (엎친 데 덮친 격.)
반의어 금상첨화(錦上添花) : 좋은 일이 잇따라 생김.

小	鹽	多	酸	소금은 적게 먹고, 산을 많이 먹어라.
작을 소	소금 염	많을 다	초 산	

속 뜻 염분 섭취를 적게 하고, 식초를 많이 먹어야 건강에 좋다.

小	貪	大	失	작은 것을 탐내다가 큰 것을 잃다.
작을 소	탐할 탐	큰 대	잃을 실	

속 뜻 작은 것에 연연하다가 결국 더 큰 것을 잃게 됨.

束	手	無	策	손이 묶여 대책이 없다.
묶을 속	손 수	없을 무	책략 책	

속 뜻 어떤 일에 전혀 손을 쓰지 못하는 상황.

束	脩	之	禮	묶은 육포의 예절.
묶을 속	육포 수	어조사 지	예도 례	**유 래** ➡ 207쪽 참조

속 뜻 스승을 처음 만나 가르침을 청할 때 작은 선물을 함으로써 예절을 갖춘다는 뜻.

送	舊	迎	新	묵은해를 보내고 새해를 맞음.
보낼 송	예 구	맞을 영	새 신	
속 뜻 새해를 맞이할 때 쓰는 말.				

松	茂	栢	悅	소나무가 무성하니 잣나무가 기뻐함.
소나무 송	무성할 무	잣나무 백	기쁠 열	
속 뜻 친한 친구가 잘됨을 기뻐함.				

首	丘	初	心	여우가 죽을 때에 머리를 자기가 살던 굴 쪽으로 향한다.
머리 수	언덕 구	처음 초	마음 심	**유 래** ➡ 208쪽 참조
속 뜻 고향을 그리워하는 마음을 비유.				

首	尾	一	貫	처음과 끝이 한결같음.
머리 수	꼬리 미	한 일	꿸 관	
속 뜻 일 따위를 처음부터 끝까지 한결같이 함.				
유의어 시종여일(始終如一)				

壽	福	康	寧	오래 살고 행복하고 건강하고 마음이 평안함.
목숨 수	복 복	편안 강	편안 녕	
속 뜻 부귀영화를 누리며 오래오래 삶.				

手	不	釋	卷	손에서 책을 놓지 아니하다.
손 수	아닐 불	풀 석	책 권	(늘 글을 읽는다.)

속 뜻 열심히 학문에 정진함.

漱	石	枕	流	돌로 양치질하고 흐르는 물을 베개
양치질 수	돌 석	베개 침	흐를 류	로 삼는다.
				유 래 . 유의어 ➡ 208쪽 참조

속 뜻 억지 변명을 하는 경우.

水	魚	之	交	물과 물고기의 사귐.
물 수	물고기 어	어조사 지	사귈 교	유 래 . 유의어 ➡ 209쪽 참조

속 뜻 서로 뗄 수 없는 친밀한 사이.

水	滴	穿	石	작은 물방울이 바위를 뚫는다.
물 수	방울 적	뚫을 천	돌 석	

속 뜻 작은 노력(努力)이라도 끈기 있게 계속(繼續)하면 큰일을 이룰 수 있음.

守	株	待	兎	그루터기를 지키면서 토끼를 기다림.
지킬 수	그루터기 주	기다릴 대	토끼 토	유 래 . 유의어 ➡ 210쪽 참조

속 뜻 어리석게 한 가지만을 기다리는 융통성 없는 일.

壽	卽	多	辱	오래 살면 욕됨이 많다.
목숨 수	곧 즉	많을 다	욕되게할 욕	유 래 ➡ 212쪽 참조

속 뜻 오래 살다 보면 좋지 않은 일을 많이 겪게 됨.
유의어 다남다구(多男多懼)

隨	處	作	主	머무르는 곳마다 주인이 되라.
따를 수	곳 처	만들 작	주인 주	

속 뜻 수처작주 입처개진(隨處作主 立處皆眞) : 어느 곳에 있든지 주인 된 마음으로 임하면, 바로 그곳이 참된 자리가 된다.

宿	虎	衝	鼻	자는 호랑이 코침 주기.
잘 숙	범 호	찌를 충	코 비	

속 뜻 긁어 부스럼.

脣	亡	齒	寒	입술이 없으면 이가 시리다.
입술 순	잃을 망	이 치	찰 한	유 래, 유의어 ➡ 213쪽 참조

속 뜻 이해관계가 서로 밀접한 사이에 어느 한쪽이 망하면 다른 한쪽도 온전하기 어려움.

是	是	非	非	옳은 것을 옳다 하고, 그른 것을 그르다 함.
이 시	이 시	아닐 비	아닐 비	●是 : 옳을 시, 非 : 그를 비

속 뜻 옳고 그른 것을 분명히 함.

始	終	如	一	처음과 끝이 한결같음.
비로소 시	마칠 종	같을 여	한 일	●始 : 처음 시

속 뜻 처음부터 끝까지 변하지 않고 한결같음.
유의어 始終一貫(시종일관), 初志一貫(초지일관)

食	言	말[言]을 먹는다.
밥 식	말씀 언	**유 래** ➡ 214쪽 참조

속 뜻 한번 입 밖에 낸 말을 도로 입 속에 넣는다는 뜻으로, 약속한 말대로 지키지 아니함을 이르는 말.

識	字	憂	患	글자를 아는 것이 오히려 걱정을 끼침.
알 식	글자 자	근심할 우	근심 환	**유 래** ➡ 215쪽 참조

속 뜻 많이 알고 있으면 쓸데없는 걱정도 그만큼 많다는 뜻.

身	言	書	判	몸가짐, 말씨(언변), 글씨(필적), 판단(문리)하는 힘.
몸 신	말씀 언	글 서	판단할 판	

속 뜻 당나라 때 관리 선발 시험에서 인물 평가 기준으로 삼았던 것.

十	中	八	九	열 중 여덟이나 아홉.
열 십	가운데 중	여덟 팔	아홉 구	

속 뜻 거의 예외 없이 그러할 것이라는 추측.
유의어 十常八九(십상팔구)

雙	鯉	魚	出	잉어 두 마리가 잡힘. (효성이 매 우 두터움.)
두 쌍	잉어 리	물고기 어	날 출	**유 래** ➡ 216쪽 참조

속 뜻 효심이 매우 두터웠던 진(晉)의 왕상(王祥)과 잉어 두 마리에 얽힌 고사에서 유래.

故事成語 유래

四端 (사단)

맹자(孟子)는 이렇게 말하였다.

"사람은 누구나 남에게 차마 하지 못하는 마음이 있다.

선왕이 남에게 차마 하지 못하는 마음이 있어서 곧 남에게 차마 하지 못하는 정사를 하였다. 남에게 차마 하지 못하는 마음을 가지고 남에게 차마 하지 못하는 정치를 행하면 천하를 다스리기는 손바닥 위에 놓고 움직이는 것처럼 쉬울 것이다.

사람이 누구나 남에게 차마 하지 못하는 마음이 있다고 말하는 이유는, 어린아이가 우물에 빠지려고 하는 것을 보면 누구나 깜짝 놀라고 측은히 여기는 마음을 갖게 될 것이다. 이는 어린아이의 부모와 교분을 맺기 위한 것이 아니며, 향당(鄕黨)과 친구들에게 칭찬을 받기 위한 것도 아니며, 그 비난하는 소리가 싫어서 그러는 것도 아니다.

이로 말미암아 본다면, 측은히 여기는 마음이 없으면 사람이 아니며, 부끄러워하는 마음이 없으면 사람이 아니며, 겸손히 사양하는 마음이 없으면 사람이 아니며, 옳고 그름을 가리려는 마음이 없으면 사람이 아니다. 측은히 여기는 마음은 인의 발단이요, 부끄러워하는 마음은 의의 발단이요, 사양하는 마음은 예의 발단이요, 옳고 그름을 가리려는 마음은 지의 발단이다.

사람이 이 사단(四端)을 가지고 있는 것은 마치 사지가 있는 것과 같다."

출 전 <맹자(孟子)> 공손추(公孫丑) 상(上)

四面楚歌(사면초가)

진(秦)나라를 무너뜨린 초패왕(楚霸王) 항우(項羽)와 한왕(漢王) 유방(劉邦)은 홍구[鴻溝, 하남성(河南省)의 가로하(賈魯河)]를 경계로 천하를 양분, 강화하고 5년간에 걸친 패권(覇權) 다툼을 마침내 멈추었다(BC 203).

이것은 힘과 기(氣)에만 의존하다가 범증(范增) 같은 유일한 모신(謀臣)까지 잃고 밀리기 시작한 항우의 휴전 제의를 유방이 받아들였기 때문에 이루어진 일이다.

항우는 곧 초나라의 도읍인 팽성[彭城 : 서주(徐州)]을 향해 철군(撤軍)길에 올랐으나, 서쪽의 한중[漢中 : 섬서성(陝西省)]으로 철수하려던 유방은 참모 장량(張良)과 진평(陣平)의 진언에 따라 말머리를 돌려 항우를 추격했다.

이윽고 해하[垓下 : 안휘성(安徽省)]에 이르러 한신(韓信)이 지휘하는 한나라 대군에게 겹겹이 포위된 초나라 진영(陣營)은 군사의 수효도 격감한데다가 군량마저 떨어져 사기가 형편없이 떨어졌다.

그런데 이게 웬일인가? 한밤중에 '사방에서 초나라 노랫소리[사면초가(四面楚歌)]'가 들려오는 것이 아닌가.

심신이 지칠 대로 지친 초나라 군사들은 전의를 잃고 그리운 고향의 노랫소리에 눈물을 흘리며 다투어 도망을 쳤다.

항복한 초나라 군사들로 하여금 초나라 노래를 부르게 한 한나라의 참모 장량의 작전이 주효(主效)했던 것이다.

항우는 깜짝 놀라서 외치듯 말했다.

"아니, 한나라는 벌써 초나라를 다 차지했단 말인가? 어찌 저토록 초나라 사람들이 많은가?"

이미 끝장이라고 생각한 항우는 결별의 주연(酒宴)을 베풀고는 사랑하는 우미인(虞美人)이 '사면초가(四面楚歌)'의 애절한 노래를 부르자, 비분강개(悲憤慷慨)한 심정을 다음과 같이 읊었다.

힘은 산을 뽑고 기개는 세상을 덮건만, [역발산혜기개세(力拔山兮氣蓋世)]
때가 불리하여 오추마도 달리지 않네. [시불리혜추불서(時不利兮 騅不逝)]
오추마가 달리지 않으니 어찌하랴. [추불서혜가내하(騅不逝兮可奈何)]
우(虞)야 우야, 내 너를 어찌할 거나. [우혜우혜내약하(虞兮虞兮奈若何)]

우희도 이별의 슬픔에 목메어 화답했다. 역발산을 자처하는 천하 장사 항우의 뺨에는 어느덧 몇 줄기의 눈물이 흘렀다. 좌우에 배석한 장수들이 오열(嗚咽)하는 가운데 우희는 마침내 항우의 보검을 뽑아 젖가슴에 꽂고 자결하고 말았다.

출 전 <사기(史記)> '항우본기'

駟不及舌(사불급설)

극자성(棘子成)이 자공(子貢)을 보고 말했다.

"군자는 질(質)만 있으면 그만이다. 문(文)이 무엇 때문에 필요하겠는가?"

그러자 자공이 그의 경솔한 말을 반박했다.

"안타깝도다. 사(駟)도 혀를 미치지 못한다. 문이 질과 같고, 질이 문과 같다면 호랑이나 표범의 가죽이 개나 양의 가죽과 같단 말인가?"

네 마리 말이 끄는 마차도 혓바닥같이 빠르지는 못하다는 말이다. 위에 나온 질(質)은 소박한 인간의 본성을 말하고, 문(文)은 인간만이 가지고 있는 예의범절 등 외면치레를 나타낸다.

출 전 <논어(論語)> 안연편(顔淵篇)

유의어 언비천리(言飛千里 : 발 없는 말이 천리 간다는 뜻),

이속우원(耳屬于垣 : 담에도 귀가 달려 있다는 뜻),

장유이(牆有耳 : 담장에도 귀가 있다는 뜻),

악사천리(惡事千里 : 나쁜 소문은 빨리 퍼진다는 뜻)

射石爲虎(사석위호)

장군이었던 이광(李廣)은 좋은 집안의 자제로서 집안 대대로 전해 내려오는 궁술(弓術)에 남다른 재능을 보였다. 그의 활 쏘는 법은 적이 가까이 다가오는 것을 보고 수십 보 이내라도 명중시킬 수 없다는 판단이 서면 쏘지를 않았는데, 일단 쏘았다 하면 활시위 소리와 동시에 적이 쓰러졌다. 이처럼 그는 일생의 낙을 활쏘기로 삼았다.

하루는 그가 명산(冥山)으로 사냥을 하러 갔는데 풀숲에 호랑이가 자고 있는 것을 보고 급히 화살을 쏘아 맞혔다. 그런데 호랑이는 꼼짝도 하지 않는 것이었다. 이상하게 생각되어 가까이 가보니 호랑이 모양으로 생긴 바위에 화살이 깊숙이 박혀 있었다. 이에 놀란 그는 다시 바위를 향해 화살을 쏘아보았으나 화살이 튕겨져 나왔다고 한다.

출 전 ＜사기(史記)＞ 이광열전(李廣列傳)

蛇足 (사족)

전국시대인 초(楚)나라 회왕(懷王) 때의 이야기이다. 어떤 인색한 사람이 제사를 지낸 뒤 여러 하인들 앞에 술 한 잔을 주면서 나누어 마시라고 했다. 그러자 하인 중 한 명이 이런 제안을 했다.

"여러 사람이 나누어 마신다면 간에 기별도 안 갈 테니, 땅바닥에 뱀을 제일 먼저 그리는 사람이 혼자 다 마시기로 하는 게 어떻겠나?"

"그렇게 하세."

하인들은 모두 찬성하고 제각기 땅바닥에 뱀을 그리기 시작했다. 이윽고 뱀을 다 그린 한 하인이 술잔을 집어 들며 말했다.

"이 술은 내가 마시게 됐네. 어떤가, 멋진 뱀이지? 발도 있고."

그때 막 뱀을 그린 다른 하인이 재빨리 그 술잔을 빼앗아 단숨에 마셔버렸다. 그리고 이렇게 말했다.

"세상에 발 달린 뱀이 어디 있나!"

술잔을 빼앗긴 하인은 공연히 쓸데없는 짓을 했음을 후회했지만 소용이 없었다.

이 '사족'은 제(齊)나라를 방문한 진(秦)나라의 사신 진진(陳軫)이 제나라 민왕의 요청으로, 초나라 재상 소양(昭陽)을 만나 제나라에 대한 공격 계획을 철회하라고 설득할 때 인용한 이야기이다.

출 전 <전국책(戰國策)> 제책(齊策)

四知(사지)

후한(後漢)의 양진(楊震)은 해박한 지식과 청렴결백(淸廉潔白)으로 관서공자(關西公子)라는 칭호를 들었다고 한다. 그가 동래(東萊) 태수로 부임할 때 창읍(昌邑)에서 묵게 되었는데 창읍 현령인 왕밀(王密)이 밤에 찾아와서 황금을 뇌물로 바쳤다. 양진은 좋은 말로 타이르며 거절했다.

"나는 당신을 정직한 사람으로 믿어 왔는데, 당신은 나를 이렇게 대한단 말인가."

왕밀은 "지금은 밤중이라 아무도 아는 사람이 없습니다."라고 하며 재차 황금을 내밀었다.

이에 양진이 나무랐다.

"아무도 모르다니! 하늘이 알고 땅이 알고, 그대가 알고 내가 아는

데 어째서 아는 사람이 없다고 한단 말인가."

여기에서 사지(四知)라는 말이 생겼다고 한다.

출 전 <십팔사략(十八史略)> 양진전(楊震傳)

事親以孝(사친이효)

세속오계(世俗五戒)는 신라 진평왕 때 승려 원광(圓光)이 화랑에게 일러준 다섯 가지 계율이다.

원광이 수(隋)나라에서 구법(求法)하고 귀국한 후, 화랑 귀산(貴山)과 추항(箒項)이 찾아가 일생을 두고 경계할 금언을 청하자, 원광이 이 오계를 주었다고 한다.

이 세속오계는 뒤에 화랑도의 신조가 되어, 화랑도가 크게 발전하고 삼국통일의 기초를 이룩하는 데 크게 기여하였다.

세속오계는 다음과 같다.

事君以忠(사군이충) : 임금을 충으로써 섬겨야 한다.
事親以孝(사친이효) : 부모를 효로써 섬겨야 한다.
交友以信(교우이신) : 벗을 믿음으로써 사귀어야 한다.
臨戰無退(임전무퇴) : 전쟁에 임하여 물러나지 아니한다.
殺生有擇(살생유택) : 살생을 함부로 하지 말아야 한다.

殺身成仁(살신성인)

이 말은 춘추시대 때 '인(仁)'을 이상적 덕목으로 삼는 공자(孔子)의 언행을 수록한 <논어(論語)> 위령공편(衛靈公篇)에 나오는 한 구절이다.

높은 뜻을 지닌 선비와 어진 사람은 [지사인인(志士仁人)]
삶을 구하여 '인(仁)'을 저버리지 않으며 [무구생이해인(無求生以害仁)]
스스로 몸을 죽여서 '인(仁)'을 이룬다. [유살신이성인(有殺身以成仁)]

공자 사상의 중심을 이루는 '인(仁)'의 도는 제자인 증자(曾子)가 <논어(論語)> 이인편(里仁篇)에서 지적했듯이 '충(忠)'과 '서(恕)'에 귀결된다.

출 전 <논어(論語)> 위령공편(衛靈公篇)

유의어 공왈성인(孔曰成仁), 지사인인(志士仁人),
　　　　맹왈취의(孟曰取義) : 맹자가 의를 취하라고 말했다.
　　　　사생취의(捨生取義) : 삶을 버리고 의로움을 취하다.
　　　　명연의경(命緣義輕) : 의에 연연하여 목숨을 가볍게 여기다.
　　　　(의로움을 위해서는 생명도 아끼지 않는다.)

三顧草廬(삼고초려)

　후한(後漢) 말엽, 유비(劉備, 자는 현덕(玄德), 161～223)는 관우(關羽, 자는 운장(雲長), ?～219), 장비(張飛, 자는 익덕(益德), ?～221)와 의형제를 맺고 한실(漢室) 부흥을 위해 군사를 일으켰다.
　그러나 군기를 잡고 계책을 세워 전군(全軍)을 통솔할 군사(軍師)가 없어 늘 조조군(曹操軍)에게 고전을 면치 못했다.
　어느 날 유비가 은사(隱士)인 사마휘(司馬徽)에게 군사(軍師)를 천거해 달라고 청하자, 그는 이렇게 말했다.
　"복룡(伏龍)이나 봉추(鳳雛) 중 한 사람만 얻으시오."
　"대체 복룡(伏龍)은 누구고, 봉추(鳳雛)는 누구입니까?"
　그러자 사마휘는 말끝을 흐린 채 대답하지 않았다.
　그 후 제갈량(諸葛亮, 자는 공명(孔明), 181～234)이 복룡인 것을 안 유비는 즉시 수레에 예물을 싣고 양양(襄陽) 땅에 있는 제갈량의 초가집을 찾아갔다.
　그러나 제갈량은 집에 없었다. 며칠 후 또 찾아갔으나 역시 출타하고 없었다.
　"전번에 다시 오겠다고 했는데…… 이거 너무 무례하지 않습니까? 듣자니 그자는 아직 나이도 젊은 새파란 애송이라던데……."
　"그까짓 제갈공명이 뭔데. 형님, 이젠 다시 찾아오지 마십시다."
　마침내 수행했던 관우와 장비의 불평이 터지고 말았다.
　"다음엔 너희들은 따라오지 말거라."
　관우와 장비가 극구 만류하는데도 유비는 단념하지 않고 세 번째 방문길에 나섰다.

그 열의에 감동한 제갈량은 마침내 유비의 군사(軍師)가 되어 적벽
대전(赤壁大戰)에서 조조의 100만 대군을 격파하는 등 많은 전공을
세웠다.

그리고 유비는 그 후 제갈량의 헌책에 따라 위(魏)나라의 조조,
오(吳)나라의 손권(孫權)과 더불어 천하를 삼분(三分)하고 한실(漢
室)의 맥을 잇는 촉한(蜀漢)을 세워 황제(皇帝 소열제(昭烈帝), 221~
223)라 일컬었으며, 지략과 식견이 뛰어나고 충의심이 강한 제갈량
은 재상이 되어 후주(後主) 유선 때까지 2조(二朝)를 섬김으로써
후세에 충신의 대표적인 표상이 되었다.

　출 전　<삼국지(三國志)> 촉지(蜀志)

三馬太守(삼마태수)

한 고을의 수령이 부임지로 나갈 때나 임기가 끝날 때, 그 고을에서
가장 좋은 말 여덟 마리를 감사의 표시로 바치는 것이 관례로 되어
있었다.

그런데 조선 중종 때 송흠(宋欽)이라는 이는 새로 부임해 갈 때
세 마리의 말만 받았다고 한다. 본인이 탈 말 한 필과 어머니와 아내가
탈 말 각각 한 필, 이렇게 세 필만 받았다 하여 그 당시 사람들은
송흠을 삼마태수라 불렀으며, 이는 곧 청백리를 가리킨다.

참고로, 고려 충렬왕 때는 임기가 끝나는 부사에게 일곱 필의 말을

바치는 법이 있었다. 그런데 승평(지금의 순천) 부사 최석은 일곱 마리의 말을 받지 않은 것은 물론이고, 애초 바치려던 말 한 마리가 망아지를 낳자 여덟 마리의 말을 승평고을 백성들에게 돌려주었다.

이에 부민들이 최석의 뜻을 기려 비를 세웠는데 바로 팔마비(八馬碑)이다. 지금도 순천은 팔마의 고장이라 불리며, 청백리 고장으로서의 자부심이 대단하다.

조선조에 와서는 맹사성이 말 대신 소를 타고 공무를 수행하여 청백리로서의 명성이 자자했다.

三人成虎(삼인성호)

전국시대, 위나라 혜왕(惠王) 때의 일이다.

태자와 중신 방총이 볼모[인질(人質)]로서 조(趙)나라의 도읍 한단(邯鄲)으로 가게 되었다. 출발을 며칠 앞둔 어느 날, 방총이 심각한 얼굴로 혜왕에게 이렇게 물었다.

"전하, 지금 누가 저잣거리에 호랑이가 나타났다고 한다면 전하께서는 믿으시겠나이까?"

"누가 그런 말을 믿겠소."

"하오면, 두 사람이 똑같이 저잣거리에 호랑이가 나타났다고 한다면 어찌하시겠나이까?"

"역시 믿지 않을 것이오."

"만약, 세 사람이 똑같이 아뢴다면 그땐 믿으시겠나이까?"

"그땐 믿을 것이오."

"전하, 저잣거리에 호랑이가 나타날 수 없다는 것은 불을 보듯 명백한 사실이옵니다. 하오나 세 사람이 똑같이 아뢴다면 저잣거리에 호랑이가 나타난 것이 되옵니다. 신은 이제 한단으로 가게 되었사옵니다. 한단은 위나라에서 저잣거리보다 억만 배나 멀리 떨어져 있사옵니다. 게다가 신이 떠난 뒤 신에 대해서 참언(讒言)을 하는 자가 비단 세 사람만은 아닐 것이옵니다. 전하, 바라옵건대 그들이 저에 대해서 하는 헛된 말을 귀담아 듣지 마시옵소서."

"염려 마오. 누가 무슨 말을 하든 과인은 두 눈으로 본 것이 아니면 믿지 않을 것이오."

그런데 방총이 한단으로 떠나자마자 혜왕에게 참언을 하는 사람들이 있었다. 그 후 세월이 흘러 태자는 볼모의 처지에서 풀려나 귀국했으나, 사람들의 참언을 들은 혜왕에게 의심을 받은 방총은 끝내 귀국할 수 없었다고 한다.

출 전 〈한비자(韓非子)〉 내외저설(內外儲設),
〈전국책(戰國策)〉 혜왕(惠王)

유의어 시호(市虎), 시유호(市有虎), 시호삼전(市虎三傳),
삼인언이성호(三人言而成虎)

三遷之敎(삼천지교)

맹자(孟子)는 전국시대 유학자(儒學者)의 중심인물로서, 성인(聖人) 공자에 버금가는 아성(亞聖)이다.

하지만 공자처럼 생이지지(生而知之)했다고 추앙되지도 않았고, 석가모니처럼 태어나자마자 걸음을 걸으며 천상천하 유아독존(天上天下唯我獨存)이라고 했다는 신화도 가지고 있지 않다.

독학자였던 맹자의 노력과 의지도 남다르지만, 무엇보다도 교육환경이 중요하다는 것을 알고 있는 그의 어머니는 넉넉지 않은 형편임에도 불구하고 아들의 교육을 위해 세 번씩이나 이사를 했다.

처음에 맹자의 어머니는 묘지 근처에 살고 있었는데, 어린 맹자가 묘지를 파거나 장례 지내는 흉내를 내며 놀자 교육상 좋지 않다고 생각하여 시장 근처로 이사했다. 그런데 이번에는 맹자가 물건을 팔고 사는 장사꾼 흉내를 내자, 이곳 역시 안 되겠다고 판단하고 서당 근처로 이사했다. 그러자 맹자는 제구를 늘어놓고 제사 지내는 흉내를 내며 놀았다. 서당에서는 유교에서 가장 중히 여기는 예절을 가르치고 있었기 때문이다.

맹자 어머니는 '이런 곳이야말로 자식을 기르는 데 더할 나위 없이 좋은 곳이다.' 하며 비로소 만족했다.

출 전 <열녀전(列女傳)> 모의(母儀)

유의어 맹모삼천지교(孟母三遷之敎), 현모지교(賢母之敎),
　　　　 맹모단기지교(孟母斷機之敎)

傷弓之鳥(상궁지조)

　전국(戰國)시대 말엽 여섯 나라가 합종(合縱)하여 강대국 진(秦)나라와 대치하고 있을 때의 일이다. 조(趙)나라 왕은 위가(魏加)라는 신하를 초(楚)나라에 보내어 초나라 승상 춘신군(春申君)과 군사문제에 대한 협의를 하게 했다.

　춘신군을 만난 위가는 이렇게 물어보았다.

　"귀국에는 쓸 만한 장군이 있습니까?"

　"있고말고요. 우리는 임무군(臨武君)을 총지휘관으로 내정하고 있지요."

　이 말을 들은 위가는 그건 가당치 않다고 생각했다. 왜냐하면 임무군은 진나라와 싸워 참패한 적이 있는데, 그로 인해 아직까지도 진나라를 두려워한다는 소문을 듣고 있었기 때문이었다.

　그러나 위가는 표정을 바꾸지 않고 넌지시 말했다.

　"그렇습니까. 제가 한 명궁의 비유를 통해 말씀을 좀 드리도록 하겠습니다. 옛날 위나라에 경영이라는 명궁(明弓)이 있었습니다. 어느 날 임금과 같이 있을 때 기러기 한 떼가 날아가는 것을 보고는 화살을 메기지 않은 채 시위를 당겼답니다. 그런데 맨 뒤에 날아가던 기러기 한 마리가 땅에 떨어졌습니다.

　눈이 휘둥그레진 임금이 어떻게 된 일인지를 묻자 명궁의 대답은 이랬습니다. '떨어진 놈은 전에 저의 화살을 맞아 다친 적이 있는 기러기(傷弓之鳥)입니다. 그때의 상처가 아물지 않았기 때문에 우는 소리가 유난히 슬펐고, 맨 뒤에서 가까스로 따라가고 있었던 겁니다.

제가 시위만 당겼는데도 그 소리에 놀라 높이 날려다가 상처가 터져서 떨어진 겁니다.'

그러니까 진나라에 혼이 난 적이 있는 임무군을 진나라에 대항해 싸우는 장군으로 기용하는 건 적절치 못한 것 같군요."

출 전 <전국책(戰國策)>

桑田碧海(상전벽해)

마고가 왕방평에게 이렇게 물었다.

"스스로 모신 이래로 동해가 세 번 뽕나무 밭으로 변하는 것을 보았는데, 이번에 봉래에 이르니 물이 곧 갈 때보다 얕아져 대략 반쯤이었습니다. 다시 언덕이 되려는 것입니까?"

이에 왕방평이 대답했다.

"동해가 다시 흙먼지를 일으킬 뿐이다."

출 전 유정지(劉廷芝)의 시(詩) '대비백발옹(代悲白髮翁)'

塞翁之馬(새옹지마)

옛날 중국 북방의 요새(要塞) 근처에 점을 잘 치는 한 노옹(老翁)이 살고 있었는데, 어느 날 이 노옹의 말[마(馬)]이 고삐를 풀고 오랑캐 땅으로 달아나버렸다.

마을사람들이 이를 위로하자, 노옹은 조금도 애석한 기색 없이 태연하게 말했다.

"누가 아오? 이 일이 복(福)이 될는지?"

몇 달이 지난 어느 날, 그 말이 오랑캐의 준마(駿馬)를 데리고 돌아왔다. 마을사람들이 이를 치하(致賀)하자, 노옹은 조금도 기쁜 기색 없이 태연하게 말했다.

"누가 아오? 이 일이 화(禍)가 될는지?"

그런데 어느 날, 말 타기를 좋아하는 노옹의 아들이 그 오랑캐의 준마를 타다가 떨어져 다리가 부러졌다. 마을사람들이 이를 위로하자, 노옹은 조금도 슬픈 기색 없이 태연하게 말했다.

"누가 아오? 이 일이 복이 될는지?"

그로부터 1년이 지난 어느 날 오랑캐가 대거 침입해 오자, 마을 장정들은 이를 맞아 싸우다가 모두 전사(戰死)했다. 그러나 노옹의 아들만은 절름발이었기 때문에 전장에 나서지 않아 무사했다.

이처럼 인간세상에서는 복(福)이 화(禍)가 되고 화(禍)가 복(福)이 되는 일이 비일비재하다. 따라서 인간의 짧은 생각으로는 그러한 변화를 측량할 길이 없는 것이다.

원래의 말은 '인간만사 새옹지마(人間萬事塞翁之馬)'이다.

출 전 <회남자(淮南子)> 인간훈편(人間訓篇)

유의어 새옹득실(塞翁得失), 새옹화복(塞翁禍福),

고진감래(苦盡甘來) : 쓴 것이 다하면 단것이 온다.

영고성쇠(榮枯盛衰) : 인생은 번성하기도 하고 쇠퇴하기도 한다.

길흉화복(吉凶禍福) : 길흉과 화복, 즉 사람의 운수를 뜻함.

전화위복(轉禍爲福) : 화가 바뀌어 복이 됨.

先則制人(선즉제인)

진(秦)나라 2세 황제 원년(元年, BC 209)의 일이다.

진시황(秦始皇) 이래 계속되는 폭정에 항거하여 여러 곳에서 크고 작은 반진(反秦) 세력들이 규합하는 사이 강동(江東)의 회계군수(會稽君守) 은통(殷通)은 군도(郡都) 오중[吳中 : 강소성 오현(江蘇省吳縣)]의 유력자인 항량(項梁)을 불러 거병을 의논했다.

항량은 진나라 군사에게 패사(敗死)한 옛 초(楚)나라 명장이었던 항연(項燕)의 아들인데, 고향에서 살인을 하고 조카인 적[籍, 항우(項羽)의 이름]과 함께 오중으로 도망온 뒤 타고난 통솔력을 십분 발휘하여 곧 오중의 실력자가 된 젊은이다.

"지금 강서 지방에서는 모두들 진나라에 반기를 들었는데, 이는 하늘이 진나라를 멸망코자 하는 시운(時運)이 되었기 때문이오. 내가 듣건대 '선손을 쓰면 남을 제압할 수 있고[선즉제인(先則制人)], 뒤지면 남에게 제압당한다[후즉인제(後則人制)].'고 했소. 그래서 나는 그대와 환초를 장군으로 삼아 군사를 일으킬까 하오."

은통은 오중의 실력자일 뿐더러 병법에도 밝은 항량을 이용하여 출세의 실마리를 잡아볼 속셈이었으나 항량은 그보다 한 수 위였다.

"거병하려면 우선 환초부터 찾아야 하는데, 그의 행방을 알고 있는 자는 오직 제 조카인 적뿐입니다. 그러니 지금 밖에 와 있는 그에게 환초를 불러오라고 하명하시지요."

"그럽시다. 그럼 그를 들라 하시오."

항량은 대기하고 있는 항우에게 다가가 귀엣말로 일렀다.

"내가 눈짓을 하거든 지체 없이 은통의 목을 치도록 하라."

항우를 데리고 방에 들어온 항량은 항우가 은통에게 인사를 마치고 자기를 쳐다보는 순간 눈짓을 했다. 항우는 칼을 빼자마자 비호같이 달려들어 은통의 목을 쳤다. 항량과 항우가 은통에 앞서 '선즉제인'을 몸소 실행한 것이다.

출 전 <사기(史記)> 항우본기(項羽本記),
<한서(漢書)> 항적전(項籍專)

束脩之禮(속수지례)

공자(孔子)가 말했다.

"자행속수지이상 오미상무회언(自行束修之以上 吾未嘗無誨焉 : 속수 이상의 예를 행한 자에게 내 일찍이 가르쳐주지 않은 바가 없었다.)."

속수(束修)는 열 조각의 마른 고기로, 예물 가운데 가장 약소한 것이다. 공자는 모든 가르침은 예(禮)에서 시작된다고 보았다. 따라서 제자들에게 가장 작은 선물인 속수 이상의 예물을 가지고 오도록 함으로써 제자의 예를 지키도록 하였다.

여기에서 '속수지례'란 제자가 되기 위하여 스승을 처음 뵈올 때에 드리는 예물을 일컫는 말이 되었다.

출 전 <논어(論語)> 술이편(述而篇)

首丘初心(수구초심)

문왕(文王)과 무왕(武王)을 도와 은(殷)나라를 멸하고 주(周)나라를 일으킨 여상(呂尙) 태공망(太公望)은 제(齊)나라에 있는 영구(營丘)에 봉해졌는데, 계속해서 다섯 대(代)에 이르기까지 주(周)의 호경(鎬京)에 반장(反葬)했다.

군자께서 이르시기를, 음악은 자연적으로 발생하는 바를 즐기며 예(禮)란 그 근본을 잊어서는 안 되는 것이다.

옛사람이 이르되, 여우가 죽을 때에 머리를 자기가 살던 굴 쪽으로 바르게 향하는 것 또한 인(仁)이라고 하였다.

출 전 <예기(禮記)> 단궁상편(檀弓上篇)

漱石枕流(수석침류)

진(晉, 265~317)나라 초엽, 풍익 태수(馮翊太守)를 지낸 손초(孫楚)가 벼슬길에 나가기 전에 있었던 일이다. 당시에는 속세의 도덕 명문(名聞)을 경시하고 노장(老莊)의 철리(哲理)를 중히 여겨 담론하는, 이른바 청담(淸談)이 사대부 간에 유행했다.

손초도 죽림칠현(竹林七賢)처럼 속세를 떠나 산림에 은거하기로 작정했다. 그리고 어느 날, 친구인 왕제(王濟)에게 흉금을 털어놓았다.

그런데 이때 '돌을 베개 삼아 눕고, 흐르는 물로 양치질한다[침석수류(枕石漱流)].'고 해야 할 것을, '돌로 양치질하고, 흐르는 물을 베개로 삼는다[수석침류(漱石枕流)].'고 잘못해서 반대로 말했다.

왕제가 웃으며 실언임을 지적하자, 자존심이 강한데다 문재(文才)까지 뛰어난 손초는 서슴없이 이렇게 강변했다.

"흐르는 물을 베개로 삼겠다는 것은 옛날 은사(隱士)인 허유(許由)처럼 쓸데없는 말을 듣게 되면 귀를 씻기 위함이고, 돌로 양치질을 한다는 것은 이를 닦기 위해서라네."

출 전 <진서(晉書)> 손초전(孫楚專)

유의어 침류수석(枕流漱石), 견강부회(牽强附會),
아전인수(我田引水), 추주어륙(推舟於陸), 궤변(詭辯)

水魚之交 (수어지교)

유비에게는 관우와 장비 같은 용장이 있었지만, 천하의 계교를 세울 만한 지략이 뛰어난 모사(謀士)가 없었다. 이러한 때에 제갈공명(諸葛孔明)과 같은 사람을 얻었으므로, 유비의 기쁨은 몹시 컸다.

제갈공명은 금후(今後)에 취해야 할 방침으로 형주(荊州)와 익주(益州)를 눌러서 그곳을 근거지로 할 것, 서쪽과 남쪽의 이민족을 어루만져 뒤의 근심을 끊을 것, 내정을 다스려 부국강병(富國强兵)의 실리를 올릴 것, 손권과 결탁하여 조조를 고립시킨 후 시기를 보아 조조를 토벌할 것 등의 천하 평정 계책을 말했다. 유비는 이 말을 듣고 그 계책에 전적으로 찬성하여 그 실현에 힘을 다하게 되었다.

유비가 제갈공명을 절대적으로 신뢰함에 따라 두 사람의 교분은 날이 갈수록 친밀해졌다. 관우와 장비는 이에 불만을 품게 되었다. 새로 들어온 젊은 제갈공명(당시 공명의 나이는 28세)만 중하게 여기고 자기들은 가볍게 취급하는 줄로만 생각했기 때문이다.

일이 이리 되자, 유비는 관우와 장비를 위로하며 이렇게 말했다. "내가 제갈공명을 얻은 것은 마치 물고기가 물을 얻은 것과 같다. 즉 나와 제갈공명은 물고기와 물과 같은 사이이다. 아무 말도 하지 말기를 바란다."

이렇게 말하자, 관우와 장비는 유비와 제갈공명의 교분에 대해 더 이상 불만을 표시하지 않게 되었다.

출 전 <삼국지(三國志)> 촉지(蜀志), 제갈량전(諸葛亮傳)

유의어 어수지친(魚水之親), 유어유수(猶魚有水),
풍운지회(風雲之會) : 구름이 용을 만나고 바람이 범을 만났다는 뜻으로, 명군(明君)과 현상(賢相)이 서로 만나다.

守株待兎 (수주대토)

송(宋)나라의 어떤 농부가 밭을 갈고 있는데, 갑자기 토끼 한 마리가 뛰어오더니 밭 한가운데 있는 그루터기에 부딪쳐 목이 부러져 죽고 말았다.

덕분에 토끼 한 마리를 공짜로 얻은 농부는 농사일보다 토끼를 잡으면 더 수지가 맞겠다고 생각하고는, 농사일을 집어치운 채 매일 밭두둑에 앉아 그루터기를 지켰다. 그러나 토끼가 그곳에 두 번 다시 나타나지 않아 농부는 사람들의 웃음거리가 되었으며, 밭에는 잡초가 무성하게 자라 농사까지 망쳐버렸다.

한비자(韓非子)는 요순(堯舜)을 이상으로 하는 왕도(王道)정치는 시대에 뒤떨어진 생각이라고 주장하면서, 이 수주대토(守株待兎)의 비유를 들었다.

한비자는 시대의 변천은 돌고 도는 것이 아니라 진화하는 것이라 보고 복고주의(復古主義)는 진화에 역행하는 어리석은 착각이라고 주장했다. 그리하여 한비자는 낡은 관습만을 고집하면서 새로운 시대에 순응할 줄 모르는 사상 또는 사람에게 이 수주대토(守株待兎)의 비유를 적용했다.

출 전 〈한비자(韓非子)〉 오두편(五蠹篇)

유의어 각주구검(刻舟求劍), 교주고슬(膠柱鼓瑟),
묵성지수(墨城之守) : 묵자가 성을 지키는데 조금도 굴하지 않았다. (너무 완고하여 변통할 줄 모르거나 자기의 의견이나 주장을 끝까지 밀고 나가는 것을 말한다.)

壽則多辱(수즉다욕)

요(堯)임금이 화주(華州)에 갔을 때 국경을 지키는 하급관리가 공손히 머리를 숙이며 "성인이시여, 만수무강하시옵소서." 하고 말했다. 요임금은 "사양하겠소." 하였다.

"그러면 부자가 되시옵소서." 하자, 요임금은 다시 사양하였다.

"그러면 아들을 많이 두소서." 하자, 요임금은 그것도 사양하였다. 관리가 그 이유를 묻자 요임금은 이렇게 말했다.

다남자즉다구(多男子卽多懼 : 아들이 많으면 못난 아들도 있어 걱정의 씨앗이 되고)
부즉다사(富卽多事 : 부자가 되면 쓸데없는 일이 많아져 번거롭고)
수즉다욕(壽卽多辱 : 오래 살면 욕된 일이 많은 법이네.)

이 말을 들은 관원은 "요임금이 성인인 줄 알았더니 군자 정도밖에 안 되는 인물이구려. 아들이 많으면 각기 분에 맞는 일을 시키고, 재산이 많으면 나누어주고, 장수하여 천세가 되어 세상이 싫어지면 선인이 되어 상제가 계신 곳에 이르면 될 것 아니오." 하고 말하고는 가버렸다.

<u>출 전</u> <장자(莊子)> 천지편(天地篇)

脣亡齒寒(순망치한)

춘추시대 말엽(BC 655), 오패(五覇)의 한 사람인 진(晉)나라 문공(文公)의 아버지 헌공(獻公)이 괵나라와 우(虞)나라를 공략할 때의 일이다.

괵나라를 치기로 결심한 헌공은 진나라와 괵나라의 중간에 위치한 우나라의 우공(虞公)에게 그곳을 지나도록 허락해 주면 많은 재보(財寶)를 주겠다고 제의했다.

우공이 이 제의를 수락하려 하자, 중신 궁지기(宮之奇)가 극구 간청했다.

"전하, 괵나라와 우나라는 한 몸이나 다름없는 사이입니다. 괵나라가 망하면 우나라도 망할 것이옵니다. 옛 속담에도 '덧방나무와 수레는 서로 의지하고[보거상의(輔車相依)], 입술이 없으면 이가 시리다[순망치한(脣亡齒寒)].'란 말이 있사온데, 이는 곧 괵나라와 우나라 경우도 마찬가지이옵니다. 그런 가까운 사이인 괵나라를 치려는 진나라에 길을 빌려준다는 것은 언어도단(言語道斷)이옵니다."

"경은 진나라를 오해하고 있는 것 같소. 진나라와 우리 우나라는 모두 주 황실(周 皇室)에서 갈라져 나온 동종(同宗)의 나라가 아니오? 그러니 해(害)를 줄 리가 있겠소?"

"괵나라 역시 동종이옵니다. 그러하오나 진나라는 동종의 정리(情理)를 잃은 지 오래이옵니다. 예컨대 지난날 진나라는 종친(宗親)인 제(齊)나라 환공(桓公)과 초(楚)나라 장공(莊公)의 겨레붙이까지 죽인 일도 있지 않사옵니까? 전하, 그런 무도한 진나라를 믿어선 아니

되옵니다."

그러나 재보에 눈이 먼 우공은 결국 진나라에 길을 내주고 말았다. 그러자 궁지기는 화(禍)가 미칠 것을 두려워하여 일가권속(一家眷屬)을 이끌고 우나라를 떠났다.

그해 12월, 괵나라를 멸하고 돌아가던 진나라 군사는 궁지기의 예언대로 단숨에 우나라를 공략하고 우공을 포로로 잡아갔다.

출 전 <춘추좌씨전(春秋左氏傳)> 희공5년조(僖公五年條)

유의어 순치보거(脣齒輔車), 순치지국(脣齒之國),

　　　　순치지세(脣齒之勢)

　　　　보거상의(輔車相依) : '輔'는 수레의 양쪽 변죽에 대는 나무.

　　　　'車'는 수레를 일컬음.

　　　　조지양익(鳥之兩翼), 거지양륜(車之兩輪)

食言(식언)

은(殷)나라 탕왕(湯王)이 하(夏)나라 걸왕(桀王)을 치기 위해 군사를 일으켰을 때 모든 사람들에게 다음처럼 맹세하였다.

"고하노니 그대들이여, 모두 짐의 말을 들으라. 결코 내가 경술하게 감히 난을 일으키는 것이 아니라, 하나라의 죄가 크기에 하늘이 나에게 명하여 그를 멸하도록 한 것이다.

이제 그대들은 말하기를 '우리 임금이 우리들을 가엾게 여기지 않으며 우리들의 농사를 그르치게 하고, 하나라를 치게 한다.'라고 한다. 나도 그대들의 말을 들었다.

그러나 하나라의 왕이 죄를 지은 이상 나는 하늘이 두려워 감히 정벌하지 않을 수 없다.

이제 그대들은 '하나라의 죄가 무엇이냐?'고 물을 것이다. 하의 걸왕은 모든 사람의 힘을 고갈시키고 하나라를 해치기만 하였다. 이에 모든 사람들은 게을러지고 걸왕과 화합하지 못하게 되어 말하기를 '이 해가 언제 망할 것인가. 내 너와 함께 망했으면 한다.'고 하였다.

하왕의 덕이 이와 같으니 이제 나도 반드시 가서 정벌해야 하겠다. 바라건대 그대들은 오로지 나를 보필하여 하늘의 벌을 이루도록 하라. 내 그대들에게 크게 상을 내리리라. 그대들은 이 말을 불신하지 마라. 나는 말을 먹지 않는다."

여기에서 '말을 먹는다.'는 것은 결국 '약속한 말을 지키지 않는다.'는 뜻으로 쓰인 것이다.

출 전 <서경(書經)> 탕서(湯誓)

識字憂患(식자우환)

유비에게 제갈량을 소개했던 서서(徐庶)가 유비의 군사로 있으면서 조조를 많이 괴롭혔다.

조조는 모사꾼인 정욱의 계략에 따라 서서가 효자라는 것을 알고 그의 어머니를 이용하여 그를 끌어들일 계획을 세웠다. 서서의 어머니 위부인은 학식이 높고 의리가 투철한 여장부로 서서에게 현군을 섬기도록 격려하였다. 그러나 조조는 위부인의 글씨를 모방한 거짓 편지를 써서 서서를 자기편으로 끌어들였다.

나중에 위부인은 서서가 조조의 진영으로 간 것이 자기에 대한 아들의 효심과 거짓편지 때문이었다는 것을 알고 "여자가 글씨를 안다는 것부터가 걱정을 낳게 한 근본 원인이다(女子識字憂患)."라 며 한탄하였다.

소동파의 시에 "인생은 글자를 알 때부터 우환이 시작된다(人生識 字憂患始)."라는 구절도 있다. 너무 많이 알기 때문에 쓸데없는 근심 도 그만큼 많이 하게 되는 것, 또는 어쭙잖은 지식 때문에 일을 망치는 것을 뜻하는 말로 쓰인다.

한국 속담에 '아는 것이 병이다.'라는 말과 같은 뜻이다.

출 전 <삼국지연의(三國志演義)>

雙鯉魚出 (쌍리어출)

중국 진(晋)나라 사람 왕상(王祥)의 효성은 모르는 사람이 없을 정도로 지극했다.

일찍이 몸이 편찮은 그의 어머니가 겨울에 잉어가 먹고 싶다고 하였다. 날이 추워서 강이 얼었기 때문에, 왕상은 옷을 벗고 강의 얼음을 깨고 들어가려 하였다. 그러자 문득 얼음이 깨지면서 잉어 두 마리가 튀어나왔다고 한다.

이를 가리켜 세간에서는 흔히 '왕상(王祥)의 잉어'라는 표현을 쓰기도 한다.

　또한 왕상의 어머니가 참새구이를 먹고 싶다고 했을 때는 참새 수십 마리가 그의 방으로 날아들어, 이것으로 어머니께 봉양할 수 있었다고 한다.

　출　전　<소학(小學)>

阿	鼻	叫	喚	아비지옥과 규환지옥을 아울러 이르는 말.
언덕 아	코 비	울부짖을 규	부를 환	

속 뜻 여러 사람이 비참한 지경에 빠져 울부짖는 참상을 비유적으로 이르는 말.

阿	修	羅	場	싸움 따위로 혼잡하고 어지러운 상태에 빠지는 것.
언덕 아	닦을 수	비단 라	마당 장	**유 래** ➡ 237쪽 참조

속 뜻 끔찍하게 흐트러진 현장.
'阿修羅'는 산스크리트 'asura'의 음역(音譯)이다.

我	田	引	水	내 밭에 물을 끌어옴.
나 아	밭 전	당길 인	물 수	

속 뜻 자기에게 유리하게 행동함.

安	貧	樂	道	가난한 처지를 편안히 여기고 도를 지켜 즐김.
편안 안	가난 빈	즐거울 락(낙)	길 도	●道 : 도리 도

속 뜻 가난한 생활 가운데서도 편안한 마음으로 도를 즐김.

雁	書	철따라 이동하는 기러기가 먼 곳에 소식을 전한다.
기러기 안	글 서	●書 : 편지 서

유래 ➡ 238쪽 참조

속 뜻 편지를 일컫는 말.
유의어 안찰(雁札), 안신(雁信), 안백(雁帛)

眼	下	無	人	눈 아래 보이는 사람이 없다.
눈 안	아래 하	없을 무	사람 인	

속 뜻 사람을 업신여겨 행동이 거만함.

愛	人	如	己	남을 사랑하기를 제 몸같이 함.
사랑 애	사람 인	같을 여	몸 기	

속 뜻 남을 자기 몸같이 아끼고 사랑함.

愛	之	重	之	(그것을) 매우 사랑하고 (그것을) 소중히 여김.
사랑 애	어조사 지	무거울 중	어조사 지	●重 : 중요할 중 ●之 : 그것 지

속 뜻 어떤 사람이나 물건을 무척 아끼고 소중히 여김.

野	壇	法	席	야외에서 크게 베푸는 설법의 자리.
들 야	단 단	법 법	자리 석	

속 뜻 떠들썩하고 시끄러운 모습.
법석(法席)은 원래 불교 용어로, '법회석중(法會席中)'의 준말.

藥	房	甘	草	약방의 감초.
약 약	방 방	달 감	풀 초	

속 뜻 아무 일에나 빠짐없이 꼭 끼어듦.

良	禽	擇	木	좋은 새는 나무를 가려서 둥지를 튼다. ●良 : 좋을 량
어질 량(양)	새 금	가릴 택	나무 목	

속 뜻 현명한 사람은 자기 재능을 키워줄 훌륭한 사람을 잘 택하여 섬긴다는 뜻.

羊	頭	狗	肉	양 머리에 개의 고기.
양 양	머리 두	개 구	고기 육	**유 래** . **유의어** ➡ 240쪽 참조

속 뜻 밖에는 양머리를 걸어놓고 안에서는 개고기를 팔듯이 겉과 속이 다름.

梁	上	君	子	대들보 위의 군자. ●君 : 군자 군, 子 : 사람 자
들보 량(양)	위 상	임금 군	아들 자	**유 래** ➡ 241쪽 참조

속 뜻 도둑을 일컫는 말.

良	藥	苦	口	좋은 약은 입에 쓰다. ●良 : 좋을 량
어질 량(양)	약 약	쓸 고	입 구	

속 뜻 충고하는 말은 듣기에 거북하지만, 행함에 이롭다.

魚	頭	肉	尾	물고기 머리와 소의 꼬리.
물고기 어	머리 두	고기 육	꼬리 미	
속뜻 물고기와 소의 맛있는 부위를 뜻함.				

漁	父	之	利	어부의 이익(둘이 다투고 있는 사이에 엉뚱한 사람이 이득을 봄).
고기잡을 어	아비 부	어조사 지	이로울 리	유 래 , 유의어 ➡ 242쪽 참조
속뜻 도요새와 조개가 싸우는 도중에 어부가 둘을 다 잡았다는 고사에서 유래.				

於	異	阿	異	'어' 다르고 '아' 다르다.
어조사 어	다를 이	언덕 아	다를 이	
속뜻 말을 하더라도 어떻게 표현하는가에 따라 상대가 받아들이는 기분이 다를 수 있다.				

億	兆	蒼	生	수많은 백성.
억 억	일조 조	푸를 창	날 생	
속뜻 온 세상사람.				

言	中	有	骨	말 속에 뼈가 있다.
말씀 언	가운데 중	있을 유	뼈 골	
속뜻 지나치며 하는 말인 듯하지만, 사실은 그 가운데 중요한 속뜻이 있는 경우.				

餘	桃	之	罪	'먹다 남은 복숭아를 먹인 죄'란 뜻.
남을 여	복숭아 도	어조사 지	허물 죄	유 래 ➡ 243쪽 참조

속 뜻 지나친 총애가 도리어 큰 죄의 원인으로 변할 수 있다는 경고의 의미.
유의어 여도담군(餘桃啗君)

與	民	同	樂	백성과 더불어 즐거움을 같이함.
더불 여	백성 민	한가지 동	즐거울 락	

속 뜻 임금이 백성과 함께 즐김.

與	虎	謀	皮	호랑이와 호랑이 가죽을 구할 일을 도모하다.
더불 여	범 호	꾀할 모	가죽 피	유 래 , 유의어 ➡ 244쪽 참조

속 뜻 이해가 상충하는 사람하고 의논하면 일이 결코 이루어지지 않음을 비유해 이르는 말.

逆	鱗	용의 턱 아래에 거꾸로 난 비늘.
거스를 역	비늘 린	유 래 ➡ 245쪽 참조

속 뜻 ① 군주의 노여움을 비유하는 말.
② 군주의 허약한 곳을 건드려 노여움을 사는 것.

易	地	思	之	처지를 바꾸어 생각함.
바꿀 역	땅 지	생각 사	어조사 지	●地 : 처지 지

속 뜻 상대편의 처지에서 생각해 봄.

年	年	歲	歲	매년(每年), 해마다.
해년(연)	해 년	해 세	해 세	

속 뜻 '매년'을 힘주어 이름.

緣	木	求	魚	나무에 올라가서 물고기를 구함.
인연 연	나무 목	구할 구	물고기 어	**유 래**, **유의어** ➡ 245쪽 참조

속 뜻 도저히 불가능한 일을 굳이 하려고 함.

榮	枯	盛	衰	영화롭고 마르고 성하고 쇠함.
영화 영	마를 고	성할 성	쇠할 쇠	

속 뜻 성하고 쇠함이 자꾸 반복됨.

禮	儀	相	先	예의를 서로 먼저 지키려고 함.
예도 예	거동 의	서로 상	먼저 선	

속 뜻 스승과 학생 사이엔 마땅히 예의를 앞세워야 한다.

五	里	霧	中	사방 오리에 안개가 덮여 있는 속. ●里 : 거리 리
다섯 오	마을 리	안개 무	가운데 중	**유 래** ➡ 247쪽 참조

속 뜻 사물의 행방이나 사태의 추이를 알 수 없는 것.
유의어 미궁(迷宮)

五	餠	二	魚	떡 5개와 물고기 2마리.
다섯 오	떡 병	두 이	고기 어	

속 뜻 예수가 떡 5개와 물고기 2마리로 5천 명을 먹였다는 기적적인 사건. (마태오 14:19, 마르코 6:41, 루카 9:16, 요한 6:9)

吾	鼻	三	尺	내 코가 석 자다.
나 오	코 비	석 삼	자 척	

속 뜻 내 사정이 급하여 남을 돌볼 겨를이 없음.

烏	飛	梨	落	까마귀 날자 배 떨어진다.
까마귀 오	날 비	배 리(이)	떨어질 락	

속 뜻 공교롭게 어떤 일이 같은 때에 일어나 남의 의심을 받게 됨.

五	十	步	百	步	오십 걸음과 백 걸음.
다섯 오	열 십	걸음 보	일백 백	걸음 보	유 래 , 유의어 ➡248쪽 참조

속 뜻 오십 보나 백 보나 비슷한 처지에서 남을 비웃는다.

吳	越	同	舟	오나라 사람과 월나라 사람이 같은 배를 타고 감.
오나라 오	월나라 월	한가지 동	배 주	유 래 , 유의어 ➡ 250쪽 참조

속 뜻 사이가 좋지 못한 사람이 한자리에 동석하게 되는 경우. (원수지간일지라도 목적이 같을 때는 서로 협력하게 된다는 뜻.)

烏	合	之	卒	까마귀 떼가 모이듯이 규율 없는 병졸.
까마귀 오	합할 합	어조사 지	군사 졸	유 래 ➡ 252쪽 참조

속 뜻 규율도 질서도 없는 무리.
유의어 오합지중(烏合之衆), 와합지중(瓦合之衆)

玉	石	混	淆	옥과 돌이 함께 뒤섞여 있다는 뜻.
구슬 옥	돌 석	섞을 혼	뒤섞일 효	유 래 ➡ 253쪽 참조

속 뜻 훌륭한 것과 보잘 것 없는 것, 좋은 것과 나쁜 것이 무질서하게 뒤섞여 있음을 뜻한다.

溫	故	知	新	옛것을 익혀 새것을 안다. ●溫 : 익힐 온
따뜻할 온	연고 고	알 지	새 신	

속 뜻 옛것을 배워 알기만 하면 아무 가치가 없다. 그 속에서 새로운 이치를 알아내야 한다.

溫	柔	敦	厚	온화하고, 부드럽고, 돈독하고, 두터움.
따뜻할 온	부드러울 유	도타울 돈	두터울 후	

속 뜻 마음이 따뜻하고 인정이 많음.

臥	薪	嘗	膽	땔나무 위에서 잠을 자고 쓸개를 맛본다. ●薪 : 땔나무 신
누울 와	섶 신	맛볼 상	쓸개 담	유 래 ➡ 254쪽 참조

속 뜻 원수를 갚으려고 온갖 괴로움을 참고 견딤.
유의어 회계지치(會稽之恥), 절치액완(切齒扼腕)

完	壁	흠이 없는 구슬.
완전 완	둥근옥 벽	유 래 ➡ 256쪽 참조

속 뜻 결점 없이 훌륭함. 빌려온 물건을 온전히 돌려보냄.
유의어 완조(完調), 화씨지벽(和氏之璧), 연성지벽(連城之璧)

王	兄	佛	兄	(살아서는) 왕의 형이 되고 (죽어서는) 부처의 형이 됨.
임금 왕	맏 형	부처 불	맏 형	

속 뜻 부러운 것이 없고 거리낌이 없음.

外	柔	內	剛	겉으로는 부드럽고 안으로는 강함.
바깥 외	부드러울 유	안 내	굳셀 강	

속 뜻 겉은 순하게 보이나 마음속은 단단하고 굳셈.

外	華	內	貧	겉은 화려하나 속은 빈약함.
바깥 외	빛날 화	안 내	가난 빈	

속 뜻 겉모양이나 차림새만 화려하고 번지르르할 뿐, 그 실체는 보잘것없고 빈약하다.

樂	山	樂	水	산을 좋아하고 물을 좋아함. ●樂 : 즐거울 락, 풍류 악, 좋아할 요
좋아할 요	메 산	좋아할 요	물 수	유 래 ➡ 258쪽 참조

속 뜻 자연을 사랑하고 즐김.

欲	速	不	達	서두르면 목적을 달성하지 못한다.
하고자할 욕	빠를 속	아닐 부	이를 달	

속 뜻 무슨 일이든지 서두르면 일의 성과를 이루기가 어렵다.

龍	頭	蛇	尾	용의 머리와 뱀의 꼬리.
용 용	머리 두	뱀 사	꼬리 미	유 래 ➡ 258쪽 참조

속 뜻 시작은 거창하나 마무리가 분명하지 않음.

龍	虎	相	搏	용과 호랑이가 서로 싸움.
용 룡(용)	범 호	서로 상	칠 박	유 래 ➡ 259쪽 참조

속 뜻 두 강자가 서로 승부를 겨루는 것을 비유하는 말.
유의어 영웅상쟁(英雄相爭)

愚	公	移	山	우공이 산을 옮김.
어리석을 우	공평할 공	옮길 이	메 산	유 래 , 유의어 ➡ 260쪽 참조

속 뜻 어떤 큰일이라도 끊임없이 노력하면 반드시 이루어짐.

牛	刀	割	鷄	소 잡는 칼로 닭을 잡는다.
소 우	칼 도	나눌 할	닭 계	유 래 ➡ 261쪽 참조

속 뜻 큰일을 처리(處理)할 기능(技能)을 작은 일을 처리(處理)하는 데 씀을 이르는 말.

牛	耳	讀	經	소귀에 경 읽기.
소 우	귀 이	읽을 독	경서 경	

속 뜻 아무리 가르치고 일러주어도 알아듣지 못함. (어리석음을 일컬음.)

雲	泥	之	差	구름과 진흙의 차이.
구름 운	진흙 니	어조사 지	어긋날 차	●之 : ~의

속 뜻 서로간의 차이가 매우 큼을 말함.

越	俎	代	庖	제사를 담당하는 사람이 음식 만드
넘을 월	도마 조	대신할 대	부엌 포	는 일을 하다. **유래** ➡ 262쪽 참조

속 뜻 자신의 직분을 벗어나 남의 영역에 뛰어드는 것. 즉 주제넘은 참견.
유의어 월조(越俎)

月	下	氷	人	월하노(月下老)와 빙상인(氷上人)
달 월	아래 하	얼음 빙	사람 인	이 합쳐진 말. **유래** ➡ 262쪽 참조

속 뜻 '결혼 중매인'을 일컬음.
유의어 월하노(月下老), 빙상인(氷上人), 빙인(氷人)

危	機	一	髮	머리털 하나로 천 균(千鈞)의 무게
위태할 위	틀 기	한 일	터럭 발	를 끌어당기는 위기(危機). **유래** ➡ 264쪽 참조

속 뜻 조금의 여유도 없이 닥친 썩 위급한 순간을 비유하는 말.
유의어 위여일발(危如一髮), 누란지위(累卵之危)

衛	正	斥	邪	바른 것은 보호하고 간사한 것은 내친다.
지킬 위	바를 정	자를 척	간사할 사	

속 뜻 조선 후기에 유교적인 질서를 보존하고, 외국 세력 및 문물의 침투를 배척한 논리 및 운동.

韋	編	三	絶	책을 매었던 가죽 끈이 세 번 끊어짐.
가죽 위	엮을 편	석 삼	끊을 절	

속 뜻 책이 닳도록 여러 번 읽는 모양을 뜻하는 말. (공자가 주역을 즐겨 읽어서 책을 묶은 가죽 끈이 세 번이나 끊어졌다는 고사에서 유래.)

有	口	無	言	입이 있어도 할 말이 없음.
있을 유	입 구	없을 무	말씀 언	

속 뜻 변명할 말이 없음.

有	名	無	實	이름뿐이고 실상이 없음. ●實 : 실제 실
있을 유	이름 명	없을 무	열매 실	

속 뜻 빛 좋은 개살구.

有	備	無	患	미리 준비해 두면 근심할 것이 없다.
있을 유	갖출 비	없을 무	근심 환	

속 뜻 평소 준비가 철저하면 후에 걱정할 일이 없다.

流	水	不	腐	흐르는 물은 썩지 않음.
흐를 류(유)	물 수	아닐 불	썩을 부	
속 뜻 항상 움직이는 것은 못쓰게 되지 않는다는 비유.			

柳	暗	花	明	버들이 무성하여 그늘이 짙고, 꽃이 활짝 피어 환하게 아름답다.
버들 류(유)	어두울 암	꽃 화	밝을 명	
속 뜻 시골의 아름다운 봄 경치.			

唯	一	無	二	오직 하나요 둘도 없다.
오직 유	한 일	없을 무	두 이	
속 뜻 '유일(唯一)하다'의 강조어.			

有	害	無	益	해롭기만 하고 이로움은 없다.
있을 유	해로울 해	없을 무	더할 익	●益 : 이로울 익
속 뜻 아무 이로움이 없음.			

隱	忍	自	重	밖으로 드러내지 않고 참으면서 몸가짐을 신중히 함.
숨을 은	참을 인	스스로 자	무거울 중	
속 뜻 마음속으로 참으면서 몸가짐을 신중히 함.			

陰	德	陽	報	남모르게 행한 덕은 드러나게 보답 받는다.
				● 陰 : 숨을 음, 陽 : 드러낼 양
그늘 음	큰 덕	볕 양	갚을 보	유 래 ➡ 265쪽 참조

속 뜻 남모르게 덕을 쌓으면 보답을 받음.

泣	兒	授	乳	우는 아이에게 젖을 주다.
				(우는 아이 젖 주기.)
울 읍	아이 아	줄 수	젖 유	

속 뜻 무엇이든 자기가 요구해야 얻을 수 있다.

泣	斬	馬	謖	울면서 마속을 벤다.
울 읍	벨 참	말 마	일어날 속	유 래 ➡ 266쪽 참조

속 뜻 법의 공정함을 지키기 위해 사사로운 정을 버린다는 뜻.

意	氣	揚	揚	자랑스럽게 행동함. (뜻을 이루어
				하늘을 찌를 듯한 기세임.)
뜻 의	기운 기	날릴 양	날릴 양	

속 뜻 (바라던 대로 되어) 행동이 자신감 있고 자랑스러운 모양.

依	門	之	望	문에 기대서서 바라본다.
의지할 의	문 문	갈 지	바랄 망	유 래 , 유의어 ➡ 268쪽 참조

속 뜻 자녀가 돌아오기를 기다리는 어머니의 마음을 이르는 말.

以	管	窺	天	대롱 구멍으로 하늘을 엿보다.
써 이	대롱 관	엿볼 규	하늘 천	유 래 , 유의어 ➡ 268쪽 참조

속 뜻 좁은 소견으로 사물을 살펴 보았자 그 전체의 모습을 파악할 수 없다.

以	德	服	人	덕으로써 사람을 복종시킨다.
써 이	큰 덕	옷 복	사람 인	●服 : 복종할 복

속 뜻 무력이 아니라 사람 된 도리로 상대방이 자신을 따르게 함.

二	桃	殺	三	士	복숭아 두 개로 선비 세 명을 죽임.
두 이	복숭아 도	죽일 살	석 삼	선비 사	유 래 ➡ 270쪽 참조

속 뜻 교묘한 책략으로 상대를 자멸하게 하는 것을 비유한 말.

以	文	會	友	글로써 벗을 만남.
써 이	글월 문	모일 회	벗 우	

속 뜻 학문을 통해서 벗을 사귐.

以	心	傳	心	(말이나 글을 쓰지 않고) 마음에서 마음으로 전함.
써 이	마음 심	전할 전	마음 심	유 래 , 유의어 ➡ 271쪽 참조

속 뜻 마음으로 서로 통함.

以	熱	治	熱	열로써 열을 다스린다.
써 이	더울 열	다스릴 치	더울 열	

속 뜻 힘에는 힘으로, 강한 것에는 강한 것으로 상대함.

以	暴	易	暴	폭력을 폭력으로 다스린다는 뜻.
써 이	사나울 포	바꿀 역	사나울 포	**유 래** ➡ 272쪽 참조

속 뜻 위정자가 정치를 함에 있어 힘에 의지하는 것을 비유한 표현.

李	下	不	整	冠	오얏이 익은 나무 밑에서 손을 들어 갓을 고치지 않는다.
오얏리(이)	아래 하	아닐 부	정돈할 정	갓 관	

속 뜻 남에게 의심받을 짓은 삼가라.

離	合	集	散	헤어졌다가 모였다가 하는 일.
떠날리(이)	합할 합	모을 집	흩어질 산	

속 뜻 '뭉치고 흩어짐'을 말함.

利	害	得	失	이롭고 해롭고 얻고 잃음.
이로울 리(이)	해로울 해	얻을 득	잃을 실	

속 뜻 이득과 손해가 있다.

益	者	三	友	이로운 세 가지 친구.
이익 익	사람 자	셋 삼	벗 우	(우직(友直)·우량(友諒)·우다문(友多聞))

속 뜻 정직한 사람, 진실한 사람, 학식이 많은 사람.
손자삼우(損者三友) : 편벽(便辟)·선유(善柔)·편녕(便佞)

因	果	應	報	좋은 원인에는 좋은 결과가 나오고 나쁜
인할 인	실과 과	응할 응	갚을 보	원인에는 나쁜 결과가 나옴. ●因 : 원인 인, 果 : 결과 과

속 뜻 자기가 지은 업에 대하여 반드시 거기에 상응하는 결과가
나옴.

人	之	常	情	사람들의 보편적인 감정.
사람 인	어조사 지	떳떳할 상	뜻 정	●常 : 보통 상

속 뜻 사람이면 보통 가질 수 있는 마음.

一	刻	如	三	秋	아주 짧은 시간이 삼 년과도
한 일	시각 각	같을 여	석 삼	가을 추	같다.

속 뜻 ① 몹시 기다려지거나 지루함을 나타냄.
② 사모하는 마음이 간절함.

一	刻	千	金	짧은 시간일지라도 천금의 값어치
한 일	새길 각	일천 천	쇠 금	가 있다.

속 뜻 시간의 귀중함.

一	擧	兩	得	한 가지 일을 하여 두 가지 이익을 얻음.
한 일	들 거	둘 양	얻을 득	

속 뜻 한 번 움직여 둘을 얻음. (복합적인 이익)
유의어 一石二鳥(일석이조) : 돌 하나로 새 두 마리를 잡음.

一	勞	永	逸	한때 고생(苦生)하고 오랫동안 안락(安樂)을 누림.
하나 일	수고할 로	길 영	편안할 일	

속 뜻 작은 노력으로 오랫동안 이익을 봄.

一	網	打	盡	그물을 한 번 쳐서 물고기를 죄다 잡음.
한 일	그물 망	칠 타	다할 진	**유 래** ➡ 274쪽 참조

속 뜻 한꺼번에 모두 잡음.

一	石	二	鳥	한 개의 돌로 두 마리 새를 잡음.
한 일	돌 석	두 이	새 조	

속 뜻 한 가지 일로 두 가지 이득을 얻음.
유의어 일거양득(一擧兩得)

一	進	一	退	한 번 나아갔다 한 번 물러남.
한 일	나아갈 진	한 일	물러날 퇴	

속 뜻 나아갔다 물러섰다 하거나, 좋아졌다 나빠졌다 함.

一	寸	光	陰	아주 짧은 시간.
한 일	마디 촌	빛 광	그늘 음	

속 뜻 아주 짧은 시간이라도 가벼이 해서는 안 된다. (일촌광음 불가경(一寸光陰 不可輕))

日	就	月	將	날로 나아가고, 달로 나아감.
날 일	나아갈 취	달 월	장차 장	●將 : 나아지다 장

속 뜻 날이 갈수록 몰라보게 학문이 성장함.

一	片	丹	心	한 조각의 붉은 마음. (오로지 한 마음.)
한 일	조각 편	붉을 단	마음 심	

속 뜻 진심으로 우러나오는 변치 않는 마음.

立	身	揚	名	몸을 세상에 세우고 이름을 날리다.
설 립(입)	몸 신	날릴 양	이름 명	

속 뜻 출세하여 세상에 명성을 떨침.

故事成語 유래

阿修羅場(아수라장)

'阿修羅'는 산스크리트 'asura'의 음역(音譯)이다. '아소라'·'아소락'·'아수륜' 등으로 표기한다. 약칭은 '수라(修羅)'라고 하는데, '추악하다.'라는 뜻이다.

아수라는 본래 육도 팔부중(八部衆)의 하나로서 고대 인도신화에 나오는 선신(善神)이었는데, 후에 하늘과 싸우면서 악신(惡神)이 되었다고 한다.

그는 증오심이 가득하여 싸우기를 좋아하므로 전신(戰神)이라고도 한다. 그가 하늘과 싸울 때 하늘이 이기면 풍요와 평화가 오고, 아수라가 이기면 빈곤과 재앙이 온다고 한다.

아수라는 얼굴이 셋이고 팔이 여섯으로, 흉측하고 거대한 모습을 하고 있다고 한다.

인간이 선행을 행하면 하늘의 힘이 강해져 이기게 되고, 악행을 행하면 불의가 만연하여 아수라의 힘이 강해진다.

인도의 서사시 '마하바라타'에는 비슈누신의 원반에 맞아 피를 흘린 아수라들이 다시 공격을 당하여 시체가 산처럼 겹겹이 쌓여 있는 모습이 그려져 있다. 피비린내 나는 전쟁터를 아수라장이라 부르는 것도 여기에서 유래되었으며, 눈 뜨고 볼 수 없을 만큼 끔찍하게 흐트러진 현장을 가리킬 때 쓰인다.

불교 용어로, 아수라는 화를 잘 내고 성질이 포악하며 좋은 일이 있으면 훼방 놓기를 좋아하는 동물이다. 아수라는 욕심 많고 화를 잘 내는 사람이 죽어서 환생한 축생(畜生)이라고 한다.

아수라들이 모여서 놀고 있는 모습이 엉망진창이고 시끄러우며 파괴적일 수밖에 없다고 해서 생긴 말로, '아수라'는 줄여서 흔히 '수라'라고 한다. '아수라장' 역시 '수라장'이라고도 한다.

雁書(안서)

한(漢)나라 무제(武帝) 때 중랑장(中郞將) 소무(蘇武)라는 사람이 있었다.

그는 북방의 흉노족에 포로로 잡힌 한군의 포로 교환 임무를 띠고 사절단을 이끌고 갔다가 흉노의 내란에 부딪혀 일행이 다 붙잡혔다. 항복하지 않으면 처형하겠다는 위협에도 불구하고 소무는 끝내 항복을 거절하였다.

흉노가 그를 움에 가두고 끼니도 주지 않아, 모전(毛氈, 짐승 털로 짠 요)을 씹어 먹고 눈[설(雪)]을 받아먹으며 기갈을 이겨냈다.

며칠이 지나도 소무가 죽지 않은 것을 본 흉노는 북해(北海, 바이칼 호)로 보내 양을 치게 하였다. 그리고서 수놈 양만 내주고는, "수컷이 새끼를 낳으면 돌려보내주겠다."고 하는 것이었다.

무제가 죽고 소제(昭帝)가 즉위하자, 19년 전인 선제(先帝) 무제(武帝) 때(BC 100) 포로 교환차 사절단을 이끌고 흉노(匈奴)의 땅에 들어갔다가 그곳에 억류당한 소무(蘇武)의 귀환을 위해 특사를 파견했다.

현지에 도착한 특사가 곧바로 흉노의 우두머리인 선우(單于)에게 소무의 석방을 요구하자, 선우는 '소무는 벌써 여러 해 전에 죽었다.'며 대화에 응하려 하지 않았다.

그날 밤, 상혜(常惠)라는 사람이 은밀히 특사의 숙소로 찾아와 이렇게 말했다.

"나는 소무를 따라왔다가 흉노의 내란에 말려 일행이 모두 잡힌 뒤 투항한 사람 중 하나요. 그런데 그때 끝까지 항복을 거부한 소무는 북해 변으로 추방당한 뒤 아직도 그곳에서 혼자 어렵게 살아가고 있소."

이튿날 특사는 선우를 만나 따지듯이 말했다.

"내가 이곳에 오기 전에 황제께서 사냥을 하시다가 활로 기러기한 마리를 잡았는데, 그 기러기 발목에는 헝겊이 감겨 있었소.

그래서 풀어보니 '소무는 대택(大澤, 큰 못) 근처에 있다.'고 적혀 있었소. 이것만 봐도 소무는 살아 있는 게 분명하지 않소?"

안색이 변한 선우는 부하와 몇 마디 나누더니 이렇게 말했다.

"어제는 제가 잘 몰라서 실언을 했소. 그는 살아 있다고 하오."

꾸며낸 이야기가 제대로 들어맞은 것이다. 며칠 후 흉노의 사자(使者)가 데려온 소무는 몰골이 말이 아니었으나, 그의 손에는 한나라 사신의 증표인 부절(符節)이 굳게 쥐어져 있었다.

이 고사에서 연유되어, 그 후 편지를 '안서'라고 일컫게 되었다.

> 출 전 ＜한서(漢書)＞ 소무전(蘇武專)

羊頭狗肉(양두구육)

춘추(春秋)시대 제(齊)나라 사람 유하혜(柳下惠)는 공자(孔子) 맹자(孟子)가 칭찬할 정도로 훌륭한 인물이었다.

반면에 그의 동생 도척은 유명한 대도(大盜)로 수천 명의 부하를 거느리고 있었다. 도척은 평시에 이렇게 큰소리치곤 했다.

"강도를 하러 들어갈 때 먼저 들어갈 수 있는 것은 용(勇)이요, 맨 나중에 나올 수 있는 것은 의(義)다."

나중에 후한(後漢)의 광무제(光武帝)가 내린 조서(詔書)에서는 그것을 빗대어 '양의 머리를 걸어놓고 말린 말고기를 팔고, 도척이 공자 어를 한다.'고 말하였다.

> 출 전 ＜안자춘추(晏子春秋)＞

> 유의어 현양수매마육(懸羊首賣馬肉),
> 현우수(매)마육(懸牛首(賣)馬肉),
> 양질호피(羊質虎皮) : 겉은 화려하나 본바탕은 좋지 못하다.
> 현옥고석(衒玉賈石) : 옥을 진열해 놓고 돌을 판다.
> 사시이비(似是而非) : 겉은 옳은 것 같으나 속은 다르다.
> 표리부동(表裏不同) : 겉과 속이 같지 않다.

梁上君子(양상군자)

후한 말엽, 진식(陳寔)이란 사람이 태구현(太丘縣 : 河南省 所在) 현령(縣令)으로 있을 때의 일이다.

늘 겸손한 자세로 현민(縣民)의 고충을 헤아리고 매사를 공정하게 처리한 진식은 현민으로부터 존경을 한 몸에 받았다.

그런데 흉년이 들어 현민의 생계가 몹시 어려워졌던 어느 해였다.

그러던 어느 날 밤, 진식이 대청에서 책을 읽고 있는데 웬 사내가 몰래 들어와 대들보 위에 숨었다. 도둑이 분명했다. 진식은 모르는 척하고 독서를 계속하다가 아들과 손자들을 대청으로 불러 모았다. 그리고 이렇게 말했다.

"사람은 스스로 노력하지 않으면 안 된다. 악인(惡人)이라 해도 모두 본성이 악해서 그런 것은 아니다. 습관이 어느덧 성품이 되어 악행도 하게 되느니라. 이를테면 지금 '대들보 위에 있는 군자[양상군자(梁上君子)]'도 그렇다."

그러자 '쿵' 하는 소리가 났다. 진식의 말에 감동한 도둑이 대들보에서 뛰어내린 것이다. 그는 마룻바닥에 머리를 조아리고 사죄했다. 진식이 그를 한참 바라보다가 입을 열었다.

"네 얼굴을 보아하니 악인은 아닌 것 같다. 오죽이나 어려웠으면 이런 짓을 했겠나."

진식은 그에게 비단 두 필을 주어 보냈다. 이로부터 이 고을에 다시는 도둑이 나타나지 않았다.

출 전 <후한서(後漢書)> 진식전(陳寔傳)

漁父之利(어부지리)

전국시대의 제(齊)나라에 많은 군사를 파병한 연(燕)나라에 기근 (饑饉)이 들었다. 그러자 이웃 조(趙)나라 혜문왕(惠文王)이 기다렸 다는 듯, 침략 준비를 서둘렀다.

이에 연나라 소왕(昭王)은 종횡가(縱橫家)로서 그간 연나라를 위 해 견마지로(犬馬之勞)를 다해 온 소대(蘇代)에게 혜문왕을 설득하 도록 부탁했다.

조나라에 도착한 소대는 소진(蘇秦)의 동생답게 거침없이 혜문왕 을 설득하여, 혜문왕의 연나라 침공 계획을 철회시켰다고 한다.

"오늘 귀국에 들어오는 길에 역수(易水, 연과 조의 국경을 이루는 강)를 지나다가 문득 강변을 바라보니, 조개[방합(蚌蛤)]가 조가비를 벌리고 햇볕을 쬐고 있었습니다.

이때 갑자기 도요새[휼(鷸)]가 날아와 뾰족한 부리로 조갯살을 쪼 았습니다. 그러자 깜짝 놀란 조개가 화를 내며 조가비를 굳게 닫고 부리를 놓아주지 않았습니다.

다급해진 도요새가 '오늘도 내일도 비가 오지 않으면 너는 말라죽 고 말 것이다.'라고 하자, 조개도 지지 않고 '내가 오늘도 내일도 놓아 주지 않으면 너야말로 굶어죽고 말 것이다.' 하고 맞받았습니다.

이렇게 쌍방(雙方)이 한 치의 양보도 없이 팽팽히 맞서 옥신각신하 는 동안, 이들은 마침 그곳을 지나가던 어부(漁夫)의 눈에 띄어 둘 다 잡혀버리고 말았습니다.

전하께서는 지금 연나라를 치려고 하십니다만, 연나라가 조개라면 조나라는 도요새입니다. 연(燕)과 조(趙) 두 나라가 공연히 싸워 백성들을 피폐(疲弊)케 한다면, 귀국과 인접해 있는 저 강대한 진(秦)나라가 어부가 되어 맛있는 국물을 다 마셔버리고 말 것입니다."

"과연 옳은 말이오." 하며 혜문왕은 침략 준비를 중지했다.

출 전 ＜전국책(戰國策)＞ 연책(燕策)

유의어 방휼지쟁(蚌鷸之爭), 어인지공(漁人之功),

　　　　전부지공(田父之功) : 주축(走逐)에 지친 개와 토끼를 농부가 주웠다.

　　　　견토지쟁(犬兎之爭) : 개가 토끼를 쫓아 산을 오르내리다 마침내는 지쳐 둘 다 죽으니 지나가던 농부가 주워갔다.

餘桃之罪 (여도지죄)

전국시대, 위(衛)나라에 왕의 총애를 받는 미자하(彌子瑕)란 미동(美童)이 있었다. 어느 날 어머니가 병이 났다는 전갈을 받은 미자하는 허락 없이 임금의 수레를 타고 집으로 달려갔다. 당시 허락 없이 임금의 수레를 타는 사람은 월형(발뒤꿈치를 자르는 형벌)이라는 중벌을 받게 되어 있었다. 그런데 미자하의 이야기를 들은 왕은 오히려 효심을 칭찬하고 용서했다.

"실로 효자로다. 어미를 위해 월형도 두려워하지 않다니……."

또 한 번은 미자하가 왕과 과수원을 거닐다가 복숭아를 따서 한 입 먹었는데 아주 달고 맛이 있었다. 그래서 왕에게 바쳤다. 왕은 기뻐하며 말했다.

"제가 먹을 것도 잊고 과인에게 먹이다니……"

흐르는 세월과 더불어 미자하의 미색은 점점 빛을 잃었고 왕의
총애도 엷어졌다. 그러던 어느 날, 미자하가 사소한 잘못을 저지르자
왕은 지난 일을 상기하고 이렇게 말했다.

"이놈은 언젠가 몰래 과인의 수레를 탔고, 게다가 '먹다 남은 복숭
아[餘桃]'를 과인에게 먹인 일도 있다."

이처럼 한 번 애정을 잃으면 이전에 칭찬을 받았던 일도 오히려
화가 되어 벌을 받게 되는 것이다.

출 전 <한비자(韓非子)> 세난편(說難篇)

與虎謀皮 (여호모피)

주(周)나라 때, 어떤 사나이가 천금(千金)의 가치가 있는 따뜻한
가죽 이불을 만들고자 하였다. 그는 여우 가죽으로 이불을 만들면
가볍고 따뜻하다는 말을 듣고, 곧장 들판으로 나가 여우들과 이 가죽
문제를 상의하였다[與狐謀皮]. 자신들의 가죽을 빌려달라는 말을 듣
자마자 여우들은 깜짝 놀라서 모두 깊은 산속으로 도망쳐 버렸다.

얼마 후, 그는 맛좋은 제물(祭物)을 만들어 귀신의 보살핌을 받고
싶은 생각이 들었다. 이에 그는 곧 양들을 찾아가 이 문제를 상의하며,
그들에게 고기를 요구하였다. 그의 말이 다 끝나기도 전에 양들은
모두 숲속으로 들어가 숨어 버렸다.

'與狐謀皮'라는 말은 후에 '與虎謀皮'로 바뀌었는데, 여우나 호랑이
에게 가죽을 벗어내라 하는 것은 사실상 불가능한 일이다. 마찬가지
로 양에게 고기를 내놓으라고 하는 것도 불가능한 일이다. 즉 '여호모
피(與虎謀皮)'란 근본적으로 이룰 수 없는 일을 비유한 말이다.

출 전 <태평어람(太平御覽)>

유의어 여호모피(與虎謨皮), 여호모피(與狐謀皮),
　　　　여호모피(與狐謨皮), 여양모육(與羊謨肉)

逆鱗(역린)

"용은 순한 짐승이다. 길들이면 능히 타고 나닐 수가 있다. 그러나
턱밑에 지름이 한 자쯤 되는 거꾸로 붙은 비늘이 있는데 이것을 '역린'
이라고 한다. 만약 누군가가 이 비늘을 손댄다면 용은 반드시 그를
죽이고 만다. 이러한 역린이 군주에게도 있다."

출 전 <한비자(韓非子)>의 세난편(說難篇)

緣木求魚(연목구어)

전국시대인 주(周)나라 신정왕 3년(BC 318), 양(梁)나라 혜왕(惠
王)과 작별한 맹자(孟子)는 제(齊)나라로 갔다. 당시 나이 50이 넘은
맹자(孟子)는 제후들을 찾아다니며 인의(仁義)를 치세의 근본으로

삼는 왕도정치론(王道政治論)을 유세(遊說) 중이었다.

동쪽의 제나라는 서쪽의 진(秦)나라, 남쪽이 초(楚)나라와 함께 대국이었고, 또 선왕(宣王)도 역량 있는 명군이었다.

그래서 맹자는 그 점에 기대를 걸고 있었으나, 시대가 요구하는 것은 왕도정치가 아닌 무력과 책략을 수단으로 하는 패도정치(覇道政治)였다. 그러므로 선왕은 맹자에게 이렇게 청했다.

"춘추시대의 패자(覇者)였던 제나라 환공(桓公)과 진(晉)나라 문공(文公)의 패업(覇業)에 대해 듣고 싶소. 과인에겐 대망(大望)이 있기 때문이오."

"전하의 대망(大望)이란 무엇입니까?"

제(齊)나라 선왕(宣王)은 웃기만 할 뿐 입을 열려고 하지 않았다. 맹자 앞에서 패도(覇道)를 논하기가 쑥스러웠기 때문이었다.

그래서 맹자는 짐짓 이런 질문을 던져 대답을 유도하였다.

"전하! 맛있는 음식과 따뜻한 옷, 아니면 아름다운 색(色)이 부족하시기 때문입니까?"

"과인에겐 그런 사소한 욕망은 없소."

선왕이 맹자의 교묘한 화술에 끌려들자 맹자는 다그치듯 말했다.

"그러시다면 전하의 대망은 천하통일을 하시고 사방의 오랑캐들까지 복종케 하시려는 것이 아닙니까? 하오나 종래의 방법(무력)으로 그것(천하통일)을 이루려 하시는 것은 마치 '나무에 올라 물고기를 구하는 것[연목구어(緣木求魚)]'과 같습니다."

'잘못된 방법[무력(武力)]으론 목적[천하통일(天下統一)]을 이룰 수 없다.'는 말을 듣자 선왕은 깜짝 놀라서 물었다.

"아니, 그토록 무리한 일이오?"

"오히려 그보다 더 심합니다. 나무에 올라 물고기를 구하면 물고기만 구하지 못할 뿐 후난(後難)은 없습니다. 하오나 패도(覇道)를 좇다가 실패하면 나라가 멸망하는 재난을 면치 못할 것입니다."

이에 선왕은 맹자의 왕도정치론을 진지하게 경청했다.

출 전 〈맹자(孟子)〉 양혜왕장구상편(梁惠王章句上篇)

유의어 상산구어(上山求魚) : 산꼭대기에서 물고기를 구하다.

사어지천(射魚指天) : 물고기를 쏘려는데 하늘에다 겨눔.

건목수생(乾木水生) : 마른 나무에서 물을 짜내려 함.

五里霧中 (오리무중)

후한(後漢) 순제(順帝) 때, 학문이 뛰어난 장해(張楷)라는 선비가 있었다.

순제가 여러 번 등용하려 했지만 그는 병을 핑계대고 끝내 출사(出仕)치 않았다.

장해는 〈춘추(春秋)〉, 〈고문상서(古文尙書)〉에 통달한 학자로서 평소 거느리고 있는 문하생만 해도 100명을 웃돌았다.

게다가 전국 각처의 숙유(夙儒, 宿儒 : 학식과 명망이 높은 선비)들을 비롯하여 귀족, 고관대작, 환관(宦官)들까지 다투어 그의 문을 두드렸으나, 그는 이를 싫어하여 화음산(華陰山) 기슭에 자리한 고향으로 낙향하고 말았다.

그러자 장해를 좇아온 문하생과 학자들로 인해 그의 집은 저자를 이루다시피 붐볐다. 나중에는 화음산 남쪽 기슭에 장해의 자(字)를 딴 공초(公超)라는 저잣거리까지 생겼다고 한다.

그런데 장해는 학문뿐만 아니라 도술(道術)에도 능하여 쉽사리 '오리무(五里霧)'를 만들었다고 한다. 즉 방술(方術)로써 사방 5리에 안개를 일으켰다는 것이다.

당시에 관서(關西)사람인 배우(裴優)가 또한 능히 3리의 안개를 일으킬 수 있었다. 그러나 그는 장해에게는 미치지 못한다고 생각하고 제자로 들어가 배우기를 바랐다. 하지만 장해는 모습을 숨기고 그를 보려고 하지 않았다.

출 전 <후한서(後漢書)> 장해전(張楷傳)

五十步百步(오십보백보)

전국시대인 기원전 4세기 중엽, 위(魏)나라 혜왕(惠王)은 진(秦)나라의 압박에 견디다 못해 도읍을 대량(大梁, 지금의 하남성(河南省) 내 개봉(開封, 카이 펑))으로 옮겼다.

그러나 제(齊)나라와의 싸움에서도 늘 패하는 바람에 국력은 더욱 쇠하였다. 그래서 혜왕은 국력 회복을 자문하기 위해 당시 제후들에게 왕도정치론을 유세중인 맹자를 초청했다.

"선생이 천리 길도 멀다 않고 이렇게 와준 것은 과인에게 부국강병(富國强兵)의 비책(秘策)을 가르쳐주기 위함이 아니겠소?"

"전하, 저는 귀국의 부국강병과 상관없이 인의(仁義)에 대해 아뢰고자 왔나이다."

"백성을 생각하라는 인의의 정치라면 과인은 평소부터 힘써 베풀어 왔소. 예컨대 하내(河內) 지방에 흉년이 들면 젊은이들을 하동(河東) 지방으로 옮겨, 하동에서 곡식을 가져다가 늙은이와 아이들에게 나누어주도록 하고 있소. 그와 반대로 하동에 기근이 들면 하내의 곡식으로 구호하도록 힘쓰고 있지만, 백성들은 과인을 사모하는 것 같지 않고, 또 이웃 나라의 백성 수가 줄어들었다는 말도 못 들었소. 대체 어찌 된 일이오?"

"전하께서는 전쟁을 좋아하시니, 전쟁에 비유해서 아뢰겠나이다. 전쟁터에서 백병전(白兵戰)이 벌어지기 직전, 겁이 난 두 병사가 무기를 버리고 도망쳤사옵니다. 그런데 50보를 도망친 병사가 100보를 도망친 병사를 보고 '비겁한 놈'이라며 비웃었다면 전하께서는 어떻게 생각하시겠나이까?"

"그런 바보 같은 놈이 어디 있소? 50보든 100보든 도망친 것은 마찬가지가 아니오?"

"그걸 아셨다면 전하, 백성들 구호하시는 전하의 목적이 인의의 정치와 상관없이 부국강병(富國强兵)을 지향하는 이웃 나라와 무엇이 다르옵니까?"

혜왕은 대답을 못 했다. 이웃 나라와 똑같은 목적을 가지고 백성을 구호한 것을 진정으로 백성을 생각해서 구호한 양 자랑한 것이 부끄러웠기 때문이다.

출 전 <맹자(孟子)> 양혜왕편(梁惠王篇)

오십보소백보(五十步笑百步), 오십소백(五十笑百),

대동소이(大同小異) : 거의 같고 조금만 다르다. (본질적으

로 같다.)

피차일반(彼此一般) : 저것이나 이것이나 마찬가지이다.

(다 같다.)

吳越同舟 (오월동주)

<손자(孫子)>라는 책은 중국의 유명한 병서(兵書)로서 춘추시대
오나라의 손무(孫武)가 쓴 것이다. 손무(孫武)는 오왕(吳王) 합려(闔
閭) 때, 서쪽으로는 초(楚)나라의 도읍을 공략하고 북방의 제(齊)나라
와 진(晉)나라를 격파한 명장이기도 했다.

오(吳)의 합려(闔閭)와 월(越)의 윤상(允常)은 서로 원한이 있었다.
윤상이 죽자 그의 아들 구천(句踐)은 오나라를 침략하여 합려를 죽였
다. 그러나 구천은 다시 합려의 아들 부차(夫差)에게 회계산에서 항복
당하는 신세가 되고 말았다. 이렇듯 오나라와 월나라는 서로 물고
물리는 견원지간(犬猿之間)이 되었다.

이에 대해 손무(孫武)의 <손자(孫子)> 구지편(九地篇)에는 다음
과 같은 글이 실려 있다.

'병(兵)을 쓰는 법에는 아홉 가지의 지(地)가 있다.

그 구지(九地) 중 최후의 것을 사지(死地)라 한다. 사지는 주저
없이 일어서서 싸우면 살길이 있고, 기가 꺾이어 망설이면 패망하고

마는 필사(必死)의 지(地)이다. 그러므로 사지에 있을 때는 싸워야 활로(活路)가 열린다. 나아갈 수도 물러설 수도 없는 필사(必死)의 장(場)에서는 병사들이 한마음, 한뜻이 되어 필사적으로 싸울 것이기 때문이다.

이때 유능한 장수의 용병술(用兵術)은 예컨대 상산(常山)에 서식하는 솔연(率然)이란 큰 뱀의 몸놀림과 같아야 한다.

머리를 치면 꼬리가 날아오고 꼬리를 치면 머리가 덤벼든다. 또 몸통을 치면 머리와 꼬리가 한꺼번에 덤벼든다. 이처럼 세력을 하나로 합치는 것이 중요하다.

예전부터 서로 적대시해 온 '오(吳)나라 사람과 월(越)나라 사람이 같은 배를 타고[오월동주(吳越同舟)]' 강을 건넌다고 하자.

강 한복판에 이르렀을 때 큰 바람이 불어 배가 뒤집히려 한다면 오나라 사람이나 월나라 사람이나 다 같이 평소의 적개심(敵愾心)을 잊고 서로 왼손, 오른손이 되어 필사적으로 도울 것이다.

바로 이것이다. 전차(戰車)의 말[마(馬)]들을 서로 단단히 붙들어 매고 바퀴를 땅에 묻고서 적에게 그 방비를 파괴당하지 않으려 해봤자 최후에 의지(依支)가 되는 것은 그것이 아니다. 의지(依支)가 되는 것은 오로지 필사적으로 하나로 뭉친 병사들의 마음이다.'

〈손자병법(孫子兵法)〉 구지편(九地篇)

동주제강(同舟濟江) : 한 배를 타고 강을 건너다. 즉 원수라 할지라도 같은 일을 위해서는 돕게 된다.

동주상구(同舟相救) : 한 배에 있으면 자연히 돕게 된다.

오월지쟁(吳越之爭), 오월지사(吳越之思)

烏合之卒(오합지졸)

전한(前漢) 말, 대사마(大司馬)인 왕망(王莽)은 평제(平帝)를 시해(弑害)하고 나이 어린 영을 새 황제로 세웠으나, 3년 후 영을 폐하고 스스로 제위(帝位)에 올라 국호를 신(新)이라 일컬었다. 그러나 잦은 정변과 실정(失政)으로 말미암아 각지에 도둑 떼가 들끓었다.

이처럼 천하가 혼란에 빠지자 유수(劉秀, 후한의 시조)는 즉시 군사를 일으켜 왕망(王莽) 일당을 주벌(誅伐)하고 경제(景帝)의 후손인 유현(劉玄)을 황제로 옹립(擁立)했다(23년).

이에 천하는 다시 한(漢)나라로 돌아갔다. 대사마가 된 유수가 이듬해 성제(成帝)의 아들 유자여(劉子輿)를 자처하며 황제를 참칭(僭稱)하는 왕랑(王郎)을 토벌하러 나서자, 상곡(上谷) 태수 경황(耿況)은 즉시 아들인 경감(耿龕)에게 군사를 주어 평소부터 흠모하던 유수의 토벌군에 합류토록 했다.

그런데 유수의 본진을 향해 행군하던 경감의 군사는 손창(孫倉)과 위포(衛包)가 갑자기 행군을 거부하는 바람에 잠시 동요가 있었다.

"유자여는 한왕조(漢王朝)의 정통인 성제의 아들이라고 하오. 그런 사람을 두고 대체 어디로 간단 말이오?"

격노한 경감은 두 사람을 끌어낸 뒤 칼을 빼들고 말했다.

"왕랑은 도둑일 뿐이다. 그런 놈이 황자(皇子)를 사칭하며 난을 일으키고 있지만, 내가 장안(長安 : 陝西省 西安)의 정예군과 합세해서 들이치면 그까짓 '오합지졸(烏合之卒)'은 마른 나뭇가지보다 쉽게 꺾일 것이다. 지금 너희가 사리(事理)를 모르고 도둑과 한 패가 됐다가는 멸문지화(滅門之禍)를 면치 못하리라.

우리가 돌격 기병대를 일으켜서 오합지중(烏合之衆)을 치는 것은
썩은 고목을 꺾고 썩은 것을 깎음과 같을 뿐이다."

그들은 그날 밤 왕랑에게로 도망치고 말았지만 경감은 뒤쫓지
않았다.

서둘러 유수의 토벌군에 합류한 경감은 많은 무공을 세우고 마침내
건위대장군(建威大將軍)이 되었다.

<mark>출 전</mark> <후한서(後漢書)> 경감전(耿龕傳)

玉石混淆(옥석혼효)

도가 계열의 철학자 갈홍(葛洪)이 그의 저서 <포박자(抱朴子)>에
쓴 글 중에 다음과 같은 내용이 나온다.

"<시경(詩經)>이나 <서경(書經)>이 도의(道義)의 큰 바다라고
한다면, 제자백가(諸子百家)의 글들은 이것을 보충하는 냇물의 흐름
이라 할 수 있다. 방법이 다를지언정 덕을 닦는데 무슨 다름이 있으랴.
옛사람들은 재능 얻기가 어렵다고 한탄했지만, 곤륜산(崑崙山)의 옥
이 아니라고 해서 야광주를 버리거나 성인의 글이 아니라고 해서
수양에 도움되는 말을 버리지는 않았다. 한(漢)나라와 위(魏)나라
이후로도 '본받을 만한 좋은 말[嘉言(가언)]'이 많이 나와 있건만,
무식한 사람들은 자구적(字句的) 해석에만 빠져 오묘한 이치는 가볍
게 도외시한다.

뿐만 아니라 '작은 길[小道(소도)]'이므로 일고의 가치도 없다거나 너무 넓고 깊어서 머리를 혼란시킨다고도 말한다. 티끌이 쌓여 태산이 되고 여러 색깔이 어우러져 아름다운 무지개를 이룬다는 것도 모른다. 천박한 시부(詩賦)를 감상하고, 뜻이 깊은 제자백가의 글을 가볍게 여기며, 유익한 금언(金言)을 하찮게 생각한다. 그렇기 때문에 참과 거짓이 뒤바뀌고[眞僞顚倒], '옥과 돌이 뒤섞이며[玉石混淆]', 아악(雅樂)이 속악(俗樂) 취급을 받고, 아름다운 옷이 누더기로 보이는 것이니, 이 얼마나 개탄할 노릇인가."

갈홍은 이렇듯 쉽고 편안한 것만을 찾는 세태를 한탄하며 말초신경을 건드리는 천박한 글에 사람들의 마음이 흔들림을 애석해 했다.

출 전 <포박자(抱朴子)> 상박편(尙博篇)

臥薪嘗膽(와신상담)

춘추시대, 월왕(越王) 구천(勾踐)과 취리[절강성 가흥(浙江省嘉興)]에서 싸워 크게 패한 오왕(吳王) 합려(闔閭)는 적의 화살에 부상한 손가락의 상처가 악화하는 바람에 목숨을 잃었다(BC 496).

임종 때 합려는 태자인 부차(夫差)에게 반드시 구천을 쳐서 원수를 갚으라고 유명(遺命)했다.

오왕이 된 부차는 부왕(父王)의 유명을 잊지 않으려고 '섶 위에서 잠을 자고[와신(臥薪)]', 자기 방을 드나드는 신하들에게는 방문 앞에서 부왕의 유명을 외치게 했다.

"부차야, 월왕 구천이 네 아버지를 죽였음을 잊어서는 안 된다!"

그때마다 부차는 임종 때 부왕에게 한 그대로 대답했다.

"네, 결코 잊지 않고 3년 안에 꼭 원수를 갚겠나이다."

이처럼 밤낮없이 복수를 맹세한 부차는 은밀히 군사를 훈련하면서 때가 오기만을 기다렸다.

이 사실을 안 월왕 구천은 참모인 범려가 간(諫)하는 것도 듣지 않고 선제공격을 감행했다. 그러나 월나라 군사는 복수심에 불타는 오나라 군사에 대패하여 회계산(會稽山)으로 도망갔다.

오나라 군사가 포위하자 진퇴양난에 빠진 구천은 범려의 헌책(獻策)에 따라 우선 오나라의 재상 백비에게 많은 뇌물을 준 뒤 부차에게 신하가 되겠다며 항복을 청원했다.

이때 오나라의 중신 오자서(伍子胥)가 '후환을 남기지 않으려면 지금 구천을 쳐야 한다.'고 간했으나, 부차는 백비의 진언에 따라 구천의 청원을 받아들이고 귀국까지 허락했다.

구천은 오나라의 속령(屬領)이 된 고국으로 돌아온 후, 항상 곁에다 쓸개를 매달아놓고 앉으나 서나 그 쓴맛을 맛보며[상담(嘗膽)] 회계의 치욕[회계지치(會稽之恥)]을 상기(想起)했다. 그리고 농사꾼의 신세가 되어 은밀히 군사를 훈련시키며 복수의 기회를 노렸다.

회계의 치욕으로부터 12년이 지난 그해(BC 482) 봄, 부차가 천하의 패권(霸權)을 잡기 위해 기(杞) 땅의 황지[黃地, 하남성 기현(河南省 杞縣)]에서 제후들과 회맹(會盟)하고 있는 사이에 구천은 군사를 이끌고 오나라로 쳐들어갔다.

그로부터 역전(曆戰) 7년 만에 오나라의 도읍 고소(姑蘇 : 蘇州)에

육박한 구천은 오왕 부차를 굴복시킴으로써 마침내 회계의 치욕을 씻을 수 있었다.

　부차는 용동(甬東 : 折江省 定河)에서 여생을 보내라는 구천의 호의를 사양하고 자결했다. 그 후 구천은 부차를 대신하여 천하의 패자(覇者)가 되었다.

　출 전 <십팔사략(十八史略)>, <사기(史記)> 월세가(越世家)

完璧(완벽)

　전국시대 조(趙)나라 혜문왕(惠文王)은 화씨지벽(和氏之璧)이라는 천하명옥(天下名玉)을 가지고 있었다.

　이 소문을 들은 진(秦)나라 소양왕(昭襄王)은 어떻게든 화씨지벽을 손에 넣어야겠다고 생각했다. 그래서 곧 조나라에 사신을 보내어 '성(城) 15개와 맞바꾸자.'고 제의했다.

　혜문왕에게는 실로 난처한 문제였다. 제의를 거절하면 당장 쳐들어올 것이고, 화씨지벽을 넘겨주면 그냥 빼앗아버릴 게 너무나 뻔했기 때문이다. 혜문왕은 중신들을 소집하여 의논했다. 의견이 분분하였으나 결국 강자의 비위를 거스를 수 없다 하여 제의를 받아들이기로 했다. 그리고 혜문왕은 중신들에게 물었다.

　"사신으로는 누가 적임자일 것 같소?"

　그러자 대부인 목현(繆賢)이 말했다.

　"신의 식객에 지모와 담력이 뛰어난 인상여(藺相如)라는 자가 있사온데, 그자라면 차질 없이 중임을 완수할 것으로 사료되옵니다."

이리하여 사신으로 발탁된 인상여가 소양왕을 알현하고 화씨지벽을 바치자, 그것을 손에 들고 살펴보던 소양왕은 감탄하여 희색이 만면했으나 약속한 15개 성에 대해서는 한마디도 내비치지 않았다. 이런 일이 있으리라고 예상했던 인상여는 조용히 말했다.

"전하, 그 화씨지벽에는 흠집이 있사온데 그것을 외신(外臣)에게 주시면 가르쳐 드리겠나이다."

소양왕이 무심코 화씨지벽을 건네주자, 인상여는 그것을 손에 든 채 궁궐 기둥 옆으로 다가갔다. 그리고 소양왕을 노려보며 말했다.

"전하께서 약속하신 15개 성을 넘겨주실 때까지 이 화씨지벽은 외신이 갖고 있겠나이다. 만약 안 된다고 하시면 화씨지벽은 외신의 머리와 함께 이 기둥에 부딪쳐 깨지고 말 것이옵니다."

화씨지벽이 깨질까 겁이 난 소양왕은 인상여를 일단 숙소로 돌려보냈다. 숙소에 돌아온 인상여는 화씨지벽을 부하에게 넘겨주고서 서둘러 귀국시켰다.

뒤늦게 이 사실을 안 소양왕은 화가 머리끝까지 치밀어 당장 인상여를 잡아 죽이려고 했다. 그러나 그를 죽였다가는 신의 없는 편협한 군왕이라는 비난을 받을 것 같아 그대로 곱게 돌려보냈다.

이리하여 화씨지벽은 '온전한 구슬[완벽(完璧)]'로 되돌아왔다. 그리고 인상여는 그 공으로 상대부(上大夫)에 임명되었다.

출 전 <사기(史記)> 인상여열전(藺相如列傳)

樂山樂水(요산요수)

인자(仁者)는 산(山)을 좋아하고, 지자(知者)는 물[수(水)]을 좋아한다는 이야기가 있다.

인자요산(仁者樂山) : 어진 사람은 산을 좋아한다. (어진 사람의 행동은 신중하기가 산과 같음.)

지자요수(知者樂水) : 지혜로운 사람은 물을 좋아한다. (흐르는 물처럼 사리에 막힘이 없음.)

출 전 <논어(論語)> 옹야편(翁也篇)

龍頭蛇尾(용두사미)

육주(陸州)에 세워진 용흥사(龍興寺)에는 명승 진존숙(陳尊宿)이 있었다. 하루는 한 낯선 승려가 이 절을 찾아왔다. 그래서 진존숙이 그에게 물었다.

"어디서 오셨습니까?"

그러자 그 승려가 갑자기 '으악' 하며 소리를 지르는 것이었다.

"허허, 한 번 당했군."

진존숙이 중얼거리듯 투덜대자, 그가 또 한 번 소리를 질렀다.

진존숙은 그 승려를 유심히 뜯어보았다. 그는 호흡이 꽤 깊었으나 오랜 기간 수행을 하여 도를 터득한 승려 같아 보이지는 않았다. 그래서 그 승려에게 말했다.

"닮은 데는 있지만, 그것이 옳은 것은 아직 아니다. 용두사미(龍頭蛇尾)인 것 같군."

이것은 그 승려가 용의 흉내를 내고 있긴 하지만 뱀인 것 같다는 말로, 그 실체가 보잘것없음을 지적한 것이다. 이어 진존숙이 물었다.

"그대의 호령하는 위세는 좋은데, 소리를 외친 후에는 무엇으로 마무리를 할 것인가?"

그러자 상대는 그만 뱀의 꼬리를 내밀듯이 슬그머니 답변을 피하고 말았다.

출전 송(宋)나라 환오극근(圜悟克勤)의 <벽암록(碧巖錄)>

龍虎相搏(용호상박)

두 사람의 영웅이 맞상대하여 승부를 겨루며 서로 싸운다는 뜻이다. 용과 범에 비유될 정도로 힘이 강한 사람들이나 국가 간에 승패를 다투는 일을 가리키는 것으로, 이백(李白)의 시에서 유래되었다.

중국 삼국시대 때 위(魏)나라 조조(曹操)와 관중(關中) 패권을 다툰 장수는 마초(馬超)이다. 여기서 용은 '조조', 범은 '마초'에 비유된다.

손권(孫權)·유비(劉備)의 연합군과 싸워 적벽대전(赤壁大戰)에서 패한 조조는 동관(潼關)에서 마초의 군대와 대치하여, 결국 싸움에서 이겼다.

愚公移山 (우공이산)

먼 옛날 태행산(太行山)과 왕옥산(王玉山) 사이의 좁은 땅에 우공 (愚公)이라는 90세 노인이 살고 있었다. 그런데 사방 700리에 높이가 만 길이나 되는 큰 산 두 개가 집 앞뒤를 가로막고 있어 왕래에 장애가 되었다. 어느 날, 우공이 가족을 모아놓고 이렇게 물었다.

"나는 저 두 산을 깎아 없애고, 예주(豫州)와 한수(漢水)의 남쪽까 지 곧장 갈 수 있도록 길을 내고 싶다. 너희들 생각은 어떠냐?"

모두 찬성했으나 그의 아내만은 무리라며 반대했다.

"아니, 늙은 당신의 힘으로 어떻게 저 큰 산을 깎아 없앤단 말예요? 또 파낸 흙은 어디다 버리고요?"

"발해(渤海)에 갖다 버릴 거요."

이튿날 아침부터 우공은 세 아들과 손자들을 데리고 돌을 깨고 흙을 파서 삼태기로 발해까지 갖다 버리기 시작했다. 한 번 갔다 돌아오는데 꼬박 1년이 걸렸다. 어느 날 지수라는 사람이 '죽을 날이 멀지 않은 노인이 망녕'이라며 비웃자, 우공이 태연히 말했다.

"내가 죽으면 아들이 하고, 아들은 또 손자를 낳고 손자는 또 아들 을……. 이렇게 자자손손(子子孫孫) 계속하면 언젠가는 저 두 산이 평평해질 날이 오겠지."

정작 이 말에 깜짝 놀란 것은 두 산을 지키는 사신(蛇神)이었다. 산이 없어지면 큰일이라고 생각한 사신은 옥황상제(玉皇上帝)에게 호소했다. 우공의 끈기에 감동한 옥황상제는 역신(力神) 과아의 두 아들에게 명하여 각각 두 산을 업어 태행산은 삭동(朔東) 땅에, 왕옥

산은 옹남(雍南) 땅에 옮겨놓게 했다.

그래서 두 산이 있었던 기주(冀州)와 한수(漢水) 남쪽에는 현재 작은 언덕조차 없다고 한다.

출 전 <열자(列子)> 탕문편(湯問篇)

유의어 산류천석(山溜穿石) : 산에서 흐르는 물이 바위를 뚫다. 수적천석(水滴穿石), 적토성산(積土成山)

牛刀割鷄(우도할계)

예악(禮樂)을 강조하던 공자(孔子)가 한번은 제자 자유(子遊)가 다스리는 무성(武城)을 지나게 되었다. 거리에선 거문고와 비파소리가 들려오고, 그 소리에 맞추어 시서(詩書)를 읊는 노랫소리가 들려오고 있었다. 이에 공자는 제자가 장(長)이 되어 다스리는 이 고을에서 현가(絃歌) 소리를 듣고는 빙그레 웃으면서 짐짓 한마디 했다.

"작은 고을을 다스리는데 허풍스럽게 현가 따위를 가르칠 필요가 있는가? 닭을 잡는 데 소를 잡는 큰칼을 쓰지 않아도 될 텐데?"

이에 자유가 대답했다.

"저는 선생님으로부터 백성(百姓)을 다스리는 자는 예악의 도를 배움으로써 백성을 사랑하게 되고, 백성 또한 예악의 도를 배움으로써 온용(溫容)하게 되어 잘 다스려지며, 예악의 도는 상하 간에 중요하다고 배워 오직 이 가르침을 따랐을 뿐이옵니다."

출 전 <논어(論語)> 양화편(陽貨篇)

越俎代庖(월조대포)

아주 옛날 요(堯)나라 시절에 허유(許由)라는 덕이 높은 은자가 있었다. 요임금이 그 소문을 듣고 왕위를 물려주고자 했다.

"일월(日月)이 밝은데 횃불을 계속 태운다면 그 빛은 헛되지 않겠소? 때맞추어 비가 내리는데 여전히 물을 대고 있다면 그 물은 소용없지 않겠소? 부디 나를 대신하여 이 나라를 다스려주시오."

그러나 허유는 이를 거절하였다.

"임금께서 잘 다스리고 계시는데 제가 대신할 필요는 없습니다. 할미새가 제 아무리 양껏 배부르게 먹는다 하더라도 기껏해야 그 작은 배만 채우면 됩니다. 제겐 천하가 아무 쓸모도 없고 흥미도 없습니다. 요리가 서툴다고 제사를 주재하는 사람이 그 직분을 넘어서 부엌일에 뛰어들어서는 안 될 것입니다. 마찬가지로 폐하의 직무를 제가 대신할 수는 없습니다. 설사 대신하더라도 잘될 리가 없습니다."

허유는 이렇게 말하고 곧바로 깊은 산속으로 들어가 버린 후에 다시는 나오려고 하지 않았다.

출 전 <장자(壯子)> 소요유편(逍遙遊篇)

月下氷人(월하빙인)

① 당나라 2대 황제인 태종(太宗) 때, 위고(韋固)라는 젊은이가 여행 중에 송성(宋城 : 河南省 所在)에 갔을 때 '달빛 아래 한 노인[월

하노(月下老)]'이 손에 빨간 끈[적승(赤繩)]을 든 채 조용히 책장을 넘기고 있었다. 위고가 '무슨 책을 읽고 있느냐?'고 묻자 그 노인은 이렇게 대답했다.

"이 세상 혼사에 관한 책인데, 여기 적혀 있는 남녀를 이 빨간 끈으로 한 번 매어 놓으면 어떤 원수지간이라도 반드시 맺어진다네."

"그럼 지금 제 아내감은 어디에 있습니까?"

"음, 이 송성(宋城)에 있구먼. 성 북쪽에서 채소를 팔고 있는 진(陳)이란 여인네의 어린아이야."

위고는 약간 기분이 언짢긴 했지만 대수롭지 않게 생각하고 그 자리를 떠났다.

그로부터 14년 후 상주(尙州, 하남성)에서 벼슬길에 오른 위고는 그곳 태수(太守)의 딸과 결혼했다. 아내는 17세로 미인이었다.

어느 날 밤 위고가 아내에게 신상(身上)을 묻자, 그녀는 이렇게 대답했다.

"사실 저는 태수님의 양녀입니다. 친아버지는 송성에서 벼슬을 하시다가 돌아가셨지요. 그때 저는 젖먹이였는데 마음씨 착한 유모가 성 북쪽 거리에서 채소 장사를 하면서 저를 길렀답니다."

② 진(晉)나라에 색탐(索眈)이라는 점쟁이가 있었다.

어느 날 영고책(令孤策)이라는 사람이 몽점(夢占)을 치러 왔다.

"꿈속에서 나는 얼음 위에 서서 얼음 밑에 있는 사람과 이야기를 했습니다."

그러자 색탐(索眈)은 이렇게 해몽(解夢)했다.

"얼음 위는 양(陽)이요, 얼음 밑은 음(陰)인데 양과 음이 이야기한 것은 '얼음 위에 선 사람[빙상인(氷上人)]'인 그대가 결혼 중매를 서게 될 조짐이오. 성사(成事) 시기는 얼음이 녹는 봄철이고……."

그 후 얼마 안 되어 영고책은 태수의 부탁을 받고 태수의 아들과 장(張)씨의 딸을 중매 서서 이듬해 봄에 결혼을 성사시켰다.

출전 <속유괴록(續幽怪錄)>, <진서(晉書)> 색탐편(索眈篇)

危機一髮 (위기일발)

당(唐)나라의 한유(韓愈)는 불노(佛老, 불교와 도교)가 성행했던 당시에 유학의 도를 세우는 일을 평생의 업으로 삼았던 사람이다.

헌종(憲宗)이 사리(舍利)를 궁중으로 들여오려 하자, 한유는 표문(表文)을 올려 사리를 물과 불 속에 던질 것을 청하였다가 조주(潮州)로 귀향을 가게 되었다. 그런데 그곳에서 한 노승과 친하게 지내어 한동안 불교를 신봉한다는 오해를 받게 되었다. 한유로서는 여간 답답하지 않을 수 없었다.

때마침 상서(尙書, 육부의 으뜸 벼슬) 벼슬을 지낸 맹간(孟簡)이 한유에게 이 일에 대하여 묻는 편지를 보내왔다. 이에 한유는 자신의 답답한 심정을 편지로 써 보냈다. 자신이 불교를 신봉할 리가 없다는 것을 조목조목 적어 보낸 글이었다.

다음은 그 편지의 일부분이다.

"한(漢)나라 이래로 여러 유자(儒者)들이 일어나 보수하였으나 변

변치 못하여 백 개의 구멍과 천 군데의 상처가 생겼으니, 그 위기(危機)가 마치 한 올의 머리털(一髮)로 천 균(千鈞)의 무게를 끌어당기는 것과 같습니다. 유학의 명맥은 겨우 이어지다가 점점 미약해지고 끝내 없어졌습니다. (중략) 천지귀신(天地鬼神)이 위에서 내려다보시고 옆에서 바로잡아주시니 어찌 한 번의 좌절로 인하여 스스로 그 도를 훼손하고 불도(佛道)를 따르겠습니까?"

균(鈞, 서른 근 균)이란 30근(斤)으로 천 균은 18톤에 해당되는 엄청난 무게다. 그런데 한 올의 머리카락으로 천 균의 무게를 끌어당긴다고 하니, 당장이라도 머리카락이 끊어질듯 위태로운 상황이 아닐 수 없다. 한유는 한나라 이래로 유학의 도가 이어져 내려오는 당시의 상황을 위기일발(危機一髮)과 같다고 표현했던 것이다.

출 전 한유(韓愈)의 〈여맹상서(與孟尚書)〉

陰德陽報(음덕양보)

춘추전국시대, 초(楚)나라의 재상이던 손숙오(孫叔敖)가 어렸을 때의 일이다. 어느 날 밖에 나가 놀다가 집에 돌아온 그는 밥도 먹지 않으면서 걱정에 잠겨 눈물을 글썽거렸다.

그 어머니가 연유를 물으니 "제가 오늘 머리가 둘 달린 뱀을 보았습니다. 옛날부터 이런 뱀을 보면 죽는다고 했으니 곧 저는 죽을 것입니다."라고 대답했다.

그의 대답을 들은 어머니가 "그 머리가 둘 달린 뱀은 어디에 있느나?" 하고 물으니, 손숙오는 "그 뱀을 또 다른 사람이 보면 죽을까 걱정이 되어서 죽였습니다."라고 대답하였다.

이 말을 들은 어머니는 "너는 죽지 않는다." 하고 아들을 안심시키며 옛말을 인용하여 말했다.

"음덕이 있는 사람은 반드시 양보가 있고 은행(隱行)이 있는 사람은 반드시 조명(照明)이 있도다."

그 후 손숙오는 공부를 해서 뛰어난 사람이 되었다고 한다.

출 전 <일기고사(日記故事)>

泣斬馬謖(읍참마속)

삼국시대 초엽인 촉(蜀)나라 건흥(建興) 5년(227년) 3월, 제갈량(諸葛亮)은 대군을 이끌고 위(魏)나라 군사를 크게 무찔렀다.

그러자 조조(曹操)가 급파한 위나라의 명장 사마의(司馬懿)는 20만 대군으로 제갈량의 침공군과 대치했다.

제갈량에게는 사마의의 대군과 맞설 계책이 서 있었으나, 상대가 지략이 뛰어난 명장인 만큼 군량 수송로(軍糧輸送路)의 요충지인 '가정(街亭, 한중 동쪽)'을 수비하는 것이 문제였다.

그런데 그 중책(重責)을 맡길 만한 장수가 마땅치 않아서 제갈량은 고민했다. 그때 마속(馬謖, 190~228)이 그 중책을 자원하고 나섰다.

그는 제갈량과 문경지교(勿頸之交)를 맺은 명 참모 마량(馬良)의 동생으로, 평소 제갈량이 아끼는 재기발랄한 장수였다.

그러나 노회(老獪)한 사마의와 대결하기에는 아직 어렸다. 그래서 제갈량이 주저하자 마속은 거듭 간청했다.

　"다년간 병략(兵略)을 익혔는데 어찌 가정(街亭) 하나 지켜내지 못하겠습니까? 만약 패하면 저는 물론 일가권속(一家眷屬)까지 참형을 당해도 결코 원망치 않겠습니다."

　"좋다. 그러나 군율(軍律)에는 두말이 없다는 것을 명심하라."

　서둘러 가정에 도착한 마속은 지형부터 살펴보았다. 삼면이 절벽을 이룬 산이 있었다. 제갈량의 명령은 그 산기슭의 협로(峽路)를 사수만 하라는 것이었으나 마속은 욕심을 내어 적을 유인하여 역공할 생각으로 산 위에 진을 쳤다.

　그러나 마속의 생각과 달리 위나라 군사는 산기슭을 포위만 한 채 산 위를 공격해 올라오지 않았다. 그러자 산 위에서는 식수가 끊겼다. 다급해진 마속은 전 병력을 동원해 포위망을 돌파하려 했으나 위나라 용장 장합에게 참패하고 말았다.

　마속의 실패로 전군(全軍)을 한중(韓中)으로 후퇴시킨 제갈량은 마속에게 중책을 맡긴 것을 크게 후회했다. 군율을 어긴 그를 참형에 처하지 않을 수 없었기 때문이다.

　이듬해 5월, 마속이 처형되는 날이 왔다. 때마침 성도(成都)에서 연락관으로 와 있던 장완(張完)은 '마속과 같은 유능한 장수를 잃는 것은 나라의 손실'이라고 간곡히 설득했으나 제갈량은 듣지 않았다.

　"마속은 정말 아까운 장수요. 하지만 사사로운 정에 끌리어 군율을 저버리는 것은 마속이 지은 죄보다 더 큰 죄가 되오. 아끼는 사람일수록 가차 없이 처단하여 대의(大義)를 바로잡지 않으면 나라의 기강은 무너지는 법이오."

　마속이 형장으로 끌려가자, 제갈량은 소맷자락으로 얼굴을 가리고 마룻바닥에 엎드려 울었다고 한다.

　출　전 <삼국지(三國志)> 촉지(蜀志)

依門之望(의문지망)

　제(齊)나라 때 왕손가(王孫賈)의 어머니가 아들에게 말한 내용이 전해져 내려온다.

　"네가 아침에 나가서 늦게 오면 나는 집 문에 기대어 네가 오는가 바라보고, 저물어서 나가 돌아오지 않으면 나는 동구 밖 문에 기대어 네가 오는가 바라보고 서 있다."

　출　전 <전국책(戰國策)> 제책(齊策)
　유의어 의문지망(倚門之望), 의문망(倚門望), 의문이망(倚門而望),
　　　　의문의려(倚門倚閭), 의려지망(倚閭之望)

以管窺天(이관규천)

　춘추시대 말기의 일이다. 뒷날 동양 의학의 원조(元祖)이자 의성(醫聖)으로도 일컬어지는 편작(扁鵲)이 괵이라는 나라에 갔을 때였다. 마침 병을 앓던 이 나라의 태자가 숨졌다는 소식을 듣고 편작은 궁정의 의사를 찾아갔다.

편작은 태자의 병이 무엇인가를 물어보고 나서 말했다.

"그럼 내가 태자를 소생시켜 보겠습니다."

편작이 팔을 걷고 나서자, 궁정 의사가 어이없다는 듯이 말했다.

"그런 무책임한 말씀은 삼가시오. 어린애도 그런 말은 곧이듣지 않을게요."

그러자 편작이 하늘을 우러르며 탄식하듯 말했다.

"당신의 의술 따위는 '대롱으로 하늘을 엿보며(以管窺天)' 좁은 틈새로 무늬를 보는 것과 같소."

잠시 뜸을 들였다가 편작은 다시 말을 이었다.

"내 말을 정 믿지 못하겠다면 다시 한 번 태자를 살펴보시오. 귀가 울고 코가 벌름거리는 소리가 들려올게요. 그리고 양쪽 사타구니를 쓰다듬다가 음부에 손이 닿으면, 그곳이 아직 따뜻할 것이오."

고개를 갸웃거리며 다시 진찰해 보니 편작이 말한 그대로여서, 궁정 의사는 딱 벌어진 입을 다물지 못했다.

편작이 침을 놓자 태자는 소생했고, 치료를 계속한 끝에 20일 후에는 일어날 수 있게 되었다. 사람들이 죽은 사람도 소생시킬 수 있다고 수군댔으나, 편작은 이렇게 말했다.

"죽은 사람을 소생시킨 게 아니오. 아직 죽지 않은 사람을 고친 것뿐이오."

유의어 용관규천(用管窺天), 관중지천(管中之天),
　　　　　좌정관천(坐井觀天), 정저지와(井底之蛙)

출　전 <사기(史記)>

二桃殺三士(이도살삼사)

제(齊)나라 경공(景公)에게는 신변을 호위하는 장수로 공손접(公孫接), 고야자(古冶子), 전개강(田開疆) 세 사람이 있었다. 그들은 힘과 공을 빌어 법과 위계질서를 무시했다. 그 모습을 참다못한 재상 안영(晏嬰)이 이들을 제거하기 위한 계획을 짰다.

어느 날, 안영은 만찬석상에서 복숭아 두 개를 경공에게 바치며 "가장 충성스럽고 공로가 큰 신하에게 이 복숭아를 상으로 주십시오." 라고 말했다.

먼저 공손접이 나서서, "사냥 때 폐하께 달려드는 호랑이를 내가 맨손으로 잡았다." 하고는 복숭아를 하나 가졌다. 전개강 역시 "나는 매복을 사용하여 두 번이나 적을 무찔렀다." 하고는 남은 복숭아를 가졌다. 이에 당황한 고야자가 "폐하를 모시고 황허강을 건널 때, 폐하 수레의 왼쪽 말이 중류로 도망쳤다. 내가 강으로 들어가 백 걸음 동안 흐름을 거스른 다음 흐름을 좇아 90리를 가 말을 죽였다. 그런 다음 왼손으로 말의 엉덩이를 붙잡고 오른손으로 말의 목을 들어 언덕으로 올라왔다." 하고 큰 소리로 말했다.

공손접과 전개강이 이 말을 듣고, "우리의 공훈은 그대의 발끝에도 미치지 못한다. 그런데도 복숭아를 탐한 것은 우리의 탐욕 때문이다." 하고는 스스로 목을 베었다.

고야자도 "두 사람이 죽었는데 나 혼자 사는 것은 인(仁)이 아니다. 사람이 명성을 자랑하고 있는 것을 듣고 부끄럽게 여기는 것은 의롭지 못하다." 하고 칼을 뽑아 자기의 목을 찔렀다.

이 고사가 세상에 알려지게 된 것은 제갈량(諸葛亮)의 <양보음(梁甫吟)>이라는 고체시(古體詩) 때문이다. 그는 이렇게 노래하였다.

"하루아침에 참언을 입어[一朝被讒言], 두 복숭아가 세 장사를 죽였다[二桃殺三士]."

이백 또한 동명의 시를 지어 이 고사를 더욱 유명하게 하였다.

"제나라 재상은 힘이 남산을 갈아엎는 세 명의 장사를 죽이는 데 두 개의 복숭아를 사용하였다[力排南山三壯士 齊相殺之費二桃]."

출 전 <안자춘추(晏子春秋)>

以心傳心(이심전심)

송(宋)나라의 중 도언(道彦)이 석가 이후 고승들의 법어를 기록한 <전등록(傳燈錄)>에는, 석가가 제자인 가섭(迦葉)에게 말이나 글이 아니라 '이심전심(以心傳心)'의 방법으로 불교의 진수(眞髓)를 전했다는 이야기가 나온다.

이에 대해, 송나라의 중 보제(普濟)는 <오등회원(五燈會元)>에 다음과 같이 기록했다고 한다.

『어느 날 석가는 제자들을 영산(靈山)으로 불러 모았다.

그리고는 그들 앞에서 손가락으로 '연꽃 한 송이를 집어 들고 말없이 약간 비틀어 보였다[염화(拈華)].'

제자들은 석가가 왜 그러는지 그 뜻을 알지 못했다.

그러나 가섭만은 그 뜻을 깨닫고 '빙긋이 웃었다[미소(微笑)].'

그제야 석가가 가섭에게 말했다.

"나에게는 정법안장(正法眼藏, 인간이 원래 갖추고 있는 매우 뛰어 난 덕)과 열반묘심(涅槃妙心, 번뇌(煩惱)를 벗어나 진리에 도달한 마음), 실상무상(實相無相, 불변의 진리), 미묘법문(微妙法門, 진리를 아는 마음), 불립문자 교외별전(不立文字 敎外別傳, 모두 언어나 경전 에 의하지 않고 '이심전심'으로 전하는 오묘한 뜻. 곧 진리는 마음에 의해서만 전해지고 받아들여지기 때문에 이렇게 말함)이 있다. 이것 을 너에게 전해주마."』

출 전 ＜오등회원(五燈會元)＞, ＜전등록(傳燈錄)＞,
＜무문관(無門關)＞, ＜육조단경(六祖壇經)＞

유의어 염화미소(拈華微笑), 염화시중(拈華示衆) : 석가께서 꽃을 드신 뜻을 알고 미소를 지음.
불립문자(不立文字), 교외별전(敎外別傳) : 경전이나 언어 등에 의하지 않고 마음으로 통하는 것.

以暴易暴(이포역포)

백이(伯夷)와 숙제(叔齊)는 고죽국(孤竹國) 왕의 장남과 삼남이었 다. 왕은 막내 숙제를 후계자로 지명하고 죽었는데, 숙제는 형제간 위계질서를 핑계 삼아 왕위를 맏형인 백이에게 양보했다. 그러나 백이는 부왕의 유조(遺詔)를 내세우며 피했고, 숙제 역시 형의 뒤를 따랐다. 그 바람에 왕위는 엉뚱하게 둘째의 차지가 되었다.

이때 백이와 숙제는 서백(西伯)인 창(昌)이 의로운 사람이라는 소문을 듣고 그를 찾아갔다. 그러나 가서 보니 창은 이미 세상을 떠났고, 그 아들인 주(周)나라를 세운 무왕(武王)이 아버지의 위패를 수레에 싣고 은(殷)나라의 폭군 주왕(紂王)을 치기 위해 동쪽으로 떠나려 하고 있었다. 백이와 숙제는 무왕의 말고삐를 잡고 호소했다.

"부친의 장례도 치르지 않은 채 전쟁을 일으키려 하는 것을 효(孝)라 할 수 없고, 신하로서 자기 임금을 치려고 하는 것을 인(仁)이라 할 수 없습니다. 다시 한 번 생각하십시오."

무왕을 모시고 있던 무장들이 발끈하여 이들을 죽이려고 하자, 무왕의 스승이며 대신인 강태공(姜太公)이 서둘러 말렸다.

"참으시오. 이들은 의로운 사람들이외다. 이들을 죽이는 것은 민심을 잃자는 것이나 다름없소."

무왕도 그 말을 옳게 여기고 백이와 숙제를 방면하여 보냈다.

그 후 은나라가 완전히 망하고 주나라 세상이 되었지만, 백이와 숙제는 "우리는 은나라 백성이지 주나라 백성이 아니다."라고 하며 수양산(首陽山)으로 들어가 버렸다. 그리고는 주나라 양식이라며 곡식은 입에 대지도 않고 고비를 꺾어 배를 채우다가 굶주림으로 죽었는데, 죽기 전에 이런 노래를 불렀다고 한다.

저 서산에 올라 산중의 고비나 꺾자구나.
포악한 것으로 포악한 것을 다스렸으니,
그 잘못을 알지 못하는구나.
신농(神農), 우(禹), 하(夏)의 시대는 어느새 사라져버렸으니,

우리는 장차 어디로 돌아간다는 말인가.

아, 이제는 죽음뿐이로다. 쇠잔한 우리의 운명이여!

출 전 <사기(史記)> 백이숙제열전편(伯夷叔齊列傳篇)

一網打盡(일망타진)

북송(北宋) 4대 황제인 인종(仁宗) 때의 일이다.

당시 북방에는 거란[계단(契丹) : 요(遼)]이 세력을 확장하고 있었고, 남쪽에는 중국의 일부였던 안남(安南, 베트남)이 독립을 선언하는 등 사방의 정세가 불리하게 돌아가는데도 인종은 연약한 외교로 일관할 뿐이었다.

그러나 내치(內治)에는 괄목할 만한 치적(治績)이 적지 않았다. 전한(前漢) 5대 황제인 문제(文帝)와 더불어 어진 임금으로 이름난 인종은 백성을 사랑하고 학문을 장려했다.

그리고 인재를 널리 등용하여 문치(文治)를 폄으로써 이른바 '경력(慶曆, 인종의 연호)의 치(治)'로 불리는 군주정치의 모범적 성세(聖世)를 이룩했다.

이때의 역사적인 명신으로는 한기(韓琦), 범중엄(范仲淹), 구양수(歐陽脩), 사마광(司馬光), 주돈이(周敦頤), 장재(張載), 정호(程顥), 정이(程頤) 등이 있었는데, 이들이 조의(朝議)를 같이하다 보니 명론탁설(名論卓說)이 백출(百出)했고 따라서 충돌도 잦았다.

결국 조신(朝臣)이 양당으로 나뉘어 교대로 정권을 잡게 되자 20년

간에 내각이 17회나 바뀌었는데, 후세의 역사가는 이 단명내각의 시대를 가리켜 '경력의 당의(黨議)'라 일컫고 있다.

이 무렵, 청렴 강직하기로 이름난 두연(杜衍)이 재상이 되었다.

당시의 관행으로는 황제가 상신(相臣)들과 상의하는 과정을 거치지 않고 독단으로 조서를 내리는 일이 있었는데, 이것을 일러 '내강(內降)'이라고 했다.

두연은 이 같은 관행은 올바른 정도(正道)를 어지럽히는 것이라 하여, 내강이 있으면 이를 묵살·보류했다가 10여 통쯤 쌓이면 그대로 황제에게 되돌려 보내곤 했다.

그러나 두연의 이러한 소행은 성지(聖旨)를 함부로 굽히는 짓이라 하여 조야로부터 비난의 대상이 되었다.

이런 때 공교롭게도 관직에 있는 두연의 사위 소순흠(蘇舜欽)이 공금을 유용하는 부정을 저질렀다. 그러자 평소 두연에 대한 감정이 좋지 않은 어사(御史) 왕공진(王拱辰)이 쾌재를 부르며 소순흠을 엄히 문초했다. 그리고 그와 가까이 지내는 사람들을 모두 공범으로 몰아 잡아 가둔 뒤 재상 두연에게 이렇게 보고했다.

"범인들은 '일망타진(一網打盡)'했습니다."

이 사건으로 말미암아 그 유명한 두연도 재임 70일 만에 재상직에서 물러나고 말았다.

출 전 <송사(宋史)> 인종기(仁宗紀)

自	家	撞	着	같은 사람의 말이나 행동이 앞뒤가
스스로 자	집 가	칠 당	붙을 착	서로 맞지 아니하고 모순됨.

속 뜻 진리를 찾지만 찾을 수 없고, 결국 이리저리 자신과 부딪친다는 내용. 자기(自己) 스스로에 대(對)한 모순(矛盾).

自	强	不	息	스스로 힘써서 쉬지 아니함.
스스로 자	굳셀 강	아닐 불	쉴 식	

속 뜻 열심히 노력함.

自	過	不	知	자기의 잘못을 (자기가) 알지 못함.
스스로 자	지나갈 과	아니 불(부)	알 지	

속 뜻 사람은 대개 자신의 과실을 스스로 깨닫지 못한다.

自	欺	欺	人	자신을 속이고 남을 속인다.
자기 자	속일 기	속일 기	사람 인	● 人 : 남 인

속 뜻 ① 자신도 믿지 않는 말이나 행동으로 남까지 속이는 사람.
② 도덕 불감증 세태를 풍자하거나 망언(妄言)을 경계하는 성어.

自	繩	自	縛	자기가 꼰 새끼로 스스로를 묶는 다는 뜻.
스스로 자	먹줄 승	스스로 자	묶을 박	

속 뜻 자기가 한 말이나 행동 때문에 자기 자신이 구속되어 괴로움을 당하게 됨을 비유적으로 이르는 말.

子	子	孫	孫	자손의 여러 대.
아들 자	아들 자	손자 손	손자 손	

속 뜻 후세까지 대를 이어 줄곧 이어짐.
유의어 대대손손(代代孫孫)

作	心	三	日	마음먹은 것이 사흘 감.
지을 작	마음 심	석 삼	날 일	

속 뜻 결심이 굳지 못해 오래가지 못함.

長	幼	有	序	어른과 아이 사이에는 차례가 있어야 한다.
어른 장	어릴 유	있을 유	차례 서	

속 뜻 오륜(五倫)의 하나.

賊	反	荷	杖	도둑이 도리어 매를 든다.
도둑 적	돌이킬 반	멜 하	지팡이 장	

속 뜻 잘못한 사람이 도리어 잘한 사람을 나무람.

前	倨	後	恭	이전에는 거만했는데 나중에는 공손하다는 뜻.
앞 전	거만할 거	뒤 후	공손할 공	**유래** ➡ 286쪽 참조

속 뜻 상대편의 입지에 따라 태도가 변하는 것을 이르는 말.
유의어 전교후공(前驕後恭)

前	途	有	望	앞날이 잘 되어갈 희망이 있음.
앞 전	길 도	있을 유	바랄 망	

속 뜻 전도양양(前途洋洋) : 장래가 매우 밝음.

戰	戰	兢	兢	겁을 먹고 벌벌 떨며 몸을 움츠리는 모습.
싸움 전	싸움 전	조심할 긍	조심할 긍	●戰 : 떨 전

속 뜻 위기감에 절박해진 심정.

輾	轉	反	側	누워서 이리저리 뒤척거리며 잠을 못 이룸.
돌아누울 전	구를 전	돌이킬 반	기울 측	**유래** ➡ 287쪽 참조

속 뜻 생각과 고민이 많아 잠을 이루지 못함.

轉	禍	爲	福	화를 바꾸어 복이 되게 하다.
구를 전	재앙 화	할 위	복 복	●轉 : 바꿀 전 ●爲 : 될 위
				유래 ➡ 288쪽 참조

속 뜻 화가 바뀌어 오히려 복이 될 수 있다는 뜻.
유의어 인화위복(因禍爲福), 새옹지마(塞翁之馬)

絶	世	佳	人	세상에서 뛰어나게 아름다운 사람.
끊을 절	세상 세	아름다울 가	사람 인	●絶 : 뛰어날 절

속 뜻 세상에서 견줄 만한 사람이 없을 정도로 뛰어나게 아름다운 여자.

絶	長	補	短	긴 것을 잘라서 짧은 것에 보태어 알 맞게 함.
끊을 절	긴 장	도울 보	짧을 단	

속 뜻 장점으로 부족한 점이나 나쁜 점을 보충함.

切	磋	琢	磨	갈고 닦음.
끊을 절	갈 차	쪼을 탁	갈 마	**유 래** ➡ 288쪽 참조

속 뜻 옥과 돌을 갈고 닦듯 학문과 덕행을 갈고 닦음.
유의어 여절여차 여탁여마(如切如磋 如琢如磨), 절마(切磨)

切	齒	腐	心	몹시 분하여 이를 갈고 속을 썩임.
끊을 절	이 치	썩을 부	마음 심	

속 뜻 어떠한 실패나 패배가 마음에 사무치고 분하여 이를 갈고 속을 썩인다.

漸	入	佳	境	점차 아름다운 경지로 들어섬.
점점 점	들 입	아름다울 가	지경 경	**유 래** ➡ 289쪽 참조

속 뜻 경치나 문장, 사건이 갈수록 재미있게 전개됨.

頂	門	一	針	정수리에 침을 놓음.
정수리 정	문 문	한 일	바늘 침	

속 뜻 남의 잘못을 따끔하게 비판하거나 충고함.

正	正	堂	堂	바르고 떳떳함.
				●堂 : 떳떳할 당
바를 정	바를 정	집 당	집 당	

속 뜻 (태도나 처지, 수단 따위가) 그름이 없고 떳떳함.

糟	糠	之	妻	술지게미와 쌀겨로 끼니를 이어간 아내.
지게미 조	겨 강	어조사 지	아내 처	**유래** ➡ 290쪽 참조

속 뜻 힘든 시절에 보잘것없는 음식을 먹으며 함께 고생한 아내.
유의어 조강지처불하당(糟糠之妻不下堂).

朝	令	暮	改	아침에 내린 명령을 저녁에 다시 고친다.
				●令 : 명령할 령
아침 조	하여금 령	저물 모	고칠 개	**유래** ➡ 291쪽 참조

속 뜻 법령을 자주 고쳐 갈피를 잡기가 어려움.

朝	變	夕	改	아침에 바꾸고 저녁에 고침.
아침 조	변할 변	저녁 석	고칠 개	

속 뜻 법령을 자주 고쳐 갈피를 잡기 어려움.

朝	三	暮	四	아침에 세 개, 저녁에 네 개.
				(얕은꾀로 남을 속이고 농락함.)
아침 조	석 삼	저물 모	녁 사	유 래 ➡ 292쪽 참조

속 뜻 눈앞의 차이만 알고 결과가 같음을 모름.

유의어 조사모삼(朝四暮三), 조삼(朝三)

助	長	자라는 것을 도와주다.
		●長 : 자랄 장
도울 조	길 장	유 래 ➡ 293쪽 참조

속 뜻 순리대로 하지 않고 억지로 하다가 도리어 일을 망침.

坐	不	安	席	앉아도 자리가 편하지 않음.
앉을 좌	아닐 불	편안 안	자리 석	

속 뜻 불안하거나 걱정스러워 한군데에 오래 앉아 있지 못함.

座	右	銘	자리 오른쪽에 붙여놓고 반성의 자료로 삼
			는 격언이나 경구.
자리 좌	오른쪽 우	새길 명	유 래 ➡ 294쪽 참조

속 뜻 늘 가까이 적어두고, 일상의 경계로 삼는 말이나 글.

坐	井	觀	天	우물 속에 앉아 하늘을 봄.
앉을 좌	우물 정	볼 관	하늘 천	

속 뜻 견문이 매우 좁음. 우물 안 개구리.

유의어 정저지와(井底之蛙) ●蛙 : 개구리 와

281

左	衝	右	突	왼쪽으로 부딪치고 오른쪽으로 부딪침.
왼 좌	찌를 충	오른 우	부딪칠 돌	

속 뜻 이리저리 부딪침.

晝	耕	夜	讀	낮에는 밭 갈고 밤에는 책을 읽음.
낮 주	밭갈 경	밤 야	읽을 독	

속 뜻 어려운 상황에서도 학문을 열심히 함.

走	馬	看	山	달리는 말 위에서 산천을 구경함.
달릴 주	말 마	볼 간	메 산	

속 뜻 바삐 서둘러서 이것저것을 대강대강 훑어보고 지나침.

酒	池	肉	林	술이 연못을 이루고 고기가 숲을 이룬다.
술 주	못 지	고기 육	수풀 림	**유 래** ➡ 295쪽 참조

속 뜻 호화롭고 사치스런 주연(酒宴).
유의어 육산주지(肉山酒池), 육산포림(肉山脯林)

竹	馬	故	友	대나무 말을 타고 놀던 옛 친구.
대 죽	말 마	옛 고	벗 우	

속 뜻 고향의 어릴 적 옛 친구.

衆	口	難	防	여러 사람의 입은 막기 어렵다.
무리 중	입 구	어려울 난	막을 방	

속 뜻 뭇사람의 여러 가지 의견을 일일이 받아 넘기기는 어려움.

知	己	之	友	자기를 잘 알아주는 친구.
				●己 : 자기 기
알 지	몸 기	어조사 지	벗 우	**유 래** ➡ 297쪽 참조

속 뜻 자신의 속마음을 잘 이해해 주는 참다운 친구.
유의어 지음(知音), 지기(知己)

之	東	之	西	동쪽으로 갔다가 서쪽으로 갔다가 함.
갈 지	동녘 동	갈 지	서녘 서	

속 뜻 줏대 없이 이리저리 갈팡질팡함.

芝	蘭	之	交	지초와 난초의 사귐.
지초 지	난초 란	어조사 지	사귈 교	

속 뜻 맑고도 고상한 사귐.

指	鹿	爲	馬	사슴을 가리켜 말이라고 함.
가리킬 지	사슴 록	할 위	말 마	**유 래** ➡ 298쪽 참조

속 뜻 윗사람을 농락하여 권세를 마음대로 휘두름.

志	在	千	里	뜻이 천리에 있음.
뜻 지	있을 재	일천 천	마을 리	

 품은 뜻이 원대함.

知	彼	知	己	적을 알고 나를 안다. ●己 : 자기 기
알 지	저 피	알 지	몸 기	

 적의 형편과 나의 형편을 자세히 아는 것 (지피지기 백전백승 : 知彼知己 百戰百勝)

紙	筆	硯	墨	종이와 붓과 벼루와 먹.
종이 지	붓 필	벼루 연	먹 묵	

 문방사우(文房四友 : 글방의 네 가지 꼭 필요한 친구).

知	行	合	一	지식과 행동이 하나로 합치되다. (서로 맞음.)
알 지	행할 행	합할 합	한 일	

 이론과 실천은 일치되어야 한다. (참 지식은 반드시 실행이 따라야 한다.)

珍	羞	盛	饌	맛이 좋은 음식으로 많이 잘 차린 것.
보배 진	음식 수	성할 성	반찬 찬	

 성대하게 차린 진귀한 음식.

進	退	兩	難	나아가는 것과 물러서는 것 둘 다 어렵다.
나아가다 진	물러날 퇴	둘 량(양)	어려울 난	

속 뜻 이러기도 어렵고 저러기도 어려운 매우 난처한 처지에 놓여 있음을 이르는 말.

集	小	成	多	작은 것을 모아서 많은 것을 이룸.
모을 집	작을 소	이룰 성	많을 다	

속 뜻 티끌 모아 태산.
유의어 적토성산(積土成山) : 흙을 쌓아 태산을 이룸.

故事·成語 유래

前倨後恭(전거후공)

춘추전국시대에 종횡가(縱橫家, 중국 전국시대의 제자백가(諸子百家) 중 정치적 책략으로써 당시 국제외교상에서 활약한 유세객(遊說客)들을 일컬음)로 손꼽히는 소진(蘇秦)이 있었다.

그는 본래 낙양(洛陽) 사람으로 귀곡자(鬼谷子)를 스승으로 섬겼고, 수년 동안 제후들에게 유세하러 다니기도 했으나 모두 실패하여 결국 실의에 빠진 채 고향으로 돌아왔다.

그의 낙향에 아내와 형제들은 말할 것도 없고, 그의 형수는 노골적으로 경멸하며 비웃었다.

그러나 형수를 비롯한 가족들의 냉대 속에서도 그의 학문은 나날이 일취월장했고, 마침내 '합종책(合從策, 당시 동쪽에 있던 연(燕)·초(楚)·한(韓)·위(魏)·조(趙)·제(齊)의 6국이 연합하여 서방의 막강한 진(秦)나라에 맞서는 정책)' 이론을 완성하여 다시 세상에 나아갔다. 결국 그의 견해는 받아들여져 6국은 소진을 승상의 지위까지 맡겨 진나라를 무력하게 만들었다.

소진은 어느 날 북방에 있는 조나라로 가던 중 옛날 생각이 나서 고향에 잠시 들르기로 했다. 그가 집에 도착하자, 그의 형제와 아내는 감히 그를 쳐다보지도 못하고 곁눈질하며 시중을 들었다. 특히 형수의 태도는 더욱 공손하였다. 소진은 그 모습을 보고 형수에게 물었다.

"옛날에는 무척 거만했는데, 지금은 어찌해서 이다지도 공손해지셨습니까?"

"이제는 서방님의 지위가 높아 감히……."

이 말을 듣고 난 소진은 한탄하며 이렇게 되뇌었다.

"나는 예나 지금이나 똑같은 소진인데, 부귀할 때는 남들이 두려워하고 빈천할 때는 멸시하니, 부와 명예가 이렇게도 대단하던가!"

출 전 <사기(史記)>

輾轉反側(전전반측)

고민으로 인하여 잠을 이루지 못하는 일, 혹은 잠자지 못하고 뒤척임을 되풀이하는 것을 형용하여 '전전반측(輾轉反側)'이라고 하거니와, 이 말은 본래는 아름다운 여인을 그리워하여 잠을 이루지 못하는 것을 형용해서 하는 말이다.

공자(孔子)가 엮은 <시경(詩經)> 국풍(國風)편에 나오는 관관저구(關關雎鳩)라는 한 시구(詩句)로, 이 시는 성인으로 이름 높은 주(周) 문왕(文王)과 그의 아내 태사를 높이 칭송한 것이라 한다.

출 전 <시경(詩經)> 주남(周南)

轉禍爲福(전화위복)

전국시대 합종책(合從策)으로 6국, 곧 한(韓), 위(魏), 조(趙), 연(燕), 제(齊), 초(楚)의 재상을 겸임했던 종횡가(縱橫家, 모사) 소진(蘇秦)은 이런 말을 한 적이 있다.

"옛날에 일을 잘 처리했던 사람은
'화를 바꾸어 복을 만들었고 [전화위복(轉禍爲福)]',
실패한 것을 바꾸어 공(功)으로 만들었다 [인패위공(因敗爲功)]."

어떤 불행한 일이라도 끊임없는 노력과 강인한 의지로 힘쓰면 불행을 행복으로 바꾸어놓을 수 있다는 말이다.

출 전 <전국책(戰國策)> 연책(燕策)

切磋琢磨(절차탁마)

<논어(論語)> 학이편(學而篇)에는 <시경(詩經)>에 실려 있는 시가 인용되고 있다.

언변과 재기가 뛰어난 자공(子貢)이 어느 날 스승인 공자(孔子)에게 물어보았다.

"가난해도 아첨함이 없고[빈이무첨(貧而無諂)], 부유하면서 교만함이 없는 것[부이무교(富而無驕)]은 어떠합니까?"

공자(孔子)는 이렇게 대답했다.

"훌륭하도다. 그러나 가난해도 도(道)를 즐거워하고[빈이낙도(貧而樂道)], 부유하면서도 예절을 좋아하는 사람만은 못하느니라[부이호예(富而好禮)]."

자공(子貢)이 다시 여쭈었다.

"시경에는 '선명하고 아름다운 군자는 뼈나 상아(象牙)를 잘라서 줄로 간 것[절차(切磋)]처럼, 또한 옥이나 돌을 쪼아서 모래로 닦은 것[연마(研磨)]처럼 밝게 빛나는 것 같다.'고 나와 있는데, 이는 선생님이 말씀하신 '수양에 수양을 쌓아야 한다.'는 것과 같습니까?"

"사(賜, 자공의 이름)야, 비로소 더불어 시경을 논할 만하구나. 지난 일들을 일러주었더니 닥쳐올 일까지 안다고 했듯이, 너야말로 하나를 듣고 둘을 알 수 있는 인물이로다."

출 전 <논어(論語)> 학이편(學而篇),
　　　　　<시경(詩經)> 위풍편(衛風篇)

漸入佳境(점입가경)

고개지(顧愷之, 344~405)는 중국(中國) 동진(東晉)시대 명화가(名畵家)이다.

그는 다재다능(多才多能)한 화가였으며 문학과 서예에도 능해 훌륭한 작품을 남겼다.

여기에다 시속(時俗)과 맞지 않는 특이한 언행(言行)과 해학(諧謔)

으로 당시 사람들은 그를 삼절(三絶 : 畵絶·才絶·痴絶)이라고 불렀다. 치절(痴絶)은 그의 독특한 기행(奇行)과 유머를 가리키는 말이다. 그는 사탕수수를 즐겨 먹었는데 늘 가느다란 가지부터 먼저 씹어 먹었다. 사실 사탕수수는 뿌리 부분으로 내려갈수록 단맛이 더한 법이다. 이상하게 생각한 친구들이 묻자 태연하게 말했다.

"점점 갈수록 단맛이 나기 때문이지[점입가경(漸入佳境)]."

이때부터 점입가경(漸入街境)은 경치나 문장, 또는 어떤 일의 상황이 갈수록 재미있게 전개되는 것을 뜻하게 됐다. 줄여서 가경(街境)이라고도 한다.

糟糠之妻(조강지처)

후한(後漢) 광무제(光武帝) 때의 일이다. 건원(建元) 2년(26), 당시 감찰(監察)을 맡아 일하고 있던 대사공(大司空 : 御史大夫) 송홍(宋弘)은 온후함과 강직함을 함께 겸비한 인물이었다.

어느 날 광무제는 미망인이 된 누나인 호양공주(湖陽公主)를 불러 신하 중 누구를 마음에 두고 있는지 그 의중을 떠보았다.

그 결과 호양공주가 당당한 풍채와 덕성을 지닌 송홍에게 호감을 갖고 있다는 사실을 알게 되었다.

그 후 광무제는 호양공주를 병풍 뒤에 앉혀 놓고 송홍과 이런저런 이야기를 나누던 끝에 다음과 같은 질문을 했다.

"흔히들 말하길 고귀해지면 (천할 때의) 친구를 바꾸고, 부유해지면 (가난할 때의) 아내를 버린다고 하던데, 이것은 인지상정(人之常情) 아니겠소?"

그러자 송홍이 이렇게 대답했다.

"신은 '가난하고 천할 때의 친구는 잊지 말아야 하며[빈천지교불가망(貧賤之交不可忘)]', '술찌끼와 겨로 끼니를 이을 만큼 구차할 때 함께 고생하던 아내는 버리지 말아야 한대[조강지처불하당(糟糠之妻不下堂)].'고 들었사온데, 이는 사람의 도리라고 생각하나이다."

이 말을 들은 광무제와 호양공주는 크게 실망했다고 한다.

<출 전> <후한서(後漢書)>

朝令暮改(조령모개)

전한(前漢)시대에 재정 경제에 밝았던 어사대부 조착이라는 인물이 있었다.

그는 그 당시 흉노족이 자주 북방을 침략하여 끊임없이 곡식 약탈을 자행하는 현실을 직시하고 변방의 부족한 곡식 문제를 해결할 수 있는 묘책을 내놓았다.

그가 상소한 글은 '논귀속소(論貴粟疏, 곡식의 귀함을 논의한 상소문)'라는 것으로서, 백성들이 농사짓느라고 얼마나 고통에 시달리고 있는지를 상세히 기록하고 있다.

즉 대략 다섯 가족인 농가에서 부역에 나가야 하는 사람이 두 사람이나 되어 춘하추동 쉴 날이 없다는 내용이었다. 게다가 관청에서 백성들에 대한 세금을 제멋대로 매길 뿐 아니라 개인적으로 조문도 가야 하고, 아이들을 길러야 하는 등 해야 할 일이 한두 가지가 아니라는 것이었다.

그리고 조착은 이렇게 썼다.

'홍수와 가뭄을 당하는 중에도 갑자기 세금을 징수하고 부역을 동원하고 있는 실정입니다. 이렇듯 세금과 부역의 시기가 정해지지 않은 것은 아침에 영을 내리고 저녁에 고치는 결과를 초래하게 되는 것입니다.'

즉 법령을 지나치게 자주 바꿔서는 안 된다는 이야기였다.

그러나 소신을 다한 이러한 노력에도 불구하고, 조착은 결국 귀족들의 시기로 인해 모함을 받아 죽임을 당하고 말았다.

조령모개는 요즘에는 주로 갈팡질팡하는 행정 업무를 꼬집어 말할 때 사용한다.

출 전 <사기(史記)> 평준서(平準書) 재정경제사장(財政經濟史章)

朝三暮四(조삼모사)

송(宋)나라에 저공(狙公)이라는 사람이 있었다.

'저(狙)'란 원숭이를 뜻한다. 그 이름이 말해 주듯, 저공은 많은 원숭이를 기르고 있었다. 가족의 양식까지 퍼다 먹일 정도로 원숭이를 좋아하는 저공을 원숭이들은 따랐고, 마음까지 알았다고 한다.

그런데 워낙 많은 원숭이를 기르다 보니 먹이를 대는 일이 날로 어려워졌다. 저공은 할 수 없이 원숭이에게 나누어줄 먹이를 줄이기로 했다.

그러나 먹이를 줄이면 원숭이들이 자기를 싫어할 것 같아 그는 우선 원숭이들에게 이렇게 말했다.

"너희들에게 나누어주는 도토리를 앞으로는 '아침에 세 개, 저녁에 네 개[조삼모사(朝三暮四)]'씩 줄 생각인데, 어떠냐?"

그러자 모든 원숭이들이 화를 냈다.

'아침에 도토리 세 개로는 배가 고프다.'는 불만임을 안 저공은 '됐다.' 싶어 이번에는 이렇게 말했다.

"그럼 '아침에 네 개, 저녁에 세 개[조사모삼(朝四暮三)]'씩 주마."

그러자 원숭이들은 모두 기뻐했다고 한다.

출 전 <열자(列子)> 황제편(黃帝篇),
　　　　<장자(莊子)> 제물편(齊物篇)

助長 (조장)

맹자가 제자인 공손추와 정치에 대한 이야기를 하다가 호연지기(浩然之氣)란 말이 나왔다. 맹자는 호연지기에 대해 설명하고 기를 기르는 방법을 일러주었다.

"호연지기를 기르는 데 있어서 첫째 유념해야 할 것은 그 행하는 것이 모두 도의(道義)에 맞아야 한다는 사실이다. 기(氣)만을 목적으로 해서 길러서는 안 된다. 그렇다고 해서 양기(養氣)의 방법을 전혀 잊어버리는 것도 좋지 않다. 송(宋)나라의 어떤 사람처럼 너무 서둘러 무리하게 조장하려고 해서는 안 된다."

맹자는 여기서 재미있는 예를 들어 설명했다.

송나라의 어떤 농부가 모를 심었는데 그 모가 좀처럼 잘 자라지 않았다. 어떻게 하면 빨리 자랄까 하고 궁리한 끝에 손으로 뽑아서 늘여주기로 했다. 그 많은 모를 하나하나 뽑아 늘이자니 얼마나 힘이 들었겠는가. 녹초가 된 농부는 집으로 돌아와 말했다.

"아, 정말 피곤하군. 모가 하도 작아서 잘 자라도록 도와주고[조장(助長)] 왔지."

식구들이 놀라 논으로 가보니 모가 전부 말라죽어 있었다.

"처음부터 기를 기르는 것은 쓸데없는 것이라고 내버려 두는 것도, 그렇다고 기는 길러야 하는 것이라 믿고 그 성장을 조장하는 것도 모두 좋지 않다."

이것이 맹자의 결론이었다.

출 전 <맹자(孟子)> 공손추상(公孫丑上)

座右銘(좌우명)

좌우명(座右銘)이란 자리 오른쪽에 붙여 놓고 반성의 자료로 삼는 격언(格言)이나 경구(警句)를 말한다. 그러나 원래는 문장(文章)이 아니라 술독을 사용했다고 한다.

제(齊)나라는 춘추오패(春秋五霸)의 하나였던 환공(桓公)이 죽자 묘당(廟堂)을 세우고 각종 제기(祭器)를 진열해 놓았는데 그중 하나가 이상한 술독이었다.

텅 비어 있을 때는 기울어져 있다가도 술을 반쯤 담으면 바로 섰다가 가득 채우면 다시 엎어지는 술독이었다.

하루는 공자(孔子)가 제자(弟子)들과 함께 그 묘당(廟堂)을 찾았는데 박식(博識)했던 공자도 그 술독만은 알아볼 수 없었다.

담당 관리의 이야기를 듣고 나서 그는 무릎을 쳤다.

"아! 저것이 그 옛날 제환공(齊桓公)이 의자 오른쪽에 두고 가득 차는 것을 경계했던 바로 그 술독이로구나!"

그는 제자들에게 물을 길어와 그 술독을 채워보도록 했다. 과연 비스듬히 세워져 있던 술독이 물이 차오름에 따라 바로 서더니만 나중에는 다시 쓰러지는 것이 아닌가. 이에 공자가 말했다.

"공부도 이와 같은 것이다. 다 배웠다고(가득 찼다고) 교만(驕慢)을 부리는 자(者)는 반드시 화(禍)를 당하게 되는 법(法)이니라."

집에 돌아온 그는 똑같은 술독을 만들어 의자 오른쪽에 두고는 스스로를 가다듬었다고 한다.

酒池肉林(주지육림)

하나라 걸왕은 악독하고 탐욕스러웠으나 남다른 힘과 지략을 가지고 있었다. 이러한 걸왕의 마음을 송두리째 빼앗아 마침내 하나라를 멸망케 만든 여인이 있었으니, 그녀가 바로 매희(妹喜)이다. 매희는 어느 조그마한 나라가 걸왕에게 항복하면서 바친 진상품 중의 하나였다. 그러나 걸왕은 매희를 보자마자 넋을 잃고 빠져들었다.

그 후 매희는 무엇이든 마음대로 할 수 있게 되었다. 그녀는 우선 궁궐을 다시 짓게 한 후 거대한 궁궐이 완성되자 요대(瑤臺)라고 이름 붙이고, 화려하기 짝이 없는 비단옷을 입은 3천 궁녀들로 하여금 춤을 추게 하면서 산해진미 속에서 잔치를 계속했다.

그러나 매희는 이내 싫증을 냈다.

"3천 궁녀들에게 일일이 음식을 나눠주고 술을 따르는 것은 너무 지루하옵니다. 차라리 술로 연못을 만들고 고기로 숲을 만들어 자기 마음대로 마시고 먹을 수 있게 하는 것이 좋겠어요."

"정말 기가 막히게 좋은 생각이오. 그렇게 멋진 잔치를 벌여본 제왕은 일찍이 없었을 것이오."

그리하여 주지육림(酒池肉林)의 공사가 시작되었다. 그러나 매희는 처음부터 딴 생각이 있었다.

'내 조국이 이자의 칼 아래 유린당하고, 나는 사랑하는 사람들과 헤어져 한낱 노리개가 되어 붙잡혀 있다. 이 세상 모든 것이 원망스럽기 한이 없구나.'

주지육림의 공사가 완성되자 연못가에서 술을 마시고 북소리에 맞춰 안주를 먹는 기이한 풍경이 매일 연출되었다. 뿐만 아니라 걸왕에게 충성스러운 마음으로 나라를 바로잡으라고 호소하는 충신들은 모두 죽음을 당하거나 쫓겨 나갔다.

결국 하나라는 은나라의 탕왕(湯王)이 이끄는 군대에 멸망당했다.

출 전 <사기(史記)> 은본기(殷本記)

知己之友 (지기지우)

춘추시대(春秋時代) 진(晉)의 대부(大夫)에 유백아(兪伯牙)라는 사람이 있었다. 그는 본디 초(楚)나라 사람으로 거문고의 달인(達人)이었다.

한번은 조국(祖國) 초(楚)나라에 사신으로 가게 되어 오랜만에 고향을 찾았다. 때마침 추석(秋夕) 무렵이라, 그는 휘영청 밝은 달을 배경으로 구성지게 거문고를 뜯었다.

그때 몰래 그의 연주를 엿듣고 있는 사람이 있었다. 허름한 차림의 젊은 나무꾼이었는데, 그는 놀랍게도 그 음악을 꿰뚫고 있었다.

백아(伯牙)는 깜짝 놀랐다. 그가 산(山)의 웅장한 모습과 격류(激流)의 우렁찬 기상을 연주하자, 나무꾼은 그가 무엇을 표현했는지를 정확하게 맞추었다.

백아는 무릎을 치면서 말했다.

"당신이야말로 진정 소리를 아는[지음(知音)] 분이군요."

그 나무꾼의 이름은 종자기(種子期)였으며, 두 사람은 의형제를 맺고 헤어졌다. 내년에 다시 만나자는 약속을 하고서······.

이듬해에 백아는 다시 고향으로 내려가 종자기의 집을 찾았다. 하지만 그때 그는 이미 세상을 떠나고 없었다.

종자기의 묘를 찾은 백아는 몹시 슬퍼하며 거문고를 연주했다. 그리고는 거문고 줄을 끊어 산산조각 냈다. 종자기 같은 지음(知音)이 없는 세상에서 더 이상 거문고를 연주하고 싶지 않았기 때문이다.

이때부터 '지음(知音)'은 마음까지 통할 수 있는 '절친한 친구'를 뜻하게 되었다.

출 전 <열자(列子)> 탕문편(湯問篇)

指鹿爲馬(지록위마)

진(秦)나라 시황제가 죽자 측근 환관인 조고(趙高, ?~BC 208)는
거짓 조서(詔書)를 꾸며, 태자 부소(扶蘇)를 죽이고 어린 호해(胡亥)
를 세워 2세 황제로 삼았다. 현명한 부소보다 용렬한 호해가 다루기
쉬웠기 때문이다.

호해는 '천하의 모든 쾌락을 마음껏 즐기며 살겠다.'고 주위에 떠들
어댔을 정도로 어리석었다고 한다.

어쨌든 조고는 이 어리석은 호해를 교묘히 조종하여 경쟁자인
승상 이사(李斯)를 비롯, 그 밖에 많은 구신(舊臣)들을 죽이고 스스로
승상이 되어 조정의 실권을 장악했다.

그러자 역심이 생긴 조고는 중신들 가운데 자기를 반대하는 사람을
가려내기 위해 호해에게 사슴을 바치며 이렇게 말했다.

"폐하, 말[마(馬)]을 바치오니 거두어주시옵소서."

조고의 터무니없는 말에 호해는 웃으며 대답했다.

"승상은 농담도 잘하시오 '사슴을 가지고 말이라고 하다니[지록위
마(指鹿爲馬).]'……. 어떻소, 그대들 눈에도 말로 보이오?"

말을 마친 호해는 좌우의 신하들을 둘러보았다.

'그렇다.'고 긍정하는 사람이 많았으나, 잠자코 있거나 '아니다.'라

고 부정하는 사람도 있었다.

조고는 자신의 말을 부정한 사람을 기억해 두었다가 나중에 죄를 씌워 죽여 버렸다.

그런 일이 있은 후, 궁중에는 조고의 말에 반대하는 사람이 하나도 없었다고 한다.

그러나 천하는 오히려 혼란에 빠졌다. 각처에서 진나라 타도(打倒)의 반란이 일어났기 때문이다.

그중 항우와 유방의 군사가 도읍 함양(咸陽)을 향해 진격해 오자, 조고는 호해를 죽이고 부소의 아들 자영을 세워 3세 황제로 삼았다(BC 207).

그러나 이번에는 조고 자신이 자영에게 주살당하고 말았다.

출 전 <사기(史記)> 진시황본기(秦始皇本紀)

借	廳	借	閨	대청을 빌리면 안방도 빌리고자 한다.
빌릴 차	대청 청	빌릴 차	안방 규	

속 뜻 인간의 욕심은 끝이 없다.

滄	海	一	粟	큰 바다 속에 있는 좁쌀 한 톨이라는 뜻.
큰바다 창	바다 해	한 일	조 속	유 래 ➡ 305쪽 참조

속 뜻 '아주 작고 보잘것없는 것'을 뜻함.
유의어 구우일모(九牛一毛)

千	里	眼	천 리를 내다볼 수 있는 눈
일천 천	마을 리	눈 안	유 래 ➡ 306쪽 참조

속 뜻 세상사를 꿰뚫어 보거나 먼 곳에서 일어난 일을 직감적으로 감지하는 능력.

天	長	地	久	하늘은 영원하고 땅은 오래되다. (하늘과 땅은 영원하다.)
하늘 천	길 장	땅 지	오랠 구	●長 : 영원하다 장

속 뜻 흔히 장수를 비는 말. (하늘과 땅처럼 오래고 변함이 없음.)

千	載	一	遇	천 년에 한 번 만난다.
				●載 : 해 재
일천 천	실을 재	한 일	만날 우	**유 래** ➡ 307쪽 참조

속 뜻 다시 오기 힘든 좋은 기회를 일컫는 말.
유의어 천세일시(千歲一時), 천재지회(千載之會), 천재일시(千載一時)

千	篇	一	律	천편이 한 가락. (사물이 다 비슷하
				여 뛰어난 것이 없음.)
일천 천	책 편	한 일	법칙 률	●律 : 가락 률

속 뜻 사물이 모두 판에 박은 듯함. (사물의 격조가 비슷비슷하다.)

徹	頭	徹	尾	처음부터 끝까지 철저히 함.
뚫을 철	머리 두	뚫을 철	꼬리 미	

속 뜻 빈틈없이 계획성 있게 일을 함.

鐵	面	無	私	얼굴에 철면을 깔고 사사로움을 없앤
				다. (포청천(包靑天)이 한 말.)
쇠 철	낯 면	없을 무	개인 사	

속 뜻 사사(私事)로운 정에 구애(拘礙)되지 아니함.

晴	耕	雨	讀	맑은 날은 논밭을 갈고, 비 오는 날은
				책을 읽는다.
갤 청	밭갈 경	비 우	읽을 독	

속 뜻 부지런히 일하며 여가를 헛되이 보내지 않고 공부함.

靑	松	綠	竹	푸른 소나무와 푸른 대나무.
푸를 청	소나무 송	푸를 록(녹)	대나무 죽	

속 뜻 변하지 않는 절개.

靑	雲	之	志	푸른 구름의 뜻. (푸른 구름 : 높은 이상)
푸를 청	구름 운	어조사 지	뜻 지	**유 래** ➡ 307쪽 참조

속 뜻 높은 이상과 목표.

靑	天	霹	靂	맑게 갠 하늘에서 치는 벼락이란 뜻.
푸를 청	하늘 천	벼락 벽	벼락 력	

속 뜻 뜻밖의 큰 변을 비유하여 이르는 말.

靑	出	於	藍	푸른색은 쪽빛에서 나온다. (그러나 쪽빛보다 더 푸르다.)
푸를 청	날 출	어조사 어	쪽빛 람	**유 래** , **유의어** ➡ 308쪽 참조

속 뜻 제자가 스승보다 더 낫다.

淸	風	明	月	맑은 바람과 밝은 달.
맑을 청	바람 풍	밝을 명	달 월	

속 뜻 결백하고 온건한 성격. (아름다운 풍경이나 훌륭한 인격을 가리킴.)

草	綠	同	色	풀과 초록색은 같은 빛이다.
풀 초	푸를 록	한가지 동	빛 색	●同 : 같을 동

속 뜻 서로 같은 처지에 있는 사람끼리 어울리기 마련이다.

初	志	不	變	처음의 뜻이 변하지 않는다.
처음 초	뜻 지	아닐 불	변할 변	

속 뜻 처음 계획한 뜻이 끝까지 바뀌지 않는다.

推	己	及	人	자신을 미루어 다른 사람에게 미침.
밀 추	몸 기	미칠 급	사람 인	유 래 ➡ 309쪽 참조

속 뜻 자신의 처지를 미루어 다른 사람의 형편을 헤아림.

追	遠	報	本	먼 조상의 덕을 기리며 제사를 지내고 부모의 은혜를 갚음.
쫓을 추	멀 원	갚을 보	근본 본	유 래 ➡ 310쪽 참조

속 뜻 조상의 덕을 추모하여 제사를 지내며, 자기의 태어난 근본을 잊지 않고 은혜를 갚음.

秋	風	落	葉	가을바람에 떨어지는 나뭇잎.
가을 추	바람 풍	떨어질 락(낙)	잎사귀 엽	

속 뜻 세력 등이 낙엽처럼 시들어 우수수 떨어짐.

出	告	反	面	나갈 때는 아뢰고, 돌아오면 뵌다.
나갈 출	아뢸 고	돌이킬 반	낮 면	●告 : 아뢸 곡

속 뜻 부모님께 나갈 때는 갈 곳을 아뢰고, 들어와서는 얼굴을 보이면서 인사드림.

忠	言	逆	耳	충고의 말은 귀에 거슬린다는 뜻.
충성 충	말씀 언	거스를 역	귀 이	

속 뜻 바르게 타이르는 말일수록 듣기 싫어함을 이름.

親	仁	善	隣	어진 사람을 가까이하고, 이웃과 사이좋게 지냄.
친할 친	어질 인	착할 선	이웃 린	●善 : 잘할 선

속 뜻 좋은 사람들과 더불어 잘 지냄.

七	去	之	惡	(여자가 가져서는 안 되는) 일곱 가지 악.
일곱 칠	갈 거	어조사 지	악할 악	**유 래** ➡ 310쪽 참조

속 뜻 시부모에게 불순, 자식을 낳지 못함, 음탕, 질투, 나쁜 병에 걸림, 말이 많은 경우, 도둑질.

故事成語 유래

滄海一粟 (창해일속)

북송(北宋)의 명문장가 소식(蘇軾, 소동파)은 당송 8대가의 한 사람으로 산문과 시에 뛰어났다.

그가 지은 '적벽부(赤壁賦)'는 천하에 다시없는 명문이다. 두 편으로 된 이 부(賦)는 그가 황주(黃州)로 귀양 갔을 때 지은 것으로 모든 세상사에 연연하지 않으려는 마음을 신선에 기탁하여 그리고 있다.

'적벽부(赤壁賦)'의 한 내용이다.

'……그대와 나는 강가에서 고기 잡고 나무하면서 물고기와 새우들과 짝하고, 고라니와 사슴들과 벗하고 있다. 작은 배를 타고 술바가지와 술동이를 들어 술을 서로 권하니, 우리의 인생이 하루살이처럼 짧고 우리 몸은 푸른 바다 속에 있는 한 톨 좁쌀[창해일속(滄海一粟)] 같구나. 아, 우리의 삶이란 너무도 짧구나. 어찌하여 장강(長江)처럼 다함이 없는가.'

여기서 바로 '창해일속(滄海一粟)'이란 말이 나왔다. 이 말에는 무한한 우주 속에 미미한 존재일 수밖에 없는 인생에 대한 무상함도 깔려 있음을 알 수 있다.

출 전 소동파의 시(詩) '적벽부(赤壁賦)'

千里眼(천리안)

기원 6세기경 북위(北魏)에 양일(楊逸)이라는 정치가(政治家)가 있었다. 그는 29세의 젊은 나이로 광주(光州) 자사가 되었다. 그런데 그 무렵, 흉작이 계속되어 심한 기근이 들고, 굶어죽는 자가 속출하자 양일은 곡물 창고를 열어 사람들에게 식량을 배급하려고 했다. 그러나 관원(官員)들은 멋대로 창고를 열면 틀림없이 문책 당할 것이라 생각하고 반대했다. 그러자 양일이 단호히 잘라 말했다.

"백성(百姓)은 먹을 것이 없어 고통을 당하고 있는데, 군주가 배불리 먹을 수 있겠는가. 만일 이것이 잘못된 일이라면 내가 달게 죄를 받겠다."

그리고 창고를 열어 사람들에게 식량을 나누어주고 황제에게 그 사실을 보고했다. 조정에서는 이를 비난하는 의견도 있었으나 황제는 그 조치를 칭찬했다. 그는 이와 같이 백성을 진심으로 생각했으며, 혹시 백성을 괴롭히는 관리(官吏)가 있으면 엄중히 문책했다.

또한 관원이나 병사가 지방으로 나갈 때는 민폐를 끼치지 않도록 식량을 가지고 가게 했다. 혹시 관원(官員)이나 병사에게 음식을 대접하려는 사람이 있으면, 그들은 굳이 사양하며 이렇게 말했다.

"장관의 눈은 천리안이라, 무엇이든 환히 내다보신다. 도저히 속일 수가 없다."

이렇게 사람의 눈이 미치지 않는 곳에서도 결코 양일의 명령을 어기려고 하지 않았다.

출 전 <위서(魏書)> 양일전(楊逸傳)

千載一遇(천재일우)

동진(東晉)시대, 원굉(袁宏)이라는 이가 있었다. 그는 삼국시대의 공신 스무 명을 골라 그들 각자의 행장에 대해 칭찬하는 글을 짓고 거기에 맞는 서문을 붙였다. 이른바 <삼국명신서찬(三國名臣序贊)>이다.

그중 위나라의 순문약(荀文若)을 찬양한 글 '천재일우 현지지가회(千載一遇賢智之嘉會, 현명한 군주와 지모가 뛰어난 신하가 만나는 기회는 천년에 한 번쯤이다)'라는 일절에서 비롯된 말이다. 보통 '천재일우의 기회'라는 말로 쓰인다.

출 전 <삼국명신서찬(三國名臣序撰)>

青雲之志(청운지지)

현종(玄宗) 때의 어진 재상 장구령은 간신 이임보(李林甫)의 모략으로 벼슬길에서 파직되어 초야에서 여생(餘生)을 보냈다.

다음은 그가 재상의 자리에서 물러났을 때의 감회를 읊은 시이다.

옛날 청운의 뜻을 품고 벼슬길에 나아갔는데 [숙석청운지(宿昔青雲志)]
다 늙은 지금에 와서 차질을 빚게 되었다. [차질백발년(蹉跌白髮年)]
누가 알 리요 밝은 거울 속의 그림자와 [수시명경리(誰知明鏡裏)]
그것을 보는 내가 서로 측은히 여기고 있음을. [형영자상린(形影自相憐)]

오늘날에는 보통이 아닌 큰 뜻, 입신출세에 대한 야망을 '청운의 뜻'이라고 말한다.

출 전 장구령(張九齡)의 <조경견백발(朝鏡見白髮)>

青出於藍(청출어람)

이 말은 전국시대의 유학자(儒學者)로서 성악설(性惡說)을 주창한 순자(荀子)의 글에 나오는 한 구절이다.

학문은 그쳐서는 안 된다. [학불가이이(學不可以已)]
푸른색은 쪽에서 취했지만 [청취지어람(靑取之於藍)]
쪽빛보다 더 푸르고 [이청어람(而靑於藍)]
얼음은 물이 이루었지만 [빙수위지(氷水爲之)]
물보다 더 차다. [이한어수(而寒於水)]

학문에 뜻을 둔 사람은 끊임없이 발전과 향상을 목표로 하여 노력해야 하고, 중도에서 그만두어서는 안 된다. 그렇게 함으로써 학문이 더욱 깊어지고 순화되어 한 걸음씩 완성에 가까워질 수 있다.

푸른색이 쪽빛보다 푸르듯이, 얼음이 물보다 차듯이 면학을 계속하면 스승을 능가하는 학문의 깊이를 가진 제자도 나타날 수 있다는 뜻이다.

스승에게 배우기는 하지만, 그것을 열심히 익히고 행함으로써 스승보다 더 깊고 높은 학문과 덕을 갖게 될 수 있음을 말한다.

출 전 `<순자(荀子)>` 권학편(勸學篇)

유의어 출람(出藍), 출람지예(出藍之譽), 출람지재(出藍之才),
출람지영예(出藍之榮譽)

推己及人(추기급인)

춘추시대 제나라 당시에 한때 사흘 밤낮을 쉬지 않고 대설이 쏟아져
내렸다.

제경공은 따뜻한 방안에서 여우 털로 만든 옷을 입고 설경의 아름다
움에 깊이 빠져 있었다. 그는 눈이 계속 내리면 온 세상이 더욱 깨끗하고
아름다워질 것이라 생각하고, 그렇게 되기를 바랐다.

그때 안자가 경공의 곁으로 들어와 창문 밖에 가득 쌓인 눈을
지그시 쳐다보았다. 경공은 안자 역시 함박눈에 흥취를 느낀 것이라고
생각하며 들뜬 목소리로 말했다.

"올해 날씨는 이상하군. 사흘 동안이나 눈이 내려 땅을 뒤덮었건만
마치 봄날처럼 조금도 춥지 않군."

안자는 잠시 동안 경공의 여우 털옷을 물끄러미 바라보다가 이렇게
물어보았다.

"경공께서는 정말로 날씨가 춥지 않으십니까?"

그 질문 속에는 힐책의 뜻이 담겨 있었다. 하지만 경공은 안자가
한 질문의 의미를 되새겨보지도 않고 웃음을 짓기만 했다.

그러자 안자가 안색을 바꾸며 이렇게 말했다.

"옛날의 현명한 군주들은 자기가 배불리 먹으면 누군가가 굶주리지 않을까를 생각하고, 자기가 따뜻한 옷을 입으면 누군가가 얼어 죽지 않을까를 걱정했으며, 자기의 몸이 편안하면 누군가가 피로해하지 않을까를 염려했다고 합니다[추기급인(推己及人)]. 그런데 경공께서는 다른 사람을 조금도 생각하지 않는군요."

폐부를 찌르는 듯한 이 말에 경공은 너무나 부끄러워서 아무 말도 하지 못한 채 얼굴만 붉혔다.

追遠報本(추원보본)

추원보본(追遠報本)과 유사한 말로 신종추원(愼終追遠)이 있다. '신종'은 부모의 임종을 신중히 한다는 말로 장례를 극진하게 모신다는 뜻이고, '추원'은 먼 조상을 추모한다는 말로 제사를 정성스레 올린다는 뜻이다.

출 전 <논어(論語)> 학이편(學而篇)

七去之惡(칠거지악)

옛날 모든 제도나 관습은 여자에게 불리하게 되어 있었다. 그 대표적인 것으로 칠거지악(七去之惡)을 들 수 있다. 일명 '칠출(七出)'

또는 '칠거(七去)'라고도 하는데, 지금 말로 하면 합리적인 이혼 사유가 되는 셈이다.

이런 좋지 않은 제도는 놀랍게도 2천5백여 년 전 공자(孔子)의 입에서 나왔다. <공자가어(孔子家語)>에 보면 부도(婦道)를 밝힌 본명해편(本命解篇)이 있다.

칠거지악(七去之惡)도 그중 하나다. 즉 시부모를 섬기지 않는 것[불순부모(不順父母)], 무자식[무자(無子)], 부정(不貞), 질투(嫉妬), 못된 병[악질(惡疾)], 수다[다언(多言)], 훔치는 것[절도(竊盜)] 등.

하지만 아내를 함부로 내쫓지 못하는 이른바 '삼불거(三不去)'도 있다.

첫째, 돌아갈 친정이 없을 때.

둘째, 아내가 부모의 삼년상(三年喪)을 치렀을 때.

셋째, 집안을 일으켰을 때 등이다.

그러나 간과해서는 안 될 것이 있다. 아무리 남성 상위 시대였지만 가족제도의 기본이 되는 부부관계는 여전히 중시되었다는 점이다.

他	山	之	石	다른 산의 돌이라도 (자신의 옥을 가는 데) 도움이 된다.
다를 타	메 산	어조사 지	돌 석	●他 : 남 타

속 뜻 다른 사람의 하찮은 언행도 자신의 지덕을 닦는 데 도움이 된다.

貪	官	汚	吏	탐욕이 많고 행실이 깨끗하지 못한 벼슬아치.
탐낼 탐	벼슬 관	더러울 오	관리 리	

속 뜻 탐욕이 많고 부정을 일삼는 벼슬아치.

泰	山	北	斗	태산과 북두칠성.
클 태	메 산	북녘 북	말 두	**유 래** , **유의어** ➡ 314쪽 참조

속 뜻 세상의 촉망 받는 인물. (태산과 북두칠성처럼 우러러볼 만한 훌륭한 인물.)

兎	死	狗	烹	토끼가 죽고 나면 사냥개를 삶아 먹음.
토끼 토	죽을 사	개 구	삶을 팽	**유 래** , **유의어** ➡ 316쪽 참조

속 뜻 쓸모 있을 때는 이용하다가 가치가 없어지면 버림.

推 敲	推자를 쓸까 敲자를 쓸까 고심함. (당나라 시인 가도(賈島)와 한유(韓愈)의 고사.)
밀 퇴 두드릴 고 **유 래** ➡ 318쪽 참조	
속 뜻 글을 다듬고 고친다는 뜻.	

故事·成語 유래

泰山北斗(태산북두)

① 당(唐)나라 때 4대 시인(四大詩人)의 한 사람으로서 당송팔대가(唐宋八大家) 중 굴지의 명문장가로 꼽혔던 한유(韓愈, 字는 退之)는 768년 지금의 하남성(河南省)에서 태어났다.

그는 9대 황제인 덕종(德宗, 779~805) 때 25세의 나이로 진사(進士) 시험에 급제한 뒤 이부상서(吏部尚書)까지 되었으나, 황제가 관여하는 불사(佛事)를 극간(極諫)하다가 조주자사(潮州刺史)로 좌천되었다. 천성이 강직했던 한유는 그 후에도 여러 차례 좌천, 파직(罷職)당했다가 다시 등용되곤 했는데 만년에 이부시랑(吏部侍郎)을 역임한 뒤 57세를 일기로 세상을 떠났다.

이처럼 순탄치 못했던 벼슬살이와는 달리 한유는 '한유(韓柳)'로 불렸을 정도로 절친한 벗인 유종원(柳宗元, 字는 子厚)과 함께 고문(古文) 부흥운동을 제창하는 등 학문에 힘썼다.

그 결과 후학들로부터 존경의 대상이 되었는데, 그에 대해 <당서(唐書)> 한유전(韓愈專)에는 이렇게 적혀 있다.

'당나라가 흥성한 이래 한유는 육경(六經)을 가지고 여러 학자들의 스승이 되었다. 한유가 죽은 뒤 그의 학문은 더욱 흥성했으며, 그래서

학자들은 한유를 '태산북두(泰山北斗)'를 우러러보듯 존경했다.'

　② 태산(泰山)은 중국 오악 중의 하나인 산동성 태안현(泰安縣) 북쪽에 있는 산으로서, 중국인들이 신성시 여기는 영산(靈山)이다. 옛날 중국 천자가 천하의 제후와 회동하던 곳이기도 했다.

　흔히 큰 것을 비유할 때 '태산만 하다.'고 말하므로 무척 높은 산으로 알고 있지만, 실제 높이는 1,450m로 백두산보다 낮다.

　북두는 북두성(北斗星)을 이른다. 태두라는 말은 천자의 제사 의식에서 유래된 말이다.

　옛날 중국에서는 새로운 왕조가 탄생하거나 태평성대를 누렸을 때는 그 감사함을 천지신명께 고하는 풍습이 있었다. 제사는 태산의 정상에서 북두칠성을 향해 올렸다. 북두칠성을 뭇별의 중심으로 생각했기 때문이었다.

　또 지신을 올리는 제사는 양보산에서 지냈는데, 반드시 태산을 향해 올렸다. 지신(地神)이 깃든 곳이라 여겼기 때문이다.

　이때부터 중요한 존재를 일러 태두라 했으며, 훗날 훌륭한 업적을 남긴 사람에게 붙이는 존칭으로 그 뜻이 바뀌었다.

　출 전 <당서(唐書)> 한유전찬(韓愈傳贊)

　유의어 태두(泰斗), 산두(山斗) : 태산북두(泰山北斗)의 준말.
　　　　덕위인표(德爲人表) : 덕망이 높아 사람들의 사표가 되다.
　　　　만부지망(萬夫之望) : 모든 사람들이 우러러보다.
　　　　백세지사(百世之師) : 후세에까지 사표가 되어 존경받을
　　　　만한 훌륭한 인물.

兎死狗烹(토사구팽)

초패왕(楚霸王) 항우(項羽)를 멸하고 한(漢)나라의 고조(高祖)가
된 유방(劉邦)은 소하(蕭何), 장량(張良)과 더불어 한나라의 창업
삼걸(創業三傑) 중 한 사람으로 꼽히는 한신(韓信)을 초왕(楚王)에
책봉했다(BC 200).

그런데 이듬해, 항우의 맹장(猛將)이었던 종리매(鍾離昧)가 한신
에게 몸을 의탁하고 있다는 사실을 안 고조(高祖)는 지난날 종리매에
게 고전했던 악몽이 되살아나 크게 노했다.

그래서 한신에게 당장 압송하라고 명했으나, 종리매와 오랜 친구
인 한신은 고조의 명을 어기고 오히려 그를 숨겨주었다.

그러자 고조(高祖)에게 '한신은 반심(反心)을 품고 있다.'는 상소가
올라왔다. 진노한 고조는 참모 진평(陳平)의 헌책(獻策)에 따라 제후
들에게 이렇게 명했다.

"모든 제후(諸侯)들은 초(楚) 땅의 진(陳, 하남성 내)에서 대기하다
가 운몽호(雲夢湖)로 유행(遊幸)하는 짐을 따르도록 하라."

한신이 나오면 진(陳)에서 포박하고, 만약 나오지 않으면 진(陳)에
집결한 다른 제후들의 군사로 한신을 주살(誅殺)할 계획이었다.

고조의 명을 받자 한신은 예삿일이 아님을 직감했다. 그래서 '아예
반기(反旗)를 들까?' 하고 생각도 해보았지만 '죄가 없는 이상 별일
없을 것'으로 믿고서 순순히 고조를 배알(拜謁)하기로 했다. 그러나
불안이 싹 가신 것은 아니었다.

그러던 어느 날, 교활한 가신(家臣)이 한신에게 속삭이듯 말했다.

"종리매의 목을 가져가십시오. 그러면 폐하께서도 분명 기뻐하실 것이옵니다."

한신이 이 이야기를 하자 종리매는 크게 노했다.

"고조가 초나라를 치지 않는 것은 자네 곁에 내가 있기 때문일세. 그런데도 자네가 내 목을 가지고 고조에게 가겠다면 당장 내 손으로 잘라주지. 하지만 그땐 자네도 망한다는 걸 잊지 말게."

종리매가 자결하자 한신은 그 목을 가지고 고조를 배알했다.

그러나 역적으로 포박 당하자, 한신은 분개하여 이렇게 말했다.

교활한 토끼를 사냥하고 나면 좋은 사냥개는 삶아 먹히고,

하늘 높이 나는 새를 다 잡으면 좋은 활은 곳간에 처박히며,

적국을 쳐부수고 나면 지혜 있는 신하는 버림을 받는다고 하더니,

한(漢)나라를 세우기 위해 분골쇄신(粉骨碎身)한 내가

이번에는 고조의 손에 죽게 되는구나.

고조는 한신을 죽이지 않았다. 그러나 회음후(淮陰侯)로 좌천시킨 뒤 주거를 도읍인 장안(長安)으로 제한했다.

출 전 <사기(史記)> 회음후열전(淮陰侯列傳)

유의어 교토사 양구팽(狡兎死 良狗烹)의 준말.

교토이사(狡兎已死) : 교활한 토끼가 이미 죽었다.

득어망전(得魚忘筌) : 고기를 잡고 나서 통발을 잊는다.

推敲(퇴고)

당나라 때의 시인 가도(賈島, 하북성 범양(河北省范陽) 사람. 자는 낭선(浪仙). 일찍이 불문(佛門)에 들어감. 법명(法名)은 무본(無本). 한유(韓愈)와의 사귐을 계기로 환속(還俗)한 후 시작(詩作)에 전념함. 777~841)가 어느 날 말을 타고 가면서 '이응의 유거에 제함[제이응유거(題李凝幽居)]'이라는 시를 짓기 시작했다.

이웃이 드물어 한거하고 [한거린병소(閑居隣竝少)]
풀숲 오솔길은 황원에 통하네. [초경입황원(草徑入荒園)]
새는 연못가 나무에 잠자고 [조숙지변수(鳥宿池邊樹)]
중은 달 아래 문을 두드린다. [승고월하문(僧敲月下門)]

그런데 마지막 구절인 '중은 달 아래 문을……'에서 '민다[퇴(推)].'라고 하는 것이 좋을지 '두드린다[고(敲)].'라고 하는 것이 좋을지 여기서 그만 딱 막혀버렸다.

가도가 '민다.', '두드린다.'는 두 낱말만 정신없이 되뇌며 가고 있던 중, 타고 있는 말이 마주 오던 고관의 행차와 부딪치고 말았다.

"무례한 놈! 무엇하는 놈이냐?"

"당장 말에서 내려오지 못할까!"

"이 행차가 뉘 행찬 줄 알기나 하느냐?"

네댓 명의 병졸이 저마다 한마디씩 내뱉으며 가도를 말에서 끌어내린 다음 행차의 주인공인 고관 앞으로 끌고 갔다.

그 고관은 당대(唐代)의 대문장가인 한유(韓愈)로, 당시 그의 벼슬은 경조윤(京兆尹, 도읍을 다스리는 으뜸 벼슬)이었다.

한유 앞에 끌려온 가도는 먼저 길을 비키지 못한 까닭을 솔직히 말하고 사죄했다. 그러자 한유는 노여워하는 기색도 없이 잠시 생각하더니 이렇게 말했다.

"내 생각엔 역시 '민다.'는 '퇴(推)'보다 '두드린다.'는 '고(敲)'가 좋을 것 같네."

이를 계기로 그 후 두 사람은 둘도 없는 시우(詩友)가 되었다고 전해진다.

출 전 <당시기사(唐詩紀事)> 권(卷) 사십(四十)

破	瓜	之	年	과(瓜)를 파자(破字)하면 '八八'이 됨.
깨뜨릴 파	오이 과	어조사 지	해 년	유 래 ➡ 323쪽 참조

속 뜻 여자 나이 16세(8+8)와 남자 나이 64세(8×8)를 가리킴.

破	邪	顯	正	사악한 도를 깨뜨리고 바른 도를 나타내어 널리 쓰임.
깨뜨릴 파	간사 사	나타날 현	바를 정	●邪 : 正의 반대 개념, 惡과 같은 의미.

속 뜻 그릇된 생각을 깨뜨리고 바른 도리를 나타냄.

破	竹	之	勢	대나무를 쪼개는 기세.
깨뜨릴 파	대나무 죽	어조사 지	형세 세	유 래 , 유의어 ➡ 323쪽 참조

속 뜻 세력이 강하여 적을 거침없이 물리치고 쳐들어가는 기세.

炮	烙	之	刑	불에 달군 쇠로 단근질하는 극형.
통째구울 포	지질 락	어조사 지	형벌 형	유 래 ➡ 325쪽 참조

속 뜻 은나라 주(紂)왕이 쓰던 형벌.

蒲	柳	之	姿	부들이나 버들 같은 모습
부들 포	버들 류	갈 지	모양 자	**유 래** ➡ 328쪽 참조

속 뜻 허약(虛弱)한 몸을 이르는 말.

暴	虎	馮	河	범을 맨손으로 때려잡고 황하(黃河)강을 헤엄쳐서 건넌다.
사나울 포	범 호	탈 빙	물 하	**유 래** ➡ 329쪽 참조

속 뜻 죽음을 두려워하지 않는 무모한 용기.
(暴 : 맨손으로 잡다 포, 馮 : 헤엄쳐 건너다 빙)

風	飛	雹	散	바람이 불어 우박이 이리저리 흩어진다.
바람 풍	날 비	우박 박	흩어질 산	

속 뜻 엉망으로 깨어져 흩어져 버림. 사방으로 날아 확 흩어짐.
('풍지박산'은 잘못된 말임.)

風	樹	之	嘆	바람이 부는 나무의 탄식.
바람 풍	나무 수	어조사 지	탄식할 탄	**유 래** ➡ 330쪽 참조

속 뜻 효도하고 싶어도 할 수 없는 자식의 탄식.

風	前	燈	火	바람 앞의 등불.
바람 풍	앞 전	등잔 등	불 화	

속 뜻 매우 위태로운 상황.

匹	夫	之	勇	평범한 사내의 하찮은 용기.
짝 필	지아비 부	갈 지	날쌜 용	유 래 ➡ 331쪽 참조

속 뜻 깊은 생각 없이 혈기만 믿고 함부로 부리는 용기.
유의어 소인지용(小人之勇)

匹	夫	匹	婦	평범한 남녀.
짝 필	지아비 부	짝 필	지어미 부	

속 뜻 대수롭지 않은 평범한 남녀.

故事成語 유래

破瓜之年(파과지년)

진(晉)나라 손작의 시 '정인벽옥가'에서 비롯된 말이며, 파과(破瓜)는 외를 깨뜨린다는 뜻으로 여자의 첫 생리를 의미한다. 또한 과(瓜)자를 쪼개면 팔(八)자가 둘이 된다고 해서 여자 나이 16세를 가리키며, 또 팔(八)을 곱하면 64가 되므로 남자 나이 64세를 가리키기도 한다.

  푸른 구슬이 외를 깰 때 [벽옥파과시(碧玉破瓜時)]
  님은 사랑을 못 이겨 넘어졌네. [낭위정전도(郎爲情顚倒)]
  님에게 감격하여 부끄러움도 모르고 [감군불수난(感君不羞赧)]
  몸 돌려 님의 품에 안긴다. [회신취랑포(廻身就郎抱)]
  출 전 손작(孫綽)의 시(詩) '정인벽옥가(情人碧玉歌)'

破竹之勢(파죽지세)

위(魏)나라의 권신(權臣) 사마염(司馬炎)은 원제(元帝)를 폐한 뒤 스스로 제위(帝位)에 올라 무제(武帝, 265∼290)라 일컫고, 국호(國

號)를 진(晉)이라고 했다.

이리하여 천하는 3국 중 유일하게 남아 있는 오(吳)나라와 진(晉)나라로 나뉘어 대립하게 되었다.

이윽고 무제는 진남대장군(鎭南大將軍) 두예(杜預)에게 출병을 명했다.

이듬해(280년) 2월, 무창(武昌)을 점령한 두예는 휘하 장수들과 오나라를 일격에 공략할 마지막 작전 회의를 열었다. 이때 한 장수가 이렇게 건의했다.

"지금 당장 오나라의 도읍을 치기는 어렵습니다. 이제 곧 잦은 봄비로 강물이 범람할 것이고, 또 언제 전염병이 발생할지 모르기 때문입니다. 그러니 일단 철군했다가 겨울에 다시 공격하는 것이 어떻겠습니까?"

이에 찬성하는 장수들도 많았으나, 두예는 단호한 어조로 반대하며 말했다.

"그건 안 될 말이오. 지금 아군의 사기는 마치 '대나무를 쪼개는 기세[파죽지세(破竹之勢)].'요. 대나무란 처음 두세 마디만 쪼개면 그다음부터는 칼날이 닿기만 해도 저절로 쪼개지는 법인데, 어찌 이런 절호의 기회를 버린단 말이오."

두예는 곧바로 휘하의 전군을 휘몰아 오나라의 도읍 건읍(建業 : 南京)으로 쇄도(殺到)하여 단숨에 공략했다. 이어 오왕(吳王) 손호(孫晧)가 항복함에 따라 마침내 진(晉)나라는 삼국시대에 종지부를 찍고 천하를 통일했다.

출 전 <진서(晉書)> 두예전(杜預傳)

세여파죽(勢如破竹) : 세력이 대나무를 쪼개는 것과 같다.

사기충천(士氣衝天) : 하늘을 찌를 듯 높은 사기.

승승장구(乘勝長驅) : 싸움을 이긴 김에 계속 휘몰아가다.

욱일승천(旭日昇天) : 아침 해가 떠오르는 듯한 기세.

석권지세(席卷之勢) : 자리를 말아가는 듯한 형세.

(무서운 힘으로 세력을 펼치거나 휩쓸 기세.)

炮烙之刑 (포락지형)

은(殷)나라 주왕(紂王)은 하나라 걸왕과 더불어 걸주(桀紂)라 하여 전형적인 폭군의 대명사로 일컬어지고 있다. 그리고 그들 뒤에는 경국지색의 미인들이 있었다.

달기는 유소씨(有蘇氏)의 딸인데, 주왕이 유소씨를 토벌했을 때 그로부터 전리품으로 받은 미녀였다.

주왕은 달기를 보자마자 흠뻑 빠져버렸다. 요염한 달기의 자태에 넋을 잃어 그녀의 환심을 살 수 있는 일이라면 무엇이든지 다 했다.

'달기야말로 진짜 여자다. 지금껏 많은 여자들을 겪어봤지만 달기에 비하면 전부 목석에 불과하다. 달기는 정말 하늘이 내려준 여자다.'

그러던 어느 날 달기가 이렇게 말했다.

"궁중음악은 별로 마음에 들지 않사오니, 마음을 풀어줄 수 있는 음악을 만드는 것이 어떠하온지요?"

주왕도 사실 궁중음악이 별로 마음에 들지 않았던 터였다. 즉시 음악을 담당하는 관리에게 명령하여 관능적이고도 자유분방한 '미미의 악[미미지악(美美之樂)]'이라는 음악을 만들게 하였다.

또한 달기는 이렇게 말했다.

"폐하, 환락의 극치가 어떠한지 한번 끝까지 가보게 해주시옵소서. 지금 이 순간을 마음껏 즐기고 후회 없는 삶을 누리고 싶어요."

이에 따라 마침내 주지육림의 공사가 시작되었으며, 공사가 완성되자 질펀한 잔치가 벌어졌다.

"이 잔치에 참석하는 모든 이는 절대 옷을 입어서는 안 된다. 그리고 남자는 반드시 여자를 업고 과인이 있는 곳까지 와야 한다."

주왕의 명이 떨어지니 잔치에 참가한 천여 명도 넘는 남녀들이 실오라기 하나 걸치지 않은 전라의 몸이 되었다. 벌거벗은 남자들이 여자를 붙잡으려 이리저리 뛰었고, 역시 모두 벗은 여자들이 비명을 지르며 달아나기 바빴다.

여기저기에서 비명이 들렸다. 또한 탄성과 교성도 들렸다. 이윽고 숲속 나무 밑에서 벌거벗은 남녀들이 서로 엉겨 붙기 시작했다.

주왕의 무릎에 앉아서 교태를 부리며 이 광경을 즐기고 있던 달기는 자기도 슬슬 달아올라 왕과 함께 밀실로 들어가 마음껏 즐기면서 환락에 빠져들었다.

그리하여 낮에는 잠을 자고 저녁부터 다음 날 해가 뜰 때까지 마시고 놀며 즐겼다. 이러한 환락의 날은 끊임없이 계속되어 무려 120일이나 이어지니, 이를 '장야(長夜)의 음(飮)'이라 불렀다.

달기는 재물을 모으기 위해 백성들에게 세금을 무겁게 부과하여 녹대(鹿臺)라는 금고를 만들었는데, 그 크기는 넓이가 1리(里)나 되었고 높이는 1천 척(尺)으로 어마어마한 규모였다.

또한 별궁을 확장하여 온갖 동물들을 모두 모아 길렀다.

한편 그 시대에는 포락지형(炮烙之刑)이라는 형벌이 행해졌다. 포락지형이란, 구리기둥에 기름을 바르고 그 아래 이글거리는 숯불을 피워놓은 후 죄인들로 하여금 구리기둥 위를 맨발로 걸어가게 하는 형벌이었다.

"끝까지 걸어가는 자에게는 죄를 면해 주리라."

불 속에 떨어져 죽느냐? 기름 기둥을 무사히 건너느냐? 죄인들은 절박한 갈림길에서 공포에 질린 채 구리기둥을 걸어야만 했고, 두세 걸음만 더 걸으면 목숨을 건질 수 있는 찰나에 불 위에 떨어져 비명을 질렀으며 살이 타들어갔다. 이런 소리를 듣고 비로소 쾌감을 느끼는 달기의 환심을 사기 위해 이 잔인한 형벌은 계속되었다.

은왕조를 살리기 위해 충신들이 죽음을 무릅쓰고 호소했으나, 주왕은 그들을 모조리 죽여 젓을 담그고 포를 떴으며 심장을 갈기갈기 찢었다. 드디어 주나라의 무왕이 군사를 일으켜 은나라를 멸망시킬 때, 폭군 주왕은 녹대에 들어가 스스로 불을 지르고 죽었다.

한편 달기는 사로잡혀 오랏줄에 묶인 채 울음을 터뜨리며 형장으로 끌려갔는데, 그 모습이 마치 봄비를 흠뻑 맞은 배꽃처럼 처연하고 아름다웠다. 처형장의 망나니들도 달기의 미색에 홀려 혼이 달아나고 팔이 마비되어 칼을 들어 올리지 못했다고 한다.

이렇게 되어 달기를 처형시키지 못하고 있을 때 형장의 대장이 달려왔다. 달기의 목숨이 길지 못해 그랬는지 대장은 자그마치 90대의 늙은이였다. 그런데 이미 청춘이 몇 번이나 거듭 지난 그 대장도 달기를 보자 현기증이 일어나고 눈이 부셔서 도저히 목표물을 겨냥하지 못했다.

이윽고 그녀의 얼굴을 보자기로 가린 후에야 비로소 그녀의 목을 벨 수 있었다고 한다.

출 전 〈사기(史記)〉 은본기(殷本紀)

蒲柳之姿(포류지자)

고열(顧悅)은 동진 사람으로 인품이 솔직하고 신의를 중히 여겼다. 343년에 은호(殷浩)가 건무장군(建武將軍)으로 양주자사(揚州刺使)가 되자 그를 차관으로 삼았다. 은호는 문학적이고 고상한 사람으로 평판은 좋았지만 10여 년이나 공무에서 떠나 있었기 때문에 실무에 익숙하지 못해, 고열의 재간을 기대하고 양주 안의 모든 일을 그에게 맡겨 처리하게 했다. 고열은 오랫동안 무리한 탓에 건강을 해쳐 30대에 벌써 등이 굽고 흰머리가 나고 뼈만 앙상했다. 은호는 휴식하도록 충고했지만, 고열은 신경을 쓰지 않았다.

어느 날 고열은 용무를 보러 간 길에 간문제(簡文帝)를 배알했다. 황제는 고열과 같은 30대였는데 아주 젊고 건강했다. 그가 고열의 흰머리를 보고 물었다.

"그대는 나와 나이가 비슷한데, 왜 벌써 머리가 희었느냐?"

고열이 웃으며 대답했다.

"폐하는 송백(松栢)이므로 서리가 내렸어도 푸르고, 저는 포류(蒲

柳)이므로 가을이 되면 제일 먼저 잎이 지고 마는 것과 같습니다."

황제는 그의 일하는 태도가 성실한데다 이 멋있는 대답에 탄복하고, 그 후 고열을 상서좌승(尙書左丞)으로 발탁해 그 근면과 충실성에 보답했다.

출 전 <세설신어(世說新語)> 언어편(言語篇)

暴虎馮河(포호빙하)

공자는 '군자(君子)란 마음에 어떤 집착도 가지고 있지 않으며, 자기를 알아주는 자에게 등용되면 정치적 역량을 발휘하고, 등용되지 않으면 자신의 자취를 감출 뿐이다.'라고 생각했다.

공자는 이처럼 집착함 없이 무심히 살 수 있는 사람은 자신과 안회(顔回 : 顔淵)뿐이라고 생각했다.

하루는 공자가 안회에게 "권력 있는 자가 써주면 행하고 버리면 물러나 마음속에 감출 수 있는 이는 나와 너 두 사람뿐일 것 같구나."라고 말했다.

이때 곁에서 자로(子路)가 이 말을 들었다. 그는 자신을 제쳐두고 한참 후배인 안회를 인정하는 스승의 말에 마음이 편치 못했다.

그래서 자신도 인정받고 싶은 욕심에 "만약 선생님께서 삼군(三軍)을 통솔하신다면 누구와 더불어 하시겠습니까?"라고 물었다. 자로는 무용(武勇)에 관한 한 자신이 있었기에, 은근히 기대하면서 공자의 대답을 기다렸다.

그러나 공자는 자로의 기대와는 달리 이렇게 말했다.

"나는 맨손으로 범을 잡으려 하고 맨발로 황하 강을 건너려다가 죽어도 후회함이 없는 자와 함께하지 않을 것이니, 반드시 일에 임하여 두려운 생각을 가지고 즐겨 도모하여 일을 성공시키는 사람과 함께할 것이다[暴虎馮河 死而無悔者 吾不與也 必也臨事而懼 好謀而成者也(포호빙하 사이무회자 오불여야 필야임사이구 호모이성자야)]."

공자의 이 대답은 자로의 경솔한 태도와 만용(蠻勇)을 경계하기 위한 것으로, 제자에 대한 깊은 배려가 들어 있다.

출 전 <논어(論語)>의 술이편(述而篇)

風樹之嘆(풍수지탄)

'나무는 조용하고자 하지만 불어오는 바람이 그치지 않는대[수욕정이풍부지(樹欲靜而風不止)].'에서 나온 말로, 부모가 살아 있을 때 효도하지 않으면 뒤에 한탄하게 된다는 말이다.

공자가 자기의 뜻을 펴기 위해 이 나라 저 나라로 떠돌고 있을 때였다. 그날도 발걸음을 재촉하고 있는데, 어디선가 몹시 슬피 우는 소리가 들려왔다.

울음소리를 따라가 보니 곡성의 장본인은 고어(皐魚)라는 사람이었다. 공자가 우는 까닭을 물어보니, 울음을 그친 고어가 이렇게 대답했다.

"저에게는 세 가지 한(恨)이 되는 일이 있습니다. 첫째는, 공부를 한답시고 집을 떠났다가 고향에 돌아가 보니 부모가 이미 세상을 떠났습니다. 둘째는, 저의 경륜을 받아들이려는 군주를 어디에서도 만나지 못한 것입니다. 셋째는, 서로 속마음을 터놓고 지내던 친구와 사이가 멀어진 것입니다."

고어는 한숨을 쉬고는 다시 말을 이었다.

"아무리 나무가 조용히 있고 싶어도 불어온 바람이 멎지 않으니 뜻대로 되지 않습니다[수욕정이풍부지(樹欲靜而風不止)]. 마찬가지로 자식이 효도를 다하려고 해도 그때까지 부모는 기다려주지 않습니다[자욕양이친불대(子欲養而親不待)]. 돌아가시고 나면 다시는 뵙지 못할 분이 부모입니다. 저는 이제 이대로 서서 말라죽으려고 합니다."

고어의 말이 끝나자, 공자는 제자들을 돌아보며 이렇게 말했다.

"이 말을 명심해 두어라. 훈계로 삼을 만하지 않은가."

공자의 제자 중, 이날 충격과 함께 깊은 감명을 받고 고향으로 돌아가 부모를 섬긴 사람이 열세 명이나 되었다.

출 전 <한시외전(韓詩外傳)> 9권

匹夫之勇 (필부지용)

제(齊)나라 선왕(宣王)이 맹자에게 '이웃 나라와 사귀는 데 방법이 있는가?'를 물었다. 이에 맹자(孟子)가 대답하였다.

"오직 인자(仁者)라야 능히 큰 나라로써 작은 나라를 섬길 수 있는데, 은(殷)나라의 탕왕(湯王)이 갈(葛)나라를 섬기고 주문왕(周文王)이 곤이(昆夷)를 섬겼습니다. 그리고 오직 지혜 있는 왕이라야 작은 나라로서 큰 나라를 섬길 수 있는데, 주태왕(주문왕의 아버지)이 훈육을 섬겼고, 구천(勾踐)이 오(吳)나라를 섬긴 것입니다. 대국의 입장에서 소국을 섬기는 자는 하늘을 즐거워하는 자이고, 소국의 입장에서 대국을 섬기는 자는 하늘을 두려워하는 자이니, 하늘을 즐거워하는 자는 천하를 보전하고 하늘을 두려워하는 자는 자기 나라를 보전합니다. <시경(詩經)>에 이르기를 '하늘의 위엄을 두려워하여 이에 보전한다.' 하였습니다."

제나라의 선왕은 맹자의 말을 듣고 "그런데 과인이 병통이 있으니, 과인은 용기를 좋아합니다."라고 말했다. 선왕은 작은 나라를 받들기보다는 작은 나라를 합병하여 나라를 키우고 싶었고, 큰 나라와 싸워 이김으로써 제후의 맹주가 되고 싶었기 때문에 맹자의 가르침을 따르지 않고 이렇게 말한 것이었다. 그러자 맹자가 이렇게 말했다.

"왕께서는 소용(小勇)을 좋아해서는 안 됩니다. 칼을 어루만지고 눈을 부라려, 너 같은 자는 나의 적수가 아니라고 하는 것은 '필부의 용기[匹夫之勇]'로 기껏해야 한 사람을 상대하는 것밖에 안 됩니다. 청컨대 왕은 부디 좀 더 큰 용기를 가지십시오."

맹자는 용기를 좋아하는 선왕의 마음을 근거로 하여 왕도정치(王道政治)를 실행하는 방법을 제시하고 있다. 즉 남에게 지기 싫어하여 덤비는 것은 작은 용기로서 혈기에 차서 남을 제압하려는 것에 불과하지만, 맹자가 말하는 '큰 용기'란 백성을 도탄에서 구하려고 일어서는 매우 훌륭한 것으로 왕도정치를 실행할 수 있는 원동력이 된다.
여기에서 '필부지용'이란 말이 유래하였다.

출 전 <맹자(孟子)> 양혜왕(梁惠王)

鶴	首	苦	待	학처럼 목을 길게 빼고 기다린다.
학 학	머리 수	쓸 고	기다릴 대	

속 뜻 몹시 기다림을 뜻함.

學	如	不	及	배움은 미치지 못하는 것같이 해야 한다.
배울 학	같을 여	아닐 불	미칠 급	

속 뜻 배움이란 모자라는 듯이 열심히 해야 한다.

學	如	逆	水	배움은 물을 거슬러 올라가는 것과 같음.
배울 학	같을 여	거스를 역	물 수	

속 뜻 배움을 멈추면, 마치 배가 물살에 떠밀려 내려가는 것처럼 뒤처지게 된다.

涸	轍	鮒	魚	수레바퀴 자국의 괸 물에 있는 붕어.
마를 학	바퀴자국 철	붕어 부	물고기 어	유 래 ➡ 341쪽 참조

속 뜻 몹시 곤궁하거나 위급한 처지에 있는 사람을 비유해 이르는 말.
유의어 철부지급(轍鮒之急), 학철지부(涸轍之鮒)

漢	江	投	石	한강에 돌 던지기.
한수 한	강 강	던질 투	돌 석	

속 뜻 아무리 해도 헛된 어리석은 행동.

邯	鄲	之	夢	한단의 꿈. (사람의 일생에서 부귀란 헛되고 덧없다.)
땅이름 한	땅이름 단	어조사 지	꿈 몽	**유 래**, **유의어** ➡ 342쪽 참조

속 뜻 한단 지방에서 노생이란 사람이 꾸었다는 꿈 이야기에서 유래.

咸	興	差	使	함흥으로 사신을 보내다.
				●使 : 사신 사
다 함	일 흥	보낼 차	하여금 사	**유 래** ➡ 344쪽 참조

속 뜻 한번 가서 다시 돌아오지 않으며 소식마저 없는 경우.
유의어 종무소식(終無消息)

行	雲	流	水	떠도는 구름과 흘러가는 물.
갈 행	구름 운	흐를 류(유)	물 수	

속 뜻 자연을 벗 삼아 떠도는 나그네.

懸	河	之	辯	흐르는 물과 같이 거침없이 잘하는 말.
매달 현	물 하	어조사 지	말씀 변	

속 뜻 거침없이 쏟아 놓는 구변.
동의어 현하구변(懸河口辯), 구약현하(口若懸河)

螢	雪	之	功	반딧불과 눈빛으로 얻은 성취.
반딧불 형	눈 설	어조사 지	공 공	**유래** ➡ 345쪽 참조

속 뜻 고생하면서도 부지런하고 꾸준하게 공부하는 자세.
유의어 형창설안(螢窓雪案), 차형손설(車螢孫雪), 영설독서(映雪讀書)

兄	弟	投	金	형제가 금을 (강에) 던졌다.
맏 형	아우 제	던질 투	쇠 금	●金 : 금 금

속 뜻 갑자기 생긴 금으로 인해 형제끼리 싸우게 되자 그 금을 강물에 던져버렸다. (형제간의 우애)

形	形	色	色	모양의 종류가 다른 여러 가지. (가지각색.)
형상 형	형상 형	빛 색	빛 색	●色 : 색 색

속 뜻 다채롭고 다양한 모양.
유의어 각양각색(各樣各色)

狐	假	虎	威	여우가 호랑이의 위엄을 빌리다.
여우 호	빌릴 가	범 호	위엄 위	**유래** ➡ 346쪽 참조

속 뜻 남의 권세를 빌려 허세를 부리다.
유의어 차호위호(借虎爲狐), 가호위호(假虎威狐)

糊	口	之	策	입에 풀칠하는 생계.
풀칠할 호	입 구	어조사 지	책략 책	

속 뜻 가난한 살림에서 그저 겨우 먹고 살아가는 방식.

虎	視	牛	步	호랑이처럼 예리한 관찰력과 소처럼 신중한 행보.
범 호	볼 시	소 우	걸음 보	

속 뜻 호랑이가 먹이를 노리듯 날카롭게 상황을 판단하되 마음은 조급히 갖지 않고, 황소처럼 우직하게 목표를 향해 꾸준히 한 걸음 한 걸음 내딛는 일.

浩	然	之	氣	널리 천지간에 유통하는 큰 기운.
넓을 호	그럴 연	어조사 지	기운 기	**유 래** ➡ 347쪽 참조

속 뜻 사람의 마음에 차 있는 바르고 큰 기운.
유의어 호기(浩氣), 정대지기(正大之氣), 정기(正氣)

胡	蝶	夢	나비의 꿈.
오랑캐 호	나비 접	꿈 몽	**유 래** ➡ 349쪽 참조

속 뜻 인생의 덧없음.
유의어 장주지몽(莊周之夢)

壺	中	天	地	병 안에 세상(世上)이 다 있다는 뜻
병 호	가운데 중	하늘 천	땅 지	**유 래** . **유의어** ➡ 349쪽 참조

속 뜻 별천지(別天地), 별세계(別世界), 선경(仙境) 같은 뜻으로 쓰는 말.

護	疾	忌	醫	병을 숨기고 의원에게 보이기를 꺼린다.
도울 호	병 질	꺼릴 기	의원 의	

속 뜻 자신의 결점을 감추고 남의 충고를 듣지 않음을 비유(比喩)하는 말.

魂	飛	魄	散	넋이 날아가고 넋이 흩어진다.
넋 혼	날 비	넋 백	흩어질 산	

속 뜻 몹시 놀라 어찌할 바를 모름.

昏	定	晨	省	저녁에 자리를 펴 드리고 새벽에 문안 인사를 드린다.
어두울 혼	정할 정	새벽 신	살필 성	

속 뜻 자식이 아침저녁으로 부모의 안부를 물어서 살핌.

畵	龍	點	睛	용을 그리고 나서 마지막으로 눈동자를 그려 완성한다.
그림 화	용 룡	점 점	눈동자 정	**유 래** ➡ 350쪽 참조

속 뜻 가장 중요한 부분을 마무리함으로써 일을 완성시키고, 일 자체가 돋보이는 것을 비유함.

和	而	不	同	화합하기는 하나, 같지는 않다.
화할 화	말이을 이	아닐 불(부)	한가지 동	●同 : 같을 동 불

속 뜻 남과 화목하게 지내되, 의(義)를 굽혀가면서까지 따르지는 아니함.

畵	中	之	餠	그림 속의 떡.
그림 화	가운데 중	어조사 지	떡 병	

속 뜻 실용적이지 못함. 실제로는 얻을 수 없음.
유의어 무용지물(無用之物)

會	者	定	離	만난 사람은 반드시 헤어진다.
모을 회	놈 자	정할 정	떠날 리	●定 : 반드시 정

속 뜻 인생(人生)의 무상(無常)함.

嚆	矢	우는 화살.
울릴 효	화살 시	유 래 ➡ 351쪽 참조

속 뜻 '맨 처음'을 비유하여 이르는 말.
유의어 시초(始初)

後	生	可	畏	후배들을 두려워할 만하다.
				●可 : 할 만할 가
뒤 후	날 생	옳을 가	두려울 외	유 래 ➡ 351쪽 참조

속 뜻 젊은 후학들은 나중에 큰일을 할 수 있으니 두려워할 만하다.

厚	顔	無	恥	얼굴이 두꺼워 부끄러움이 없다.
두터울 후	얼굴 안	없을 무	부끄러울 치	

속 뜻 뻔뻔스러워 부끄러움을 모름.
유의어 철면피(鐵面皮) : 무쇠 낯가죽. 뻔뻔스럽고 염치없는 사람.

興	亡	盛	衰	흥하고 망하고 성하고 쇠함.
흥할 흥	망할 망	성할 성	쇠할 쇠	

속 뜻 (국가나 민족이) 흥하거나 망함.

興	盡	悲	來	즐거운 일이 다하면 슬픈 일이 온다.
흥할 흥	다할 진	슬플 비	올 래	●興 : 즐거울 흥

속 뜻 좋은 일과 궂은일은 덧없이 돌고 돈다.
유의어 고진감래(苦盡甘來)

喜	怒	哀	樂	기쁨과 성냄과 슬픔과 즐거움.
기쁠 희	셩낼노(로)	슬플 애	즐거울 락	('희로애락'이라고 읽음.)

속 뜻 사람의 온갖 감정.

故事成語 유래

涸轍鮒魚 (학철부어)

　장주(莊周, 장자)는 집이 몹시 가난했다. 그래서 감하후(監河侯)에게 곡식을 빌리러 갔다.

　감하후가 이렇게 말했다.

　"장차 내 봉읍(封邑)에서 사금을 받아들이려 하는데, 그것을 받아서 삼백 금쯤 꾸어주겠다."

　이에 화가 난 장주가 안색을 고치며 말했다.

　"내가 어제 이리로 올 때, 도중에 누가 부르는 소리가 들렸다. 돌아보니 수레바퀴 자국의 고인 물 속에 붕어가 한 마리 있었다. 내가 그놈을 보고 '붕어야, 왜 그러느냐?'고 묻자, 붕어가 '저는 동해의 파신(波臣)입니다. 어디서 한 말이나 한 되쯤 되는 물을 가져다가 저를 살려 주실 수 없겠습니까?'라고 대답했다.

　그래서 내가 '좋다. 지금 남쪽 오(吳)나라와 월(越)나라로 가서 시장강[西江]의 물을 터놓은 다음 너를 맞아 가게 하겠다. 그래도 되겠느냐?'고 말했다.

　그러자 붕어가 화를 내며 '저는 제가 있어야 할 물을 잃어, 지금 있을 곳이 없습니다. 저는 단지 한 말이나 한 되쯤 되는 물만 있으면 살 수 있습니다. 그런데 당신이 그렇게 말씀하시니, 일찌감치 건어물(乾魚物) 가게로 가서서 저를 찾으십시오.'라고 하였다."

수레바퀴 자국에 고인 물 속 붕어와의 대화를 빌려, 부질없는 것에 관심을 두지 말고 자기에게 주어진 처지에서 최선책을 마련하는 것이 인생의 제일의(第一義)임을 이야기하고 있다.

먼 물은 가까운 불을 끄지 못하는 것처럼, 매우 위급한 처지에 있거나 몹시 고단하고 옹색한 사람을 이르는 말이다.

출 전 <장자(莊子)>

邯鄲之夢 (한단지몽)

당나라 현종(玄宗) 때의 이야기이다.

도사 여옹이 한단(邯鄲 : 河北省 所在)의 한 주막에서 쉬고 있는데 행색이 초라한 젊은이가 옆에 와 앉더니 산동(山東)에 사는 노생(盧生)이라며 신세 한탄을 하고는 졸기 시작했다.

여옹이 보따리 속에서 양쪽에 구멍이 뚫린 도자기 베개를 꺼내 주자, 노생은 그것을 베고 잠이 들었다. 노생이 꿈속에서 점점 커지는 그 베개의 구멍 안으로 들어가 보니 고래 등 같은 기와집이 있었다. 노생은 최씨(崔氏)로서 명문인 그 집 딸과 결혼하고 과거에 급제한 뒤 벼슬길에 나아가 순조롭게 승진했다.

경조윤(京兆尹, 서울을 다스리는 으뜸 벼슬)을 거쳐 어사대부(御史大夫) 겸 이부시랑(吏部侍郎)에 올랐으나 재상이 투기하는 바람에 단주자사(端州刺史)로 좌천되었다.

3년 후 호부상서(戶部尚書)로 조정에 복귀한 지 얼마 안 되어 마침내 재상이 되었다. 그 후 10년간 노생은 황제를 잘 보필하여 태평성대를 이룩한 명재상으로 이름이 높았으나, 어느 날 갑자기 역적으로 몰렸다. 변방의 장군과 결탁하여 모반을 꾀했다는 것이다.

노생은 포박당하는 자리에서 탄식하여 말했다.

"내 고향 산동에서 땅뙈기나 부쳐 먹고 살았더라면 이런 억울한 누명은 쓰지 않았을 텐데, 무엇 때문에 애써 벼슬길에 나갔는지 모르겠다. 그 옛날 누더기를 걸치고 한단의 거리를 걷던 때가 그립구나. 하지만 이제 와서 후회한들 무슨 소용이 있겠는가……."

그는 칼을 들어 자결하려 했지만 아내와 아들이 말리는 바람에 미수에 그쳤다. 함께 잡힌 사람들은 모두 처형당했으나, 노생은 환관(宦官)이 힘써준 덕에 사형을 면하고 변방으로 유배되었다.

수년 후 원죄(冤罪)임이 밝혀지자 황제는 노생을 소환하여 중서령(中書令)을 제수(除授)한 뒤 연국공(燕國公)에 책봉하고 많은 은총을 내렸다.

그 후 노생은 모두 권문세가(權門勢家)와 혼인하고 고관이 된 다섯 아들과 열 명의 손자를 거느리고 행복한 만년을 보내다가 황제의 어의(御醫)가 지켜보는 가운데 80년의 생애를 마쳤다.

노생은 눈을 떴다. 이 모든 일이 꿈이었던 것이다.

옆에는 여전히 여옹이 앉아 있었고, 주막집 주인이 짓고 있던 기장밥도 아직 다 익지 않았다.

노생을 바라보고 있던 여옹이 웃으며 말했다.

"인생이란 다 그런 것이라네."

노생은 여옹에게 공손히 작별 인사를 하고 한단을 떠났다.

출 전 <심기제(沈旣濟)> 침중기(枕中記)

유의어 노생지몽(盧生之夢), 한단지침(邯鄲之枕), 한단몽침
(邯鄲夢枕), 일취지몽(一炊之夢), 영고일취(榮枯一炊),
황량일취지몽(黃粱一炊之夢) : 노생이 잠들기 전에 짓던 기장
밥이 꿈에서 깨어보니 아직 익지 않은 짧은 시간이었음.
남가일몽(南柯一夢)

咸興差使(함흥차사)

이성계는 새로운 왕조를 창건하여 태조가 된 인물이나 정신적인
고통도 많이 받았다.

그중에서 가장 두드러진 것은 자식들이 서로 죽이는 불상사가
연달아 일어난 일(왕자의 난)이며, 그 장본인은 방원이었다.

태조는 세상에 뜻을 잃어 왕위를 물려주고 함흥에 가 있었다.

3대 임금이 된 방원, 즉 태종은 자주 사신(차사)을 함흥으로 보내어
부자간의 불화를 풀고자 하였으나 태조는 사신으로 오는 자를 모조리
죽이거나 또는 가두었다.

이후부터 '함흥차사(咸興差使)'는 심부름을 가서 소식이 없거나
회답이 더디 올 때에 흔히 쓰는 말이 되었다.

출 전 <연려실기술(練藜室記述)> 2권(卷)

螢雪之功(형설지공)

진(晉)나라 효무제 때, 어렵게 공부하여 크게 된 인물 가운데 차윤(車胤)과 손강(孫康)이 특히 유명하다.

① 차윤은 자(字)가 무자(武子)이며, 어려서부터 성실하고 생각이 깊고 학문에 뜻을 두고 있었으나 뒷받침해줄 형편이 되지 못했다.

차윤은 집안에 조금이나마 보탬이 되기 위해서 낮에는 밖으로 나가 일을 하지 않을 수 없었다. 밤이 되어 하고 싶은 공부를 하려 했지만, 등불을 밝힐 기름이 없어 그것 또한 여의치 못했다.

그는 무슨 수가 없을까 고민을 하다가 밤중에 빛을 내는 반딧불을 보고 무릎을 쳤다. 차윤은 즉시 엷은 명주 주머니를 하나 만들어 수십 마리의 반딧불을 잡아 그 속에 넣고는, 그 빛으로 책을 읽곤 했다.

차윤은 이렇게 어려운 환경 속에서도 굴하지 않고 끈기 있게 공부하여 이부상서의 벼슬까지 오르게 되었다.

지금 세상에서 서창(書窓)을 형창(螢窓)이라 함은 이로 말미암은 것이다.

출 전 <진서(晉書)> 차윤전(車胤傳)

② 또한 손강도 차윤과 마찬가지로 집이 너무 가난하여 밤을 밝힐 만한 기름이 없었다. 그는 겨울이 되면 창가에 앉아 밖에 쌓인 눈빛에 책을 비춰가며 공부를 했다.

그는 젊었을 때부터 청렴결백하여 친구를 사귀어도 함부로 사귀는 일이 없었다. 뒤에 어사대부에까지 벼슬이 올랐다.

지금 세상에서 서안(書案)을 설안(雪案)이라 함은 이로 말미암은 것이다.

출 전 후진(後晉) 이한(李瀚)의 〈몽구(蒙求)〉

고학하는 것을 '형설지공'이라 하고, 공부하는 서재를 '형창설안(螢窓雪案)'이라고 하는 것은 이 두 이야기에서 유래된 것이다.

반딧불[형(螢)] 창(窓)에 눈[설(雪)] 책상[안(案)]이란 뜻으로, 가난(역경)을 이겨내고 꾸준히 학문을 닦은 보람이란 의미로 쓰인다.

狐假虎威(호가호위)

전국시대인 기원전 4세기 초엽, 초(楚)나라 선왕(宣王) 때 일이다.

어느 날 선왕은 위나라에서 사신으로 왔다가 그의 신하가 된 강을(江乙)에게 물었다.

"위나라를 비롯한 북방 제국(諸國)이 우리 재상 소해휼(昭奚恤)을 두려워하고 있다는데 그게 사실이오?"

"그렇지 않습니다. 북방 제국이 어찌 일개 재상에 불과한 소해휼 따위를 두려워하겠습니까. 전하, 혹 '호가호위(狐假虎威)'란 말을 알고 계십니까?"

"모르오."

"그러면 들어보십시오.

어느 날 호랑이한테 잡아먹히게 된 여우가 이렇게 말했습니다.

'네가 나를 잡아먹으면 너는 나를 모든 짐승의 우두머리로 정하신 천제(天帝)의 명을 어기는 것이 되어 천벌을 받게 된다. 만약 내 말을 못 믿겠다면 당장 내 뒤를 따라와 보라구. 나를 보고 달아나지 않는 짐승은 단 한 마리도 없을 테니까.'

그래서 호랑이가 여우를 따라가 보았더니, 과연 여우의 말대로 만나는 짐승마다 혼비백산(魂飛魄散)하여 달아나는 것이었습니다.

사실 짐승들을 달아나게 한 것은 여우 뒤에 있는 호랑이었는데도 호랑이 자신은 그걸 전혀 깨닫지 못했다고 합니다.

이 경우도 마찬가지입니다. 지금 북방 제국이 두려워하고 있는 것은 소해휼이 아니라 그 배후(背後)에 있는 초(楚)나라의 군세(軍勢), 즉 전하의 강병(强兵)입니다."

강을에게는 왕족이자 명재상으로 명망 높은 소해휼이 눈엣가시 같은 존재로 여겨졌기 때문에 이와 같이 폄(貶)했던 것이다.

출 전 <전국책(戰國策)> 초책(楚策)

浩然之氣(호연지기)

맹자가 제(齊)나라에서 제자 공손추(公孫丑)와 나눈 대화다. 먼저 공손추가 맹자에게 이렇게 말했다.

"선생님이 제나라의 대신이 되어서 도를 행하신다면, 틀림없이 제나라를 천하의 패자(覇者, 제후의 우두머리)로 만드실 것입니다. 그러면 선생님도 아마 동심(動心, 책임을 느껴 마음이 움직임)하실 것입니다."

맹자는 빙그레 웃으며 대꾸했다.

"나는 40이 넘어서부터는 마음이 움직이는 일이 없네."

"마음을 움직이지 않게 하는 방법은 무엇입니까?"

맹자는 이를 용(勇)이라 말하였다. 심중에 부끄러움이 없으면 어떠한 것도 두려워하지 않는다. 이것이 대용(大勇)이라 하였다.

"선생님의 부동심과 고자[告子, 맹자의 논적(論敵, 맹자의 성선설을 부정했음)]의 차이점은 무엇입니까?"

"고자는 납득이 가지 않는 말은 억지로 이해하려 하지 말라고 하였는데, 이는 소극적이다. 나는 알고 있다[지언(知言)]. 거기에다 호연지기(浩然之氣)를 기르고 있다.

지언(知言)이란 피사(詖辭, 편협한 말), 음사(淫辭, 음탕한 말), 사사(邪辭, 간사한 말), 둔사(遁辭, 피하는 말)를 가려낼 수 있는 명(明)을 갖는 것이다.

또 호연지기는 평온하고 너그러운 화기(和氣)를 말하며, 기(氣)는 매우 광대하고 강건하며 올바르고 솔직한 것으로서 이것을 해치지 않도록 기르면 천지간에 넘치는 우주 자연과 합일하는 경지다.

기는 의(義)와 도(道)를 따라 길러지며, 이것을 잃으면 기도 따라서 시들고 만다. 이것은 자신 속에 올바른 것을 쌓아올림으로써 생겨나는 것이다."

출 전 <맹자(孟子)> 공손추편(公孫丑篇)

胡蝶夢(호접몽)

전국시대의 사상가 장자(莊子, 이름은 주(周), BC 365~290)는 맹자와 같은 시대의 인물로서 물(物)의 시비(是非), 선악(善惡), 진위(眞僞), 미추(美醜), 빈부(貧富), 귀천(貴賤)을 초월하여 자연 그대로 살아가는 무위자연(無爲自然)을 제창한 사람이다.

『장자가 어느 날 꿈을 꾸었다.

자신은 꽃과 꽃 사이를 훨훨 날아다니는 즐거운 나비 그 자체였다. 그러나 문득 깨어보니 자기는 분명 장주(莊周)가 아닌가.

장주(莊周)인 자기가 꿈속에서 나비가 된 것인가, 그렇지 않으면 자기는 나비이고 나비인 자기가 꿈속에서 장주(莊周)가 된 것인가. 꿈이 현실인가, 현실이 꿈인가. 그 사이에 도대체 어떤 구별이 있는 것인가? 이를 추구해 나가면 인생 그 자체가 하나의 꿈이 아닌가.』

장자(莊子)의 이런 우화(寓話)는 각박한 세상에서 사는 사람들을 유현(幽玄)의 세계로 끌어들이는 촉매제 역할을 한다.

壺中天地(호중천지)

신선(神仙) 호공(壺公)의 이야기에서 생겨난 말이다.

후한(後漢)시대, 관리인 비장방(費長房)이 호공(壺公)이라는 약장수 노인을 따라 그의 거처인 항아리 속에 들어가 보았더니 그곳에는 고래 등 같은 기와집에 진수성찬(珍羞盛饌)이 차려져 있었다. 그래서 그 음식을 맛있게 먹고 나왔다고 한다.

출　전 <한서(漢書)>

유의어 호중천(壺中天), 호중지천(壺中之天), 호천(壺天),
일호지천(一壺之天), 일호천(一壺天), 도원경(桃源境),
도화원(桃花源), 무릉도원(武陵桃源)

畵龍點睛(화룡점정)

남북조(南北朝)시대, 남조(南朝)인 양(梁)나라에 장승요(張僧繇)
라는 사람이 있었다.

우군 장군(右軍將軍)과 오흥 태수(吳興太守)를 지냈다고 하니 벼
슬길에서도 입신(立身)한 편이지만, 그는 붓 하나로 모든 사물을 실물
과 똑같이 그리는 화가로도 유명했다.

어느 날, 장승요는 금릉(金陵 : 南京)에 있는 안락사(安樂寺)의
주지로부터 용을 그려달라는 부탁을 받았다. 그는 절의 벽에다 검은
구름을 헤치고 이제라도 곧 하늘로 날아오를 듯한 네 마리의 용을
그렸다. 물결처럼 꿈틀대는 몸통, 갑옷의 비늘처럼 단단해 보이는
비늘, 날카롭게 뻗은 발톱에도 생동감 넘치는 용을 보고 찬탄하지
않는 사람이 없었다.

그런데 한 가지 이상한 것은 용의 눈에 눈동자가 그려져 있지 않았다는
점이다. 사람들이 그 이유를 묻자 장승요가 이렇게 대답했다.

"눈동자를 그려 넣으면 용은 당장 벽을 박차고 하늘로 날아가 버릴

것이오."

그러나 사람들은 그의 말을 믿으려 하지 않았다. 당장 눈동자를 그려 넣으라는 성화독촉(星火督促)에 견디다 못한 장승요는 한 마리의 용에 눈동자를 그려 넣기로 했다.

그가 붓을 들어 용의 눈에 '획'하니 점을 찍었다. 그러자 돌연 벽 속에서 번개가 번쩍이고 천둥소리가 요란하게 울려 펴지더니 한 마리의 용이 튀어나와 비늘을 번뜩이며 하늘로 날아가 버렸다. 그러나 눈동자를 그려 넣지 않은 용은 벽에 그대로 남아 있었다고 한다.

출　전 <수형기(水衡記)>

嚆矢(효시)

'우는 화살'이라는 뜻으로, 옛날에는 먼저 우는 화살[효시(嚆矢)]을 쏘아 병사들에게 전쟁의 시작을 알렸다. 여기에서 '사물의 시초' 또는 '최초의 선례'를 가리키는 단어가 되었다.

後生可畏(후생가외)

춘추시대의 대철학자, 사상가인 성인(聖人) 공자가 말했다.

"젊은 후배들은 두려워할 만하다[후생가외(後生可畏)]. 장래에 그들이 지금의 우리를 따르지 못하리라고 어찌 알겠는가? 그러나 40세,

50세가 되어도 세상에 이름이 나지 않는다면 두려워할 바 없다.”

‘후생가외’는 공자가 제자 중 학문과 덕행이 가장 뛰어난 안회[顔回, BC 521~490]를 두고 한 말이라고 전해진다.

출 전 <논어(論語)> 자한편(子罕篇)